# HOY POR HOY

PRESENTA:

# LOS AÑOS DIFÍCILES

# HOY POR HOY

**PRESENTA:**

# LOS AÑOS DIFÍCILES

**EL TESTIMONIO DE LOS PROTAGONISTAS ANÓNIMOS DE LA GUERRA CIVIL Y LA POSGUERRA**

**EDICIÓN DE CARLOS ELORDI**

**AGUILAR**

© 2002, Sociedad Española de Radiodifusión, S. A.

© De esta edición:
2002, Santillana Ediciones Generales, S. L.
Torrelaguna, 60. 28043 Madrid
Teléfono 91 744 90 60
Telefax 91 744 90 93

• Aguilar, Altea, Taurus, Alfaguara, S. A.
Beazley 3860. 1437 Buenos Aires
• Aguilar, Altea, Taurus, Alfaguara, S. A. de C. V.
Avda. Universidad, 767, Col. del Valle,
México, D.F. C. P. 03100
• Ediciones Santillana, S. A.
Calle 80 Nº 10-23
Bogotá, Colombia

Diseño de cubierta: Proforma

*Sexta edición: diciembre de 2002*

ISBN: 84-03-09319-5
Depósito legal: M-50.930/02
Impreso en España por Fernández Ciudad, S. L. (Madrid)
Printed in Spain

# Índice

# *Prólogo*

## GENEROSIDAD

Siempre me ha interesado la vida que queda detrás de la noticia, la vida que queda detrás de la historia. Porque la vida que protagonizó la noticia sigue viviendo aun después de que la noticia se haya acabado. Y porque, aún cuando la historia parece haber cerrado determinadas épocas o circunstancias al resumirlas, recopilarlas o empaquetarlas, eso nunca se cierra. Las vidas son más que la noticia, las vidas son más que la historia. Eso siempre me ha impresionado y a lo largo de mi vida profesional ha sido una de mis constantes.

Hablamos durante cinco días de la víctima de un atentado terrorista; eso ocupa las primeras páginas de los periódicos, consume horas y horas de nuestros programas. Luego, poco después, el hecho, como noticia, se ha evaporado. Pero el drama continúa, mucho más allá de nuestra capacidad de hacer noticias. Muchas veces me ha gustado llamar por teléfono a alguna de esas personas o familias que por sus circunstancias fueron en un momento una de esas noticias, que nosotros utilizamos, estrujamos, y más tarde olvidamos. Y lo hago aunque sólo sea como ejercicio personal de humanización, o de lucha contra la deshumanización, o de conciencia de lo que es nuestro trabajo.

Siempre he pensado que algunos oficios –entre ellos, claro está, el de periodista, una especie de depredador de carreras, o el de historiador— nos ocupamos de hechos cuya vigencia damos por concluida en cuanto dejan de tener una gota de valor informativo, de valor noticioso. Yo siempre he creído que la vida de esas gentes vale más que eso. Sin embargo, aunque puede resultar muy noble, ese ejercicio, esa actitud de valorar la vida más allá de su sustancia en cuanto hecho periodístico, es también altamente peligrosa. Existe algo que se llama la prudencia histórica y en la vida es muy importante saber administrar tanto la memoria como el olvido, acertar en la cantidad de memoria que es necesaria para poder sobrevivir y en la de olvido que es precisa para poder convivir. En eso consiste la jugada.

No obstante, parece que está generalmente aceptado que, pasado un cierto tiempo, se llega a lo que algunos llaman el punto de «riesgo social cero», a partir del cual las exhumaciones, las recuperaciones, el regreso a los cabos sueltos de la historia, dejan de conllevar el riesgo de reabrir las heridas y de reproducir los encontronazos del pasado. Nosotros, en la radio, tuvimos de pronto la impresión de que a nuestras puertas estaba llamando una especie de memoria del pasado que pedía un sitito en el presente. Y pensamos que eso ocurría porque también aquí, en España, se había llegado a ese punto de riesgo cero.

Por eso no estoy seguro de que nosotros excitáramos una realidad con los llamamientos que hicimos a los oyentes para que nos mandaran testimonios de su pasado familiar. Y más bien creo que se produjo una especie de coincidencia casual entre una necesidad real de mucha gente y una intuición que tuvo Carlos Elordi. Porque si hubiera sido únicamente una idea radiofónica más o menos cogida en el aire, si, además de eso, en la realidad de España no estuviera flotando, de verdad, esta especie de vieja necesidad, habríamos podido hablar en el vacío.

A lo largo de toda mi carrera he comprobado que la radio tiene una particularidad y es que en ella sólo funciona lo que es verdad. Es imposible que una iniciativa forzada, violentada o simplemente cogida por los pelos tenga futuro. Puede empezar fuerte. Pero, por muy poderoso que sea el marketing que la empuje, poco después empieza a perder gas y termina desinflándose en las manos. Por el contrario, la radio activa de manera extraordinaria las ideas que son verdad o que topan con un yacimiento lleno de verdad.

Además de tener una idea, Carlos Elordi tuvo una intuición. La de que por ahí andaba flotando una gran cantidad de memoria que no se había evaporado, aunque se hubiera decidido colocarla bajo la losa de la historia, porque la prudencia, la necesidad de convivir, o los miedos, así lo aconsejaban. Frente a los muchos que creían que ese era un capítulo ya definitivamente clausurado, creo que nuestro espacio radiofónico ha permitido descubrir que nosotros teníamos razón, que la vida y la realidad son mucho más largas e insistentes que nuestra capacidad para irlas contando en función de las circunstancias de cada momento. En la radio hemos comprobado que esa memoria seguía existiendo y que estaba dispuesta a fluir si se llegaba a ella. Tocamos esa veta y descubrimos que estaba llena de gente que convirtió nuestro llamamiento, y sigue haciéndolo, en una especie de punto de encuentro, nacido también de la convicción, por parte de quienes nos ofrecieron su memoria y de nosotros mismos, de que en España ya habíamos llegado al punto de riesgo social cero, a partir del cual quedan apagados los peligros que el recuerdo puede implicar.

El devenir de nuestro espacio ha confirmado esas impresiones. Porque como cabía esperar, dicho encuentro ha venido acompañado de emoción, de mucha emoción. Pero de afán alguno de revancha. Lo cual me alegra mucho. El viaje a la memoria que hemos hecho en la radio ha expresado que hay necesidad de saber y de que se sepa, porque el ser humano no puede vivir sin saber, sin encontrar respuestas a determinado tipo de enigmas. Y que hay voluntad de no olvidar, porque hay cosas que son inolvidables. Pero también que hay mucha generosidad. Y esa es la palabra que resume nuestra iniciativa. Si lo que hemos contado en la radio y los contenidos de este libro tuvieran que llevar un sello, del tipo de los que dicen «confidencial» o «reservado», en el nuestro estaría escrito: generosidad.

IÑAKI GABILONDO

## *Introducción*

Los textos que aquí se publican fueron enviados al programa *Hoy por Hoy* de la SER entre septiembre de 2001 y junio de 2002 y todos ellos fueron citados durante ese periodo en el espacio semanal que dicho programa ha dedicado, y sigue haciéndolo, a la recuperación de la memoria histórica de los españoles. El objeto principal de este libro es presentar esos testimonios de forma bastante más amplia de la que tuvieron en su versión radiofónica. Por otra parte, aquí únicamente se recogen textos cuyo contenido se circunscribe a la Guerra Civil española, la represión que le siguió y a las circunstancias en que los remitentes, o sus mayores, vivieron la larga posguerra, mientras que en la radio también se recogieron numerosos testimonios escritos relativos a otros periodos de la historia, incluido alguno del siglo XVII.

Es importante aclarar esto último, porque *Hoy por Hoy* nunca propuso a sus oyentes que colaboraran con el programa para reabrir una determinada página de la historia. Tanto el llamamiento inicial como los que se hicieron en semanas sucesivas tuvieron un carácter marcada e intencionadamente genérico, aunque quien firma esta introducción reconoce que el objetivo de recuperar la memoria oculta del periodo de la guerra y de la posguerra fue el motor de su iniciativa.

Fueron los oyentes, sin necesidad de que nadie los incitara o los dirigiera, quienes determinaron el sesgo que asumió el espacio. Desde un primer momento, es decir, ya tres o cuatro días después de aquel 10 de septiembre en el que la idea salió en antena, ocho de cada diez testimonios que llegaron al programa hablaban de guerra civil, de cárceles, de fusilamientos o de dramas vividos en la posguerra. Y esa proporción se ha mantenido, si no ha crecido, hasta el momento de redactar estas líneas. Muchas cartas siguen pendientes de ser citadas. Y no porque no tengan interés.

No lo teníamos previsto. Al menos nunca pensamos que el asunto pudiera alcanzar esas dimensiones. Aunque recuerdo que cuando en julio de 2001 le propuse la idea, Iñaki Gabilondo no sólo me dijo que le parecía buena y que en septiembre empezábamos, sino que a la pregunta dubitativa que añadí me contestó: «Ya verás como funciona. La gente va a mandar cosas».

Lo cierto es que tuvimos la sensación de que, de un modo casi casual, estábamos abriendo una compuerta que llevaba demasiado tiempo cerrada y que había muchas personas, y de edades muy distintas, que esperaban desde hacía mucho una oportunidad como la que la radio ahora les ofrecía para sacar a la luz, casi como en un grito de liberación, sus verdades largamente ocultas. «Necesito contar mi pasado», rezaba el comienzo de la carta que con torpe letra, pero finas ideas y sentimientos, nos mandó una anciana de Santurce cuya infancia y juventud fueron un tormento del que seguramente nunca había podido hablar sin tapujos y sin temores, y menos «a España entera», que es hasta donde se dice que llega la radio. «Ya era hora de que alguien se acordara de nosotros, los silenciados de siempre», nos escribió un oyente extremeño.

He podido comprobar en muchos casos el esfuerzo que para no pocos de nuestros remitentes ha supuesto enviar esos testimonios. Redactar textos de varios folios de extensión ha sido un trabajo duro para personas ancianas y, además, poco duchas en la escritura, o más jóvenes y aquejadas de lo mismo: aunque con errores sintácticos o de ortografía, que en este libro aparecen subsanados, en todas esas cartas, y qué decir de las que escribieron sus abuelos o sus padres en el fondo de una celda, hay frases que conmueven, porque expresan las verdades de quien las formula. Y muchas veces de forma difícilmente superable. Pero, además de escribir, nuestros remitentes han tenido que rebuscar y arreglar y fotocopiar textos antiguos, lo cual para algunos, sobre todo si viven en pueblos pequeños, ha debido suponer un esfuerzo, no tanto físico como mental, que probablemente no habrían hecho para otro fin. Es cierto que bastantes de los textos que nos han llegado, incluso algunos redactados por gente mayor y de condición social no muy boyante, estaban escritos en ordenador. Pero detrás de ellos y de otros, en muchos casos había otro trabajo previo: el de obtener el consenso familiar para mandar el testimonio a la radio. «Tras reunirme con mi madre y mis cuatro hermanos hemos decidido hacerles llegar la carta que escribió mi padre», nos decía una remitente leonesa. «He tardado mucho en mandarles esta carta porque antes he querido consultar con mis hermanos y cada uno vive en un sitio de España», nos contaba un emigrante andaluz en Cataluña. Otro dato: casi ninguno de nuestros remitentes había escrito con anterioridad a la radio y la radio es un medio al que hay gente que suele escribir mucho. Los de la memoria no eran pues comunicantes habituales. Y otra cosa: sólo hemos recibido una carta anónima de las cientos que nos han llegado, en sólo dos casos nuestros remitentes expresaron su deseo de que sus nombres no fueran citados, y uno de ellos anunció más tarde que no le importaba que figurara en este libro.

Así, de manera casi militante, los perdedores de aquella guerra y de aquella posguerra que para algunos estaban definitivamente sepultadas tomaron la palabra en la radio. Pero no lo hicieron para reclamar algo, y menos revanchas que en ninguno de los escritos han asomado, ni siquiera de lejos. Sino simplemente para que se les oyera, para que se supiera de su dolor antiguo, para que se comprendiera que no lo habían olvidado. Y escuchando los relatos de sus infancias terribles o leyendo las cartas que escribieron sus padres, sus madres o sus abuelos la víspera de morir fusilados, cualquiera, sea cual sea su ideología o su colocación en el espectro de las dos Españas, no habrá tenido más remedio que comprender que ellos tampoco habrían olvidado, por muy prudente, necesario o políticamente correcto que fuera ese olvido.

Quien lea estos textos con criterio más distanciado que quien los ha manejado semana tras semana, llegando casi a sentir como suyo lo que en ellos se dice, podrá opinar objetivamente sobre el valor que estas aportaciones tienen para entender mejor una parte de nuestra historia que se conoce muy mal. Pero yo creo que no es pequeño. Porque hay cientos, miles de libros sobre la Guerra Civil, pocos creíbles sobre la represión que la siguió y poquísimos sobre la posguerra, y ello a pesar de que en ella crecieron buena parte de los españoles que hoy tienen sesenta o más años de edad. Pero el testimonio de los españoles anónimos, protagonistas o víctimas de aquellas peripecias, está ausente de la mayoría de esos textos. Y aquí esas personas son los únicos ponentes.

Y en no pocos casos son ponentes de excepción. En efecto, a los que trabajamos en *Hoy por Hoy*, y a Daniel Gavela, director de la SER, que alentó siempre la iniciativa y, además, fue el fautor de este libro, la recuperación de la memoria nos ha dado otra sorpresa feliz. La de encontrarnos con textos maravillosamente escritos, hondos, largos y bien pensados, aunque sus autores fueran, según los casos, una modistilla, un albañil, una actriz de teatro, un representante de comercio, un obrero jubilado o una modelo de alta costura, por citar sólo algunas de las memorias que aquí se publican en forma de extracto, pero que merecerían una edición íntegra, por su valor literario y testimonial. La idea, difundida en ciertos ambientes intelectuales, de que el español es un pueblo ágrafo quedaría desmentida por esas aportaciones, aunque, atendiendo a la edad de sus autores, cabría reflexionar sobre si ese mal afecta más a las generaciones más jóvenes que a las anteriores. Para abundar más en esa línea, y aunque tal vez tenga que ver con otra tradición que se está perdiendo, la de la copla y la versificación popular, hemos de subrayar que no pocos de nuestros remitentes más maduros y sus ancestros prefirieron contar sus peripecias vitales y sus sentimientos en forma de poema, que no es precisamente la más fácil.

Dos anotaciones, para terminar. La primera es personal, pero me consta que a otros les ocurre lo mismo que a mí a este respecto. Entender lo que ocurrió en un pasado que, debido a mi edad, era para mí el principio de todo, ha sido desde hace muchos años una preocupación que no he podido alejar de mi mente. Porque, siendo niño de una familia a la que no le habían ido muy mal las cosas, se me quedaron grabadas ciertas miradas, gestos, frases sueltas, escenas y algún reproche que ya entonces comprendí que expresaban, sobre todo, un dolor profundo, pero cuya verdadera razón no pude descubrir en los libros que con fruición leí algunos años después. No tardé mucho en saber porqué la memoria dolía a los que detentaban el poder en España. Después asumí que nos convenía a todos que esa memoria fuera administrada con sensatez. Pero seguí sin saber cuánto dolor había sufrido mucha de la gente anónima que me rodeaba, y cómo eso había determinado sus existencias y, a la postre, una parte de los sentimientos colectivos que alientan en España, también en la de hoy. En positivo o en negativo. Esperé que el misterio empezara a desvelarse cuando la democracia estuviera consolidada. Pero cuando eso ocurrió, poco o nada se hizo al respecto. No entendí por qué. O tal vez sí que lo entendí, pero miré para otro lado porque no quería que las verdaderas razones de ese nuevo olvido destruyeran todas mis esperanzas. Con esos antecedentes, algunos de los que lean este libro podrán comprender que, además de otras cosas, la recuperación de la memoria que hemos hecho en *Hoy por Hoy* a mí me ha servido para fines también privados.

La segunda nota final es también subjetiva: estoy convencido de que por muy fuerte que fuera la necesidad de contar que tenía la gente, sin el talento de Iñaki Gabilondo para trasmitir a los oyentes lo que queríamos hacer casi sin necesidad de decirlo, como si estuviera mirándoles a los ojos sin hablarles, lo cual tiene mucho mérito en cualquier medio pero más en la radio, y sin su credibilidad, su capacidad para generar entre los depositarios de los retazos de la memoria oculta la seguridad de que lo que nos mandaran iba a ser bien tratado, la cosa, como se dice, no habría funcionado como lo ha hecho.

Carlos Elordi

# LA GUERRA

La mayoría de los testimonios que aquí se recogen no son de combatientes, sino de civiles que vieron cómo, de golpe, la guerra caía sobre sus cabezas y destruía sus vidas precedentes. La padecieron y tuvieron que seguir existiendo a pesar de ella. Pero para buena parte de ellos el conflicto bélico, aparte del hambre y las estrecheces que trajo, se manifestó, sobre todo, de una forma particularmente cruel, porque era muy difícil defenderse de ella: los bombardeos, aéreos o de la artillería, que machacaron las ciudades republicanas hasta que los militares sublevados las pudieron conquistar. El terror a las bombas y a lo que pudiera ocurrir provocaron otro fenómeno en torno al cual giran algunas de las historias que en este capítulo se cuentan: las evacuaciones, sobre todo de niños. Al extranjero o a otras regiones de España. Además de eso, en las páginas que siguen hay algunas historias de militares, pero protagonizadas por gente corriente que se vio obligada a serlo.

## MADRILEÑA DE CUERPO ENTERO

*Hubo una vez un Madrid castizo y popular que daba carácter propio a la ciudad y una personalidad específica en el conjunto de España. Hoy de eso quedan pocas trazas. En estas memorias personales, que únicamente llegan hasta el año 1944, Pilar Masedo recoge el sabor, el acervo cultural de ese ambiente. «Soy madrileña, madrileña de cuerpo entero, nacida en la Ronda de Segovia, que tiene mucha gracia y mucho salero», dice el prólogo del texto que extractamos y que también citamos en* Hoy por Hoy. *Haciendo gala de una memoria extraordinaria, Pilar, entre otras cosas, recoge toda suerte de canciones, cantares, romances y hasta cuñas publicitarias radiofónicas que marcan la cultura popular de su época. Pero también cuenta su historia personal y la de los suyos. La de una familia obrera que, poco a poco, iba hacia arriba, hasta que llegó aquella guerra que los suyos perdieron. Y luego, la posguerra.*

Llegué a este mundo en primavera, el 12 de mayo de 1921.

Fui bautizada en San Andrés con el nombre de María del Pilar, en contra de la voluntad de mi padre y tras una larga discusión con el cura, pues mi padre quería ponerme Pilar y el cura decía que no podía ser, que tenía que llevar delante «María». Ganó el cura.

El padre de mi padre, o sea mi abuelo, se llamaba Francisco Masedo y era ferroviario. Mi padre, de nombre Mauricio, nació en Madrid, en el barrio de Chamberí, al igual que el resto de sus hermanos, alrededor del año 1886 y fue educado en colegio de frailes. De mayor también fue ferroviario como su padre, lo que en aquel tiempo era muy buen trabajo pues tenían muchos beneficios en comparación con otros trabajadores. Tanto es así que les habían sacado una canción que rezaba:

*Tanto postín, tanto postín,*
*tanta bobada.*
*Los de la estación, los de la estación*
*no valen nada.*
*Y si les quitan el plus*
*y la «grati» no les dan,*
*la biciclé, la bicicleta*
*empeñarán.*

Lo de la bicicleta era porque muchos se compraban una, lo que no dejaba de ser un cierto lujo en aquellos tiempos, gracias, como decía antes, a beneficios tales como recibir una paga extraordinaria, tener un plus de trabajo, que les quedase una pensión pagada por la empresa y otra que se pagaban ellos en la Asociación General de Empleados y Obreros de los Ferrocarriles de España, además de tener colegio gratuito externo para sus hijos, que estaba en la calle Atocha, y otro interno para los huérfanos. Contaban además con economato y los viajes gratis para toda la familia mientras vivía el trabajador.

La madre de mi madre, o sea mi abuela, se llamaba Josefa Expósito, y era de una aldea de Galicia que se llamaba San Pedro de Romeau. Mi madre, que se sepa, era hija única, pues su padre se fue a hacer las Américas, como se iban tantos, y de él nada más se supo.

Entonces era costumbre que la gente bien, cuando tenía hijos, fuese a Galicia y a todo el norte de España en general, buscando madres que tuvieran niños de pecho y se las traían para que al tiempo de criar al suyo propio hicieran otro tanto con el ajeno.

Mi abuela se vino por esta razón con un matrimonio que tenía una fábrica de calzado en Alicante y una o varias zapaterías en Madrid. Estos señores educaron y llevaron al colegio con sus propios hijos a mi madre.

Cuando mi madre tuvo edad, se colocó de doncella hasta que se casó con mi padre, sobre el año 1909. La boda tuvo lugar en la iglesia de Los Jerónimos.

Mi madre siempre fue una sacrificada, y cuando yo nací estuvo muy enferma. Tan mal estaba, que mi padre, durante un tiempo, tuvo que encargarse de realizar las tareas de la casa; echaba las persianas para que los vecinos no le viesen, pues aquéllos eran otros tiempos y estaba mal visto que un hombre realizase estos trabajos.

Ahora voy a explicar cómo era la casa en que nací: el portal se ensanchaba formando un vestíbulo muy amplio. A la derecha había una fuente de agua para beber que salía de una gárgola.

Pasada la fuente, a la derecha, estaba la puerta que daba a la vivienda de los porteros. Al otro lado vivía una señora viuda con dos hijas y un hijo, y, de frente, estaba la escalera de subida a los pisos y la de bajada al sótano, donde además había otra vivienda. El patio daba a la Cuesta de las Descargas, que empezaba en Las Vistillas y terminaba en la calle del Rosario. A la izquierda de dicha calle está la tapia del Seminario y a la derecha la espalda de las casas de la Ronda de Segovia. Esta calle estaba empedrada con piedras picudas para que las caballerías no resbalasen.

En el tercero, nº 2, vivíamos nosotros, exterior por tanto. En el segundo piso, nº 2, vivía el «Gran Calculador del mundo», quien cualquier cálculo matemático lo resolvía casi antes de que acabasen de planteárselo.

Cuando se abría la puerta de nuestra vivienda, daba ésta a un pasillo, que a continuación giraba a la izquierda, y en este pasillo, a la derecha, había una habitación con dos camas: una para mis hermanas Maruja y Julia, y la otra, para Elvira y para mí. Seguía otra puerta que daba a la habitación de mis padres; ésta tenía una cama grande, una mesilla y la cómoda; la nuestra tenía una mesilla, un baúl que contenía libros, un quinqué de bronce muy bonito, retratos, etcétera. Enseguida estaba el comedor, que tenía una puerta de dos hojas con un papel especial con dibujo a cuadros pegado en los cristales y un hermoso balcón, tan lleno de tiestos cuidados por Maruja que apenas podíamos asomarnos.

En lo alto de una de las paredes había un ventanillo que comunicaba con la habitación de mis padres y servía para ventilarla y darla luz, pues ésta era interior. A la izquierda del comedor había una habitación más pequeña, con una cama para Paco y Santiago y, a continuación, el retrete, que solamente tenía la taza, el depósito de agua y un poyete para poner cosas. Otra vez en el pasillo, de frente y sin puerta, se encontraba la cocina. A la izquierda, el fogón de carbón con campana. Pasado el fogón un trozo vacío y, en la esquina, como era usual entre la gente modesta, una tina que se usaba para lavar. Disponíamos de agua corriente en la cocina y en el retrete, lo que era un privilegio que pocos trabajadores podían disfrutar; claro es que esto encarecía el alquiler.

En los meses de calor, los cuatro vecinos del piso abríamos las puertas al descansillo y encajábamos en cada uno de los quicios una tabla que lo cubría desde el suelo hasta la mitad, lo que permitía que corriese el aire y se durmiese la siesta muy fresquitos.

Mi padre ya era jefe de tren. Cuando pasaba por el norte compraba cajas enteras de sardinas que luego mi madre escabechaba y vendía a las vecinas. También traía anguilas y a nosotros, la chiquillería, nos gustaba mucho ir por la noche al comedor para verlas brillar. También traía el pan de Valladolid, pues costaba cinco céntimos menos que en Madrid.

A los Jardinillos que van a dar al muro del Campo del Moro, iban muchos hombres a jugarse el dinero a un juego llamado «cané» que estaba prohibido, por lo que, en ocasiones, tenían que salir corriendo delante de los guardias que acudían a caballo para detenerles.

Cuando yo tenía siete años, en 1928, mi padre murió, con 42 años de edad. El entierro lo recuerdo muy bien: iba en una carroza muy bonita, tirada por cuatro caballos negros con penachos de plumas igualmente negros. Detrás de la carroza, a pie, iban los curas, luego los acompañantes. Cuando iban a bajar el cadáver a la fosa, siempre abrían la caja y echaban dentro unas paletadas de cal. Entonces las mujeres no iban a los entierros, se quedaban en casa rezando el rosario, y los hombres, una vez terminado el sepelio, se iban a comer chuletas a los bares que había en las Ventas, las Ventas del Espíritu Santo, que es como se llamaban. A partir de ese día, se reunían todas las vecinas y amigas a hacer la Novena, que consistía en rezar el rosario durante nueve días.

Nos pusieron de luto, tanto a los mayores como a los pequeños. Mi madre se tuvo que poner a trabajar. Empezó a asistir, pero como sabía leer, escribir y cuentas, le resultó fácil colocarse en Rivadeneyra, empresa que editaba periódicos. A saber: el diario *Ahora*, de noticias; el *As*, que salía los martes y era de deportes; los viernes *La Linterna*, que relataba los crímenes y, por fin, los sábados, *La Estampa*, que se dedicaba a moda, elección de *misses* y noticias del espectáculo, pero sin el cotilleo de la prensa rosa actual.

En casa todos teníamos alguna tarea que hacer antes de irnos por la mañana: Maruja encendía la lumbre para calentar el café, que era lo que se desayunaba como cosa cotidiana en todas las casas; café con leche y sopas. Paco tenía que poner la mesa, Julia y Elvira tenían que levantar las camas y prepararnos a Santiago y a mí el desayuno y nosotros dos, a nuestra vez, teníamos que fregar los tazones y secarlos.

Maruja se puso a trabajar en una fábrica que hacía cajas de cartón. A Santiago y a mí mi madre nos metió en un colegio protestante que había en la calle Calatrava.

Mi calle era muy alegre, siempre estábamos en ella toda la chiquillería, pues al tener poco tráfico, no había peligro y jugábamos a la comba, a los dubles, a pasar la barba y al «resca»; a los colores, al pañuelo, al corro, al diábolo, al «pase *misí*, pase *misá*».

También me gustaba mucho jugar a las cartas, sobre todo a la «Mona». Este juego consiste en dar todas las cartas. Al primero que le sale la «mona», que es la sota de espadas, el resto de los jugadores tienen que darle un cachete y le tienen que hacer diferentes cosas dependiendo de la carta que le haya tocado. Si es un as solamente se le dice «as, ya me las pagarás»; si sale un siete, se dice «siete, cachete», y se le da un cachete; si sale la sota, se dice: «sota, sotana, debajo de la cama tienes el orinal para que puedas m... y c...». Cuando sale el caballo, se dice «caballo, caballero, con gracia y plumero, cuenta las estrellas que hay en el cielo, tantas contaría que reventaría, tantas contó que reventó»; cuando salía el rey, se decía: «Cuando el rey Fernando llegó a

España con la capa arrastrando y echando cuescos por una caña, y eche usted un trago y otro traguito y un trago grande y otro chiquito y deme usted la bota que ya es bastante».

Desde el balcón veíamos también el río Manzanares, pues entonces no teníamos casa delante. Por la noche pasaban corriendo por la calle manadas de toros que eran trasladados por mayorales desde la estación del Norte a la de Peñuelas. En las calurosas noches de verano, que en aquella época no lo eran tanto ya que no había tráfico y existían muchas huertas cercanas al río que refrescaban agradablemente el ambiente, cuando estábamos de tertulia los vecinos teníamos que meternos corriendo en los portales y más de alguno tuvo que subirse a los árboles.

Por aquella zona de la pradera de San Isidro está Carabanchel, lugar de veraneo para la gente bien a la que se desplazaban desde Madrid para pasar el estío en sus fincas y hoteles. Por los campos cercanos pasaba el río Luche, que regaba las huertas que por allí también había.

Nos gustaba mucho ir a la plaza de la Armería, que era de entrada libre y estaba llena de amas de cría y de niñeras con los correspondientes niños; y los barquilleros y los soldados o «chorchis», como también se les llamaba.

En aquel entonces los jardines de Madrid eran vigilados por guardas jurados, los cuales llevaban un uniforme color marrón caqui con grandes solapas vueltas de arriba abajo de color rojo en la chaqueta y dos filas de botones dorados, bandolera de cuero y sombrero de ala vuelta por un lado con una escarapela. Las perneras del pantalón iban embutidas en una especie de polainas o botas. No nos dejaban pisar ni tocar las plantas y flores.

Un día mis hermanos hicieron arroz con bacalao y convidaron a todos los niños de la casa. Para los Reyes, mis hermanos colocaban el café para los Reyes y la paja para los camellos.

Sobre los doce años dejé el colegio, pues ya no podía aprender más de lo que enseñaban allí, que eran las cuatro reglas, decimales y cultura general. Al no ir ya al colegio cambiaron las normas. Yo tenía que hacer la casa, excepto las camas. Tenía que tenerlo todo hecho para cuando mi madre llegara. Entonces se fregaba el suelo de rodillas, con estropajo y jabón todos los días, y también todos los días se fregaban la mesa y las trampillas del fogón, que eran de madera, con asperón y lejía.

Después de marcharse el rey hubo elecciones y Gil Robles iba por los barrios obreros ofreciendo un colchón por un voto y en otros sitios entradas para los toros. Mi tío Rafael, el marido de mi tía Julia, que era fascista, iba pistola en mano protegiendo a los que pegaban los carteles en la Puerta del Sol.

Entonces, por lo general, siempre se comía cocido, judías, lentejas, patatas, algunas veces con arroz. A nosotros nos encantaba untar pan con el tocino del cocido, pincharlo con el tenedor y ponerlo en vilo al calor del fuego. De esta manera se churruscaba el tocino y calaba el pan resultándonos un bocado exquisito.

En las verbenas lo pasábamos muy bien. Un día, Elvira se llevó un limón y se puso a comerlo delante de los músicos. Ya sabéis que, por lo general, viendo eso a uno se le hace la boca agua. Pues eso les pasó a ellos y no podían tocar, así que salieron corriendo detrás de ella, pero mi hermana corría como una liebre y no pudieron alcanzarla.

Los domingos íbamos a la iglesia de San Andrés, donde al salir de misa daban un panecillo, pero había que hacer cola y nosotros no la hacíamos. Al lado de la iglesia estaba la casa de Iván Vargas, el amo de San Isidro. En la fiesta del Santo abrían las puertas de la casa. Iban miles de personas con sus botijos, botellas u otros recipientes a coger agua para beber, pues según decían era «milagrosa».

Antes de que entrase la República, el teatro Novedades se prendió fuego y hubo muchas víctimas. Por entonces, año más, año menos, se cantaba este cantar:

*En Chicago las mujeres,*
*según dice doña Inés,*
*de bailar con los negritos*
*salen callos en los pies,*
*y según la gente afirma*
*allí todo es ilusión.*
*Madre lléveme a Chicago*
*por el medio más veloz.*

En la República, Celia Gámez estrenó *Las Leandras* en el teatro Pavón, con mucho éxito; salía bailando «el Pichi» y también sacaba un yoyó, que se puso de moda y toda la juventud iba por la calle bailándolo y se cantaba:

*Mamá, llévame a ver* Las Leandras
*que las echan en Pavón*
*y sale la Celia Gámez*
*vestida de Pichi bailando el yoyó.*

En la República hicieron un cuerpo de guardias al que se le puso el nombre de «Guardias de Asalto». Llevaban porra y también, ¡cómo no!, se les sacó su correspondiente cantar:

*Mamá, yo quiero ser guardia de asalto,*
*no quiero trabajar porque me canso.*
*Cuarenta duros dan y una pistola*
*y una barra de goma que pega sola.*
*Cuando los guardias de asalto*
*se apean del auto y empiezan a dar,*
*no respetan ni a su madre*
*que se pueda presentar.*

La República abrió la Casa de Campo al pueblo que hasta entonces había sido privada para los reyes. El 14 de abril y el 1 de mayo se iba allí, en pandilla, de excursión. Nosotros íbamos con mis hermanos, sus amigos y los vecinos y llevábamos lo habitual: tortilla, filetes empanados, pescadilla rebozada, ensalada... Íbamos andando, porque estaba muy cerca y porque, además, entonces no dejaban entrar coches.

Había una mujer que ponía un puesto de caramelos de los Alpes que eran de color miel, pero mal hechos, como salían, y que cantaba así:

*Para la tos, para el «catá», para la «ronqué».*
*Quita la tos, quita el «catá», quita la «ronqué».*

También pasaba un hombre vendiendo caramelos con diferentes formas y cantaba:

*Hoy es sábado, sábado, sabadito*
*y cobran los papaítos.*
*Niños y niñas, llorad*

*y tiraos por el suelo,*
*para que vuestros papás*
*os compren caramelos.*

Otro pasaba con un burro vendiendo almendras, piñones, avellanas; bueno, frutos secos en general, y se paraba debajo de los balcones mirando para arriba y clamaba así: «Pero, señora, ¿cómo quiere que suba con el burro? Eso no se puede hacer. ¡Baje usted!».

Los había que pasaban vendiendo naranjas y las daban muy baratas, pero tenían que comprarse por docenas; había uno que mientras las iba contando recitaba esta cantinela:

*Una de propina,*
*otra porque me da la gana,*
*otra porque quiero,*
*otra de regalo...*

Las meriendas cotidianas se componían de pan con chocolate, pan con aceite o pan con vino y azúcar. En las Navidades comíamos pollo y lombarda, castañas cocidas, cascajo y los turrones.

Cuando tenía once años me llevaron a las «Colonias». Eran unas vacaciones de un mes pagadas por el Ayuntamiento o el Estado, no sé concretamente. Nos llevaron a la isla de Pedrosa, que está en Santander. Cuando llegamos, lo primero que hicimos fue, en plan cuartel, ir a las duchas y luego a mirarnos las cabezas; la que tenía «habitantes», a la peluquería. A la mañana siguiente, pues llegamos por la tarde, lo primero que hicieron fue darnos aceite de ricino, ya que entonces se decía que por los cambios de agua había que purgarse.

De regreso a casa, vinimos cantando esta canción:

*Adiós Pedrosa entera, adiós tierra querida,*
*tus playas y tus mares y todas tus alegrías.*
*Adiós Pedrosa entera, que te vaya bien,*
*Dios quiera que otro año tengamos que volver.*

También se sacaban canciones por cosas que ocurrían cerca de nosotros. Por ejemplo, Servando, que era el dueño de la tienda de comestibles de nuestro barrio, tuvo una temporada que le dio por no afeitarse y le sacaron estos cantares:

*De la barba de Servando*
*han salido tres leones;*
*los tres expedicionarios*
*para buscar a los aviadores*
*tachunda, tachunda, chunda*
*tachunda, tachunda, chan.*
*Servando en su cama tiene*
*un ratoncito Pérez*
*para que le roa la barba*
*y le ahorre dos realitos*
*tachunda tará tachunda*
*tachunda, tará, tará.*
*Servando y su familia*
*fueron a Navacerrada*
*y al volver por carretera*
*la barba se le enredaba*
*tachunda tará tachunda*
*tachunda tará tará.*

En el 11 de la Ronda la portera tenía un hijo que era muy presumido y hubo una temporada en que se pusieron de moda unas gabardinas «trincheras» y así se le cantó:

*Albano no seas tan tonto,*
*no presumas de trinchera*
*porque la ha usado tu madre*
*para barrer la escalera.*
*Dale la vuelta Albano,*
*dale la vuelta,*
*que quiero ver el forro*
*de tu trinchera.*

Y éstas eran algunas de las canciones publicitarias que entonces se oían por la radio:

*No llore usted en vano si no tiene radio*
*pues tiene usted ahora una gran ocasión:*
*vaya al Recor, al Recor, al Recor,*
*que está en Pi y Margall, en el veintidós.*
*Allí fue la Lola,*
*compró su gramola,*
*precioso aparato de gran diversión.*
*Vaya al Recor, al Recor, al Recor,*
*que está en Pi y Margall, en el veintidós.*

*Carmena se llama el sastre*
*que viste a la gente bien,*
*hace trajes, hace abrigos*
*como muy pocos se ven.*

*¿Dónde va Vicente?*
*Donde va la gente.*

*Bajan por Montera*
*y por la Carrera*
*y por Arenal,*
*van a probar la horchata*
*tan grata, tan grata*
*que se vende en el bar Flor.*

*Pekar es hoy día*
*lo mismo que la Dalia*
*la mejor peletería*
*que tenemos en Madrid,*
*¡vaya que sí!*

*Zapatitos, zapatitos,*
*zapatitos de charol,*
*repicando en la acera*
*llegan a mi corazón.*
*Zapatitos, zapatitos,*
*zapatitos de charol,*
*que repican en la acera*
*y de la Corona son.*

Mi hermana Julia y Enrique se casaron, dejando ella de trabajar como era habitual en aquella época al contraer matrimonio. Enrique era mecánico. Se casaron por lo civil y lo celebraron con una comida en «La Bombilla». Cuando fueron a invitar a la tía Julia, ésta le dijo que no le gustaba que se casase con un mecánico y menos aún que lo hiciera por lo civil y que, hasta que se casara por la iglesia, no apareciera por su casa, lo cual cumplió mi hermana hasta que mi abuelo se puso muy enfermo.

Enrique y Julia se quedaron a vivir en nuestra casa, pues mi madre trasladó a su dormitorio el aparador, las sillas y la máquina para que el comedor pasase a ser la habitación de ellos dos. A partir de entonces Maruja pasó a dormir con nuestra madre, la otra habitación quedó para Elvira y para mí y en la pequeña quedaron como hasta entonces Santiago y Paco.

Yo empecé a trabajar con Elvira en la sastrería de la calle Arenal después de cumplir los catorce años. Cuando entré me dijo mi hermana Elvira: «Si te encuentras algo, sea lo que sea, aunque sean cinco céntimos, dáselos al maestro en mano, así no podrá decir que te has quedado con ello. Y si le ves que quiere hacerse el simpático u otra cosa, no le des pie, suéltale una fresca y un escarmiento y ya verás como no se atreve otra vez».

En la sastrería se pasaba bastante tiempo sin trabajo. En temporada, que era de septiembre a enero, había mucho; luego cesaba hasta abril y a partir de entonces duraba hasta el verano y después, entre medias, algunos días no se trabajaba; aunque todos los días teníamos que ir por si había tarea. El día que trabajabas, cobrabas; el día que no, aunque te hubieses desplazado hasta allí, no había salario. Yo ganaba una peseta al día. En la sastrería había una oficiala que era muy de izquierdas y socia de la UGT y nos animaba a que nos afiliásemos también.

En éstas, el gremio de la aguja se puso en huelga y todos fueron a la Casa del Pueblo, que estaba por detrás de La Telefónica. Cuando nosotras llegamos a trabajar, los piquetes no nos dejaron pasar al taller así que nos fuimos a la Puerta del Sol, que estaba muy concurrida, toda llena de huelguistas que chillaban y tiraban piedras a los escaparates […].

Y llegó la guerra. Franco se sublevó en África. Santiago, Elvira y yo nos habíamos ido a las ocho de la mañana a la Casa de Campo, pues teníamos mucha costumbre de ir a coger saltamontes, y cuando salimos nos encontramos a todo el mundo revuelto y enseguida empezó el jaleo.

Los hombres con las armas empezaron a dar el «paseo» enseguida. Al tendero de la Ronda se lo llevaron, pero todos los vecinos fueron a la pradera y no permitieron que lo mataran.

Hubo muchos hombres que, para evitar ser llamados a filas, se hacían heridas en las piernas y se metían garbanzos en ellas, quedándoseles las heridas abiertas. También otros que se pasaron la guerra ocultos en los armarios de sus casas, en cuevas, sótanos, o donde podían.

Era imposible salir de casa pues los obuses pasaban por encima de nosotros. Por esta causa vinieron los guardias y nos dijeron que teníamos que irnos. Todos los vecinos se marcharon excepto los porteros y nosotros. Nos obligaron a bajar a la portería y nos dieron de plazo hasta el día siguiente para abandonar el barrio.

No teníamos adónde ir, pero los guardias nos metían prisa ya que no dejaba de caer metralla a nuestro alrededor. Cuando subimos al piso una vez más, ya estaba todo desconocido: los cristales rotos, los cuadros por los suelos, las puertas de los balcones destrozadas, en fin, un desastre. Así que nos marchamos pegados a las casas para evitar la metralla y Enrique nos llevó al garaje que tenía su escuadrón en Chamberí. Pero allí no podíamos estar, pues todos eran hombres y nosotras jóvenes.

En calle del Carmen daban un papel. Con ese papel, si tú sabías de algún piso en el que no estuviesen los dueños, quedabas autorizado a vivir en él, así que, como mi madre sabía que había uno en General Arrando, en el barrio de Chamberí, nos fuimos a vivir allí y dijimos a los porteros que en las habitaciones exteriores metieran las cosas de valor que había en la casa, cerraran las puertas de comunicación y se quedasen ellos con la llave, lo que así se hizo, guardando los muebles buenos y quedándonos nosotros con unos cuantos trastos, aunque luego vinieron a requisar y se llevaron todo lo que quisieron.

De un obús a otro pasaban de dos a tres minutos y, en ese espacio, teníamos que ir corriendo a buscar refugio hasta que tiraban el siguiente, que pasaba silbando, tras lo cual salíamos corriendo de nuevo, pues una vez oído el silbido se sabía que ése ya no produciría daño en aquel lugar. En la Puerta del Sol vimos muchos heridos, la mayoría con las piernas cortadas. La Gran Vía también estaba batida, pues además de los obuses pasaban los aviones y bombardeaban, pero no por eso la gente dejaba de frecuentar los cines. Vimos películas muy entretenidas, entre ellas *Esposa y secretaria*, *El gran Ziegfeld*, *Titanes del cielo* y muchas más, ya que casi todos los días íbamos al cine, por lo general al Palacio de la Música y al Avenida que estaban cerca de la sastrería, pues teníamos dinero y no había en qué gastarlo ya que no había comida, ni ropa, ni nada.

Nos daban algunos víveres pero apenas alcanzaban para subsistir. Si se veía a alguien vendiendo pipas se formaban unas colas enormes. Freíamos las mondas de las patatas con aceite o grasa, lo que tuviéramos; hacíamos croquetas con arroz.

De noche no salía nadie de casa por miedo a los tiros y a los milicianos, que te detenían por la calle. Recuerdo estas dos canciones que se cantaban en aquella época:

*Corazón santo,*
*sopa de arroz,*

*no comas tanto*
*que es para los dos.*

*Si me quieres escribir*
*ya sabes mi paradero:*
*batallón bandera roja*
*primera línea de fuego.*
*Al entrar en Madrid*
*lo primero que se ve,*
*es a todos los enchufados*
*sentados en el café,*
*con chaquetilla de cuero*
*y pantalones también.*

Mi madre, en el camino de Rivadeneyra a casa, recogía todos los palos y maderas que encontraba de lo que dejaban los obuses y los traía para poder encender la lumbre y guisar. Un día, pasando yo por una calle, vi que detrás de una reja había caída una persiana. Era muy grande, así que me fui a casa y pregunté a mis hermanas que quién se venía conmigo a cogerla. Ninguna quiso venir por miedo a que nos vieran, pues en aquellos días todo daba miedo.

Mi madre consiguió un salvoconducto para ir a la Ronda para ver si podíamos sacar algún mueble. Fuimos ella, Elvira y yo y estuvimos en nuestra casa: ¡qué desolación! Todo estaba en ruinas y los edificios tenían boquetes que los comunicaban unos con otros. Estando allí comenzaron a caer obuses y mi madre cogió la mesa y la tiró por el balcón, salimos a la calle, cogimos la madera de la mesa destrozada, la metimos en un saco y salimos a escape bajo la metralla. Eso fue todo lo que logramos recuperar.

Magín, el compañero de Enrique, tenía que viajar a Valencia de vez en cuando y, siempre que podía, aprovechaba para traernos algo de comer. En una ocasión nos trajo 4 kilos de pasas.

Un día, con gran tristeza y alivio a un mismo tiempo, pensando que por fin acababa aquel penoso periodo, oímos el parte emitido por Radio Nacional en el que se decía: «En el día de hoy, cautivo y desarmado el ejército rojo, han alcanzado las tropas nacionales sus últimos objetivos militares. La guerra ha terminado». [...]

Todos los evacuados teníamos que regresar a nuestras casas pues los propietarios de las que ocupábamos estaban regresando. Vinieron los dueños de la casa que habitábamos y viendo cómo la habíamos respetado y conservado, nos dijeron que podíamos quedarnos hasta septiembre. Pero mi madre decidió que teníamos que irnos. Nuestra casa estaba en solar y los muebles, por supuesto, no existían. Una amiga de Julia nos dijo que nos fuéramos a su anterior casa. Vivía en el entresuelo, por lo que era un piso muy bajo y, como tantas otras casas, no tenía puerta en la escalera, ni en los balcones y ventanas. Tampoco tenía agua, ni luz, ni retrete, nada. Así que, sin muebles... a dormir en el suelo, a lavar la ropa al río, a coger agua al final de la calle, a buscar leña por los solares...

A consecuencia de todo esto, a mí me dio un ataque de reúma muy fuerte en todo el lado izquierdo del cuerpo.

En octubre volví a trabajar, aunque la rodilla izquierda me seguía doliendo mucho. Entonces Enrique me dijo que comiera ajos crudos en ayunas y bebiese después un vaso de vino tinto. Así estuve un año y por fin se me puso bien la pierna y este bienestar me duró dos años. Después empezó a dolerme otra vez, por lo que comencé de nuevo el tratamiento con ajo y vino durante otro año.

El sueldo nos lo rebajaron a la mitad y también tuvimos que entregar todo el dinero que teníamos. En consecuencia, no teníamos absolutamente nada con qué comprar, por lo que obligaron a que las empresas hiciesen préstamos a sus trabajadores, no sé si a todos de la misma cantidad. En mi caso fueron cinco duros que luego descontarían del sueldo. Así que, para nosotros, fue mucho peor la posguerra que la propia guerra.

Respecto de la comida, aunque había, sólo se podía conseguir en el estraperlo y eso costaba un dinero del que nosotros no disponíamos. Por cierto, mi padre también tenía un primo que se hizo rico vendiendo harina de esta forma.

Los moros que trajo Franco de África vendían muchas latas de conserva, pero sólo si les dábamos a cambio «platita, platita», como ellos decían, pidiéndonos lo mismo monedas que pulseras, anillos, etcétera.

Por aquellas fechas, una chica que yo no conocía y que vivía en el 39 de la Ronda de Segovia comenzó a hacerse famosa. Se dio a conocer al ganar un concurso cantando una canción que más o menos decía así:

> *Tres corpiños y un delantal,*
> *siete fundas y un almohadón*
> *y en la ropa para lavar*
> *prendido mi corazón.*
> *¡Ay! río no te quejes.*
> *¡Ay! que el jabón no mata.*

Estoy hablando de Nati Mistral.

Cuando Enrique volvió a Madrid lo metieron preso durante 14 meses y a Antonio, como en la guerra le habían hecho Guardia Nacional, también lo detuvieron. En su caso, durante ocho meses, y le echaron del Cuerpo. A Elvira la metieron en un campo de concentración en Francia.

Poco a poco pudimos ir comprando alguna cama, una mesa, unas sillas, pero lo pasábamos muy mal.

Paco tuvo la mala suerte de que, la última vez que había venido a Madrid, se había dejado la documentación en el traje y como era ferroviario la cosa fue más grave. Al regresar a Ávila y no poderla mostrar cuando se la pidieron, lo detuvieron. A todos los muchachos que estaban de pensión también se los llevaron detenidos: les pusieron banderillas de fuego, como a los toros, y los mataron. A mi tío Rafael también lo mataron y apareció su cadáver en una zanja, por Pozuelo.

Antonio no quería trabajar; todo se le volvía pedir dinero por todas partes, comprometiéndonos a todos y haciéndonos la vida imposible. Elvira se puso a trabajar en un taller haciendo 11 horas diarias con una máquina. La niña se quedaba con nosotros, en casa. Elvira cayó enferma con un desánimo y tristeza muy grandes, entrando en lo que hoy en día se conoce por una profunda depresión y que en aquella época no tenía nombre. Mi madre avisó a un médico de pago que vivía por Tirso de Molina. Cuando fue a visitarla ya estaba muy malita y no quiso cobrar nada al ver la pobreza en que nos encontrábamos.

Yo ya era oficiala en la sastrería. Balbino y yo empezamos a salir y nos hicimos novios. Balbino se fue voluntario a la guerra y lo pasó muy mal, ya que estuvo en el frente, pero sus padres lo reclamaron y, como era menor de edad, lo devolvieron, aunque luego volvieron a llamarlo, esta vez forzoso. Cuando se terminó la guerra, los que habían hecho la mili con los «rojos» eran llamados a filas para hacer el servicio militar. Balbino, como muchos otros por ver si se podían librar y que no los mandaran a África, se hizo de Falange, pero no le sirvió de nada.

Fueron cargados en vagones de ganado. Cuando llegaron a África los llevaron andando, con el equipaje a cuestas, hasta su lugar de destino. Muchos tuvieron que ir tirando sus pertenencias por el camino porque les era imposible cargar con ellas. Balbino fue uno de ellos. Cuando llegaron a Sidi Ifni, tras días de viaje, muchos estaban enfermos, como él, con disentería y en los huesos, y allí les hicieron trabajar con pico y pala de sol a sol. Pero poco a poco Balbino se fue reponiendo y se «enchufó» en el taller de sastrería y allí, con los retales que quedaban de los trabajos que realizaban, hacía gorros para los soldados, los cuales vendía por algunas perras y así pudo disponer de algún dinero y pasarlo algo mejor, es decir, menos mal.

Por fin licenciaron a Balbino. Había pasado allí 39 interminables meses y de nuevo en Madrid, volvió a trabajar en la sastrería, pues era obligado que le guardasen el puesto, así que el muchacho que le suplió, Pepe, se tuvo que ir y, más adelante, puso una sastrería en la Gran Vía.

Yo, cuando volvía de trabajar, me ponía a hacer pantalones para niños pequeños y cobraba por cada uno tres pesetas; por los de los más mayorcitos cobraba cuatro. Además de todo eso, también hacía jerséis de lana.

Era una época en la que había que aprovechar la ropa al máximo y romperse la cabeza para idear de dónde sacarla; cualquier retal se aprovechaba y hasta con un ganchillo me cogía los puntos a las medias para alargar su vida todo lo impensable. Teníamos que lavarnos el único vestido que teníamos por la noche, para poder ponérnoslo al día siguiente.

Nosotras nunca nos teñimos ropa, pero la gente si lo hacía y prosperaron mucho los tintes y, sobre todo, el Tinte Iberia. En la radio sonaba esta canción:

*Mi novia, con su vestido,*
*va llamando la atención,*
*por su bello colorido,*
*porque está muy bien teñido,*
*causa siempre admiración.*

Balbino y yo decidimos casarnos y, por aquel entonces, Franco daba a los que se casaban un préstamo (sólo a uno de los dos), a condición de que la mujer dejase de trabajar. Si se lo daban al hombre eran 2.500 pesetas y si era a la mujer, 5.000. Lo solicitamos los dos y como yo no tenía padre me lo dieron a mí y con eso hicimos la boda.

Y éstos eran algunos anuncios que se oían entonces por la radio:

*Mariquita Pérez para las mujeres,*
*desde que son niñas, retoños de hogar.*
*Mariquita Pérez, qué elegante eres.*
*Pues el mes que viene he de serlo más.*
*Tendré traje y zapatillas*
*y pijama y delantal y maleta y uniforme*
*y hasta un cuarto colosal.*

No tardó tiempo en salirle otra muñeca que competía con ella en prestancia y elegancia, que se llamó Gisela y que, por supuesto, también tenía su cancioncita publicitaria, que era la siguiente:

> *Gisela es una muñeca*
> *distinta de las demás.*
> *Gisela cierra los ojos*
> *y dice papá y mamá.*

Y como no hay dos sin tres, pues nació la muñeca Cayetana:

> *Muñequita Cayetana,*
> *tienes nombre, tienes nombre*
> *de duquesa y no hay otra más galana.*
> *El mirarte, Cayetana, me embelesa.*
> *Yo te anhelo, yo te adoro*
> *por tu carita lozana,*
> *porque vales un tesoro.*
> *Muñequita Cayetana,*
> *muñequita Cayetana.*

Esta última ya incluso era noble.

Mientras tanto, entre muñeca y muñeca, había que ir combatiendo los bichos y uno de los productos más anunciados era el DDT, que lo hacía de esta manera:

> *¡DDT chas, DDT chas!*
> *no hay quien lo aguante.*
> *Tú como el gas, la muerte das*
> *en un instante.*

En los tebeos apareció Carpanta, siempre hambriento como el pueblo y soñando con pollos exquisitos y por las calles se oía repetidamente esta canción radiofónica, en la voz alegre de Pepe Blanco:

*No me hable usted*
*de los banquetes que hubo en Roma,*
*ni del menú*
*del hotel Plaza en Nueva York,*
*ni del faisán*
*ni los foagrases de paloma,*
*ni me hable usted*
*de la langosta termidor.*
*Pues lo que a mi discusión*
*me quita el sueño*
*y es mi alimento y mi placer,*
*la gracia y sal que*
*al cocidito madrileño*
*le echa el amor de una mujer.*

## NIÑOS DE LOS AÑOS OSCUROS

*El texto del que a continuación se publican largos extractos es uno de los que más impresionó entre los muchos que llegaron a la radio. Por la cantidad de apuntes inéditos que contenía, por la crudeza de sus informaciones, por lo bien que estaba escrito y porque contaba la Guerra Civil y, sobre todo, cómo la vivió el pueblo llano, desde una óptica de la que no conocíamos precedentes: la de un niño. Con memoria fotográfica y exquisita sensibilidad, el autor recuerda sus peripecias de hace sesenta años como si las hubiera vivido ayer mismo. Aunque nos dijo que redactó estos folios sólo para que sus nietos supieran lo que había ocurrido en aquellos tiempos, Gonzalo del Barrio, un linotipista jubilado que vive en Valladolid, es un escritor notable. Y un hombre con las ideas bien claras.*

Estos «niños de los años oscuros», chavales de entre ocho a doce años, viven en un barrio obrero de Valladolid, en sencillas casas de vecindad con galerías de barandal que dan sobre un patio común. En ellas tienen lugar tertulias, chácharas, y hasta broncas si se tercia. Sus padres son trabajadores artesanos, ferroviarios algunos, otros albañiles. Hay un carpintero, un tipógrafo y un simple mozo de almacén en una fábrica de chocolate. El barrio es del Paseo de San Isidro y sus alrededores. En él hay poco más de media docena de casas de tres plantas, todas las demás son «molineras» o de una sola planta. Todas ellas en una acera. Enfrente, en la cañada, unos almacenes y cuadras y todo lo demás tapias de huertas.

En el barrio más o menos todos se conocían y se saludaban. Eran familias de bajo nivel económico, algunas muy pobres. Unos cuantos vivían un poco más desahogados y unos pocos eran ricachos, o así eran considerados. Había una generalizada sensación de igualdad social y una especie de solidaridad vecinal, «ya que al fin y al cabo todos somos obreros».

La gran mayoría de aquellos vecinos simpatizaba con el régimen republicano, de él esperaban el logro de sus aspiraciones de libertad y de justicia social y para ellos estaba claro que los caciquillos del barrio se oponían a esas aspiraciones. Era un barrio pacífico, sin alborotos, con gente que a lo que aspiraba era a vivir dignamente y a que sus hijos tuvieran más oportunidades que las que ellos habían tenido para aprender e instruirse. [...]

En esta tarde de julio, los niños se entretienen en la calle. Han contado los vagones de los largos trenes de mercancías, han saludado a los viajeros asomados a las ventanillas de los expresos y ahora están poniendo clavos sobre los raíles para que las ruedas de los trenes los aplasten. Después los afilarán y así tendrán para abrir la cáscara de los piñones tostados. Y están tan entretenidos en eso que de ninguna otra cosa se enteran.

Caía la tarde, cuando la hermana de uno de ellos, la Mari, una mocita de trece años, se presentó diciéndoles a voces que volvieran a casa. «¿Pero es que no oís esos tiros?», les dijo. Fue entonces, al oír repetidas descargas y tiroteo hacia el centro de la ciudad, cuando se enteraron. Regresaron a casa empujados por la chavala. Un grupo de padres estaba en el patio. Hablaban entre ellos en tono preocupado: «Esto se veía venir». «Dicen que han sido los Guardias de Asalto y los cadetes de la Academia». «Y los fascistas de Falange».

Nosotros, los chavales, no sabíamos qué era «lo que se veía venir», pero pronto lo sabríamos. Mi padre acababa de llegar y venía de buen humor porque por primera vez iba a disfrutar de unas vacaciones de siete días. Dijo algo de los fascistas «que quieren tirar a la República» y que habían pasado camionetas y coches con gente gritando y amenazando. Yo ya había oído hablar de los «fascistas» como «gente que está contra los obreros», pero ni idea tenía de quiénes eran ni de lo que querían. Tampoco entendía lo de «tirar a la República».

La noche de aquel sábado era muy calurosa. Cenamos con las ventanas abiertas de par en par, acompañados por el tiroteo que sonaba en la lejanía. Ya era noche cerrada cuando bajamos a la calle a tomar el fresco. Mi madre, con su banqueta de madera, y mi padre, liando un cigarrillo de picadura, se unieron al corro de vecinos que comentaban los acontecimientos. A los chicos nos dijeron que no nos alejáramos. El tiroteo seguía y desde las ventanas altas decían que se veían los fogonazos en la catedral.

Todo se estaba cociendo en el centro de la ciudad y en nuestro barrio sólo oíamos el ruido. Doña María, una maestra jubilada que vivía en el primer piso y que tenía uno de los poquísimos aparatos de radio que había en la calle, puso la voz a todo volumen y abrió el balcón de par en par. Allí no se oía otra cosa que gritos de «Arriba España» y «Viva el Ejército» y «Viva Falange española». Y por vez primera una canción que oiríamos hasta la saciedad durante cuarenta años: «Cara al sol con la camisa nueva...».

Poco después alguien impuso silencio en el barullo de la emisora y dijo con voz rotunda que el ejército estaba con ellos y lanzó amenazas e insultos a los rojos a los que iban «a barrer como basura», frase que se me quedó en la memoria. Los comentarios se hicieron pesimistas. «Si se les han juntado los militares, no hay nada que hacer».

Los vecinos empezaron a retirarse. «Bueno, lo que sea sonará», dijo mi padre; la madre cogió su banqueta y, señalando a mis hermanos pequeños, dijo: «vamos, que ya es hora de descansar, que éstos se están durmiendo».

La mañana siguiente, en contraste con la agitación de la noche anterior, fue de silencio, silencio temeroso en todo el ámbito de la vecindad. Al poco rato ya estábamos unos cuantos chicos en el patio, vigilados por las madres desde las galerías. Una se asomó al balcón y dijo: «No os mováis de ahí. Si veis algo raro, para adentro enseguida». Era domingo, pero nadie pasaba por la calle, ni una bici, ni un repartidor, ni gente de paseo. Cualquier otro domingo a esa hora el barrio era un hormiguero.

Estábamos comentando ese silencio y ese vacío, cuando oímos, lejano, un toque de corneta, un toque largo, sostenido, que nos alarmó. A poco se repitió, más cercano. Nos levantamos y desde el centro de la calle vimos una columna de soldados que a paso lento venía desde la plaza Circular. Corrimos portal adentro y en el patio empezamos a gritar: «¡Los soldados, que vienen los soldados!».

Llegaban en tres largas filas, arma al brazo, mirando atentos a un lado y a otro. Una fila por cada acera y otra por el centro de la ancha calle que era, y es, el Paseo de San Isidro. Nos llamó la atención lo nunca visto: «llevan casco de guerra», dijo uno. Al frente de ellos un jefe, también con casco de acero y pistola en mano, y junto a él un cornetín de órdenes, que lanzaba cada poco agudos toques de atención.

Temerosos, retrocedimos hasta el fondo del portal. Allí había varias personas mayores expectantes. Alguien dijo: «parece que estamos en el cine». Los chicos, sentados en la escalera, decíamos que lo veíamos «desde el gallinero».

Acabó el largo y lento desfile de los soldados y al cabo de un rato uno de los vecinos se asomó con miedo a la calle: «no vienen más», dijo, y tras él nos asomamos los chiquillos contenidos por las madres. La tropa siguió hasta el cruce de la carretera de circunvalación, donde se detuvo un rato, y volvió sobre sus pasos, haciéndonos esconder de nuevo en el portal. Más tarde desapareció por la calle de la Estación.

Pudo ser el efecto del paso de la tropa, pero a continuación la calle se animó. En el paso a nivel un numeroso grupo de obreros empezó a dar vivas a la República y de «abajo el fascio». Entonces se oyeron varios disparos y los obreros corrieron lanzando piedras contra un balcón del otro lado de la vía. Y hubo más disparos y más de lo mismo. Hasta que llegaron dos furgones con guardias de asalto que se lanzaron contra los obreros persiguiéndolos a culatazos y golpes de porra; los obreros se dispersaron, pero vimos cómo dos de ellos eran detenidos y puestos a golpes contra la pared y llevados a los furgones.

Horas después bajamos con los padres a la calle y fue cuando vi que lo que estaba sucediendo era algo muy serio, no sabía qué, no se me alcanzaba, pero algo muy serio y muy importante.

En el paso a nivel no había guardias, pero sí un numeroso grupo de individuos con camisas azules y brazaletes de Falange, armados con pistolas y fusiles con los que hacían gestos amenazadores. Y por la calle muchos automóviles iban y venían, y en ellos falangistas armados que amenazaban a los asombrados espectadores, y apuntando con sus armas obligaban a saludar brazo en alto. Y gritaban órdenes: «Rojos, cabronazos, fuera esos corrillos. Arriba esas manos. Gritad Arriba España». Más allá de nuestra puerta, calle arriba, un grupo de estos energúmenos, acompañados de varios guardias de asalto y militares, habían entrado en el callejón de la O, de donde sacaron a un numeroso grupo de vecinos, con mujeres y niños, y los llevaban y traían amenazándoles, empujándoles con las armas, riéndose de ellos e insultándoles: «Venga, cabrones, rojos de mierda, gritad Viva España. Más fuerte, coño, que no se os oye». Cuando les pareció, se marcharon llevándose a los tres o cuatro que osaron protestar. Uno de los que se llevaron era Ambrosio «el Carabina», un albañil muy conocido en el barrio. Estaba recién casado y su mujer se deshacía sin saber qué hacer ni qué decir. «El Carabina» pasó unos años en la cárcel por «resistencia a la autoridad».

Los significados «carcas» de la calle se habían ya atrevido a asomarse. Hipólito («Poli») el tendero y Rogelio su hermano; el «tío Víctor», de quien mi madre y otras vecinas decían que era un «tío asqueroso»; don Benigno, un señor muy mayor que había sido maestro y que solía reñirnos porque le molestábamos jugando a su puerta, y que sorprendió a todos cuando salió a la calle con un gran escapulario al cuello y llevando un grueso libro, un misal o una biblia, mientras gritaba «Viva España católica». Otro, como «Frodo», que también apareció con un escapulario dando voces destempladas y amenazando que él iba a acabar con todos los rojos. Los «Brauliones», padre e hijos, tratantes en ganado; ricachos groseros y mal hablados. Éstos salieron a la calle luciendo unas descomunales boinas rojas y unas estampas del Corazón de Jesús prendidas en la camisa. Todos ellos, y especialmente los Brauliones hijos, hacían gestos de burla y proferían amenazas contra los grupos de vecinos, aludiendo directamente a los conocidos como más «rojos».

Otro personaje que apareció fue «el Carlistón», como entre la gente del barrio se le conocía. Llevaba una especie de guerrera y pantalón con polainas. Blandía amenazante una especie de pistolón, y de ese talante se paseaba ante los asustados vecinos. De él se decía que era quien había disparado contra los obreros, pues vivía en la casa que éstos habían apedreado.

Al poco rato, salieron Eutimio, el teniente, los soldados y sus acompañantes. Habló un momento en el rellano con mi padre y otro vecino: «Voy a trabajar. Nos han militarizado a todos los que trabajamos en la imprenta, así que no sé cuándo volveré».

Por la tarde volvió Eutimio a casa; le trajeron en un coche escoltado y fue recibido con muestras de alegría por los vecinos. Venía con un galón de sargento prendido en la chaqueta, y traía un rollo de papeles impresos, de los que dio a leer uno a Candi, la mayor de sus hijos, que tendría 16 o 17 años. Era el bando de declaración del estado de guerra. Me fijé que el final de casi todos los párrafos era: «Pena de muerte, pena de muerte».

La Flora no se pudo contener: «Esta gentuza nos trae el fascio; el fascismo nos ha caído encima. Van a machacarnos a los obreros. El fascio, el fascio, pobres de nosotros», gritaba histérica. En vano las vecinas, entre ellas mi madre, trataban de calmarla; estaba en un estado de exaltación disparatado, y más cuando ante el portal apareció, burlón y sonriente, el «tío Víctor»: «A qué viene usted aquí, tío cabrón, sinvergüenza, fascista asqueroso...». A duras penas las mujeres lograron llevarla portal adentro, mientras el «tío Víctor» gritaba haciendo gestos amenazadores: «Vamos a sacaros casa por casa y piso por piso, jodidos rojos. Vamos a hacer una criba que no vais a quedar ni uno...».

Uno de aquellos días posteriores al alzamiento, el Poli y su hermano, los tenderos, aparecieron con camisa azul, correaje y un pistolón al cinto que no se quitaban ni para despachar en la tienda. «Somos jefes de calle. Hemos sido nombrados por Falange española».

Estos matones exacerbaron su brutalidad cuando se comprobó el fracaso del alzamiento «glorioso» no sólo en Madrid, sino en casi toda España; cuando se supo la muerte del «caudillo de Castilla», Onésimo Redondo, y la frustración de la llamada «columna de Madrid». Ya no eran las guasas y las amenazas de «os vamos a barrer, rojos de mierda» y por ese estilo, de los primeros días. Era terror puro y duro.

A este terror contribuyó en gran manera la actitud de un personaje siniestro, conocido en el barrio por sus negocios y por ser una especie de cacique. Con uniforme de Falange, correaje y pistola en mano, le veíamos ir y venir al frente de un grupo de jóvenes secuaces armados con fusiles. Llevaba un silbato colgado al cuello, y lo hacía sonar para llamar a sus camaradas. Como hizo para detener a un joven obrero que parecía venir del trabajo. El otro quiso escapar, pero «el de la lana» hizo un disparo al aire; el joven se detuvo junto a una pared, cerca de donde estábamos los chicos mirándolos con asombro. Le acoquinó contra la pared y le decía: «Ya te tenía ganas yo a ti. Cabronazo, rojo, ¿dónde te has metido todos estos días? Venga, llevadle, que me parece que muy pronto va a empezar a criar malvas», dijo a sus ayudantes, mientras le aplaudía el rostro. «Qué coño miráis vosotros. Ale, fuera de aquí, que no quiero ver corrillos», dijo amenazante, pistola en mano, a los que estábamos mirando.

Mi padre, que estaba deseando volver al trabajo para, como él decía, «enterarme de qué coño pasa por otros sitios, por Madrid o por ahí, pues aquí no sabemos nada más que lo que esta gentuza nos quiere decir», llegado el lunes siguiente volvió al trabajo en la fábrica de chocolates. Según contó, en el camino hasta el trabajo le dieron dos veces el alto y le cachearon.

Ya en agosto, el ambiente en el barrio había cambiado bastante. El sometimiento de la población era algo evidente y nada parecía sorprender. Ya no había tantos falangistas campando a sus anchas; ahora solían ser guardias civiles, o de asalto, los que imponían respeto, pero no hacían alardes chulescos ni insultaban a nadie. En dirección al campo de San Isidro empezaron a pasar largas columnas de reclutas movilizados, muchos de ellos aún con su ropa de paisano, que solían ir y volver cantando.

Además de los militares subían a San Isidro formaciones de milicianos de las numerosas organizaciones que se autoproclamaban «patrióticas», entre las que predominaban Falange Española y el Requeté carlista. Éstos con sus boinas rojas. Pero también pasaban, con curiosos uniformes verdes, grupos de Renovación Española; otros que vestían de caqui y llevaban gorrillos de tela como los soldados y en él, bordadas, unas letras, «J. A. P.», que también llevaban en la camisa; otros, vestidos con monos caqui, que se autodenominaban «Voluntarios de España», según un letrero que llevaban prendido en el mono. Todos iban y volvían cantando, además del inevitable *Cara al sol*, canciones con letras horteras alusivas a «salvar a España», «limpiarla de rojos y de traidores», etcétera, etcétera. Y «perlas» como ésta, cantada con ritmo de *La cucaracha*:

*Del moño la Pasionaria*
*vamos a hacer una escoba,*
*para barrer los retretes*
*de la Falange española...*

Una de aquellas tardes, ya mediado agosto, los falangistas, cantando, volvían del páramo de San Isidro; al frente de ellos destacaba el del vozarrón. Una de las letras que cantaba decía más o menos:

*Al entrar en Madrid*
*iremos los primeros,*

*rumba la rumba la rumba ba,*
*a darle cuatro tiros*
*a Largo Caballero,*
*rumba la rumba la rumba...*

El padre de Jandro, que con otros estaba a la puerta, comentó con sorna: «vaya qué cosas canta el camarada Girón», y así supimos quién era. Pero las ironías y sarcasmos se expresaban en voz baja. Los comentarios de los padres, y de los mayores en general, eran sobrentendidos, reticencias, o frases que quedaban como colgadas. Yo me daba cuenta de que ya no había entre ellos la confianza y la franqueza con que antes se trataban.

Habían empezado las ejecuciones.

«¡Han fusilado a Garrote!». El rumor corrió de boca en boca por la vecindad, en la escalera, en el portal, en el patio, entre el grupito que se formaba en la acera.

En casa pronto hubo otro motivo de preocupación: la noticia de que habían detenido a tío Ciro, hermano de mi padre. Vivía en Venta de Baños, donde trabajaba de ferroviario y parece que era un conocido sindicalista de Unión General de Trabajadores. Días después se supo que estaba en la cárcel de Palencia, donde fue fusilado a primeros de septiembre.

Todo lo que habíamos visto y oído hasta entonces no tenía comparación con lo que llegó. El terror que días atrás había acobardado a la gente de la calle llegó a extremos inconcebibles. Entonces sí que se acabaron los corrillos, las tertulias, y si algún comentario se hacía era en voz baja, como en cuchicheo.

«¡Fusilan en las cascajeras!», eso nos lo decíamos los chavales unos a otros. «Es cerca de la subida por la perrera, junto a los Pajarillos». Allí donde tantas veces nos escapábamos para revolcarnos en los montones de arena fina después de lanzarnos desde lo alto del cortado. Había quien desde la galería alta de su casa lo había visto ya, como Tomasín «el Titi», hijo de Flora, que nos decía que se había levantado de madrugada con su madre y su hermana.

Aquella noche me acosté pensando que tenía que verlo. Era una noche calurosa y dormíamos con todo abierto. Hacía un rato que había notado el paso de camiones acelerando en el paso a nivel. Pero lo que me espabiló fue el creciente ladrido de perros. Poco después oí a mis padres hablar entre ellos en la cocina. Mi madre lloraba y decía, «pero cuándo va a terminar esto, Dios mío». El padre juraba y renegaba y por el pasillo iba y venía desesperado. Y más cuando me vio aparecer descalzo y medio desnudo en la cocina. «Anda a la cama, a la cama ahora mismo». Mi madre me llamó. Estaba en camisón y con una toquilla sobre los hombros. Me abrazó con fuerza y me besó. «Haz caso a tu padre, vuelve a la cama, no vayas a enfriarte». Entonces mi padre apareció con mi ropa y las zapatillas: «Vístete y ven a la ventana, y que esto no se te olvide nunca». «¡Qué cosas le vas a enseñar al chico!», exclamó mi madre, sentada en la cama y con el rosario entre los dedos.

Desde la ventana, sobre los huertos que había detrás de casa y llegaban hasta la carretera de circunvalación, vimos dos furgones de los guardias de asalto que en ese momento apagaron los faros pues ya había suficiente claridad. Esperábamos tensos en la ventana; oí a Jandro y a su hermano que hablaban con su padre en la casa inmediata. Y poco tuvimos que esperar pues de pronto, en el aire claro de la mañana y ya con el sol levantado, una nubecilla azulada brotó de entre los desmontes de la cascajera y casi a continuación algo como un trueno lejano, un ruido que el eco repetía. Era el estampido de la fatal descarga que segaba la vida de un grupo de desgraciados. La mano de mi padre me apretaba con fuerza... Poco después unos cuantos disparos aislados sonaban a lo lejos: «el tiro de gracia», comentó mi padre.

Inmóvil en la ventana, vi cómo unas siluetas emparejadas bajaban hasta los camiones y volvían a subir. Eran los camilleros, que en macabro carrusel bajaban los cadáveres.

Y así estuve al día siguiente, que lo vi todo desde antes de que llegaran, casi de noche. Y otras muchas mañanas, demasiadas; unas veces en la ventana, junto a mi padre, y otras en la cama, pero bien despierto, oyendo e imaginándomelo todo, junto a mi hermano, que dormía como un bendito.

Los chicos, sin tener idea de lo que pasaba, hacíamos comentarios de lo que veíamos y oíamos. Clemente, el mayor del grupo, hablaba de todo con suficiencia; se notaba que tenía hermanos mayores. Tomasín «el Titi», hijo de Flora, el único «pionero» que conocíamos por los alrededores, nos decía que su madre había quemado los pañuelos rojos. Jandro ya se sabía el *Cara al sol* y nos lo cantaba «por lo bajini», pues no en vano su hermano «Timín», de 15 años, y que era aprendiz con su padre en la imprenta, se había hecho «balilla», como llamaban a los niños falangistas.

Clemente opinaba de todo y de todo parecía saber. Nos decía que los perros ladraban porque después de cada fusilamiento, cuando ya todos se habían ido, se ponían a escarbar y lamer la sangre, que a él se lo había dicho un amigo de su hermano.

Pero la propaganda y el ambiente nos iban influyendo e iban cambiando nuestros criterios. Me daba cuenta de ello, pues veía cómo las personas mayores, y más los niños, aceptábamos la situación. Por ejemplo, Jandro: «Dice mi padre que no digamos "éstos" o los "otros"; que hay que decir los nacionales o los rojos».

El señor Joaquín, un anciano vecino, en cuanto sentía que los chicos estábamos a la puerta, salía y nos daba 15 o 20 céntimos para que le trajéramos *El Norte*, el periódico, «y si no tienen *El Norte*, no traigáis ninguno». Mi padre decía que lo mismo daba traer uno que otro, «pues todos ponen lo que les mandan poner».

Íbamos todo el grupo a comprar el periódico, al otro lado de la vía, hasta la Circular, por donde una señora lo voceaba, o alguna de sus hijas. Veníamos leyendo: «Nuestras heroicas tropas han tomado Badajoz, y las hordas rojas han huido a Portugal». A estas noticias les dábamos vueltas los chicos en nuestros conciliábulos sentados en la escalera, o a la sombra de un árbol: «Si han tomado Badajoz, fíjate lo que han corrido; señal de que tienen ya toda Andalucía...», «Pero eso de que traigan moros para que maten españoles...», «Dice mi padre que son moros amigos de España», «Pues mi hermano dice que hasta hace poco esos moros se hinchaban a matar españoles», remataba Clemente.

La noticia de que habían matado a tío Ciro fue un golpe tremendo en la familia. Especialmente sacudió a mi padre, para quien su hermano mayor era algo así como un oráculo. Mi madre, que hasta aquel fatídico domingo de julio no se perdía la misa dominical y, sin llegar a ser una beata, asistía a algún acto especial en la parroquia y guardaba los ayunos de los viernes de cuaresma, no volvió a misa, que yo recuerde, ningún otro domingo hasta casi el final de la guerra. Eso sí, rezaba y rezaba en casa, y nos hacía rezar a nosotros, especialmente por tío Ciro, y, meses después, por Abraham, un primo suyo que murió en el frente de Aragón luchando como voluntario falangista. La familia de mi madre, en lo que yo conocía, era de derechas.

Una tarde que andábamos por las inmediaciones de la fuente de la Salud, alguien propuso: «¿Vamos a la cascajera?».

Había grupos de chavales, la mayoría de Pajarillos y de nuestro barrio, y algunas, pocas, personas mayores. Grupos de perros, gruñendo, intentaban llegar a la parte baja de la cascajera y hocicaban entre la grava lamiendo la sangre de los que habían caído allí acaso aquella misma mañana. Siempre había algún ramo de flores depositado allí, sobre la grava, por manos anónimas, y el vigilante cuidaba de colocarlo dignamente.

A lo largo de la guerra nos habíamos acostumbrado al ambiente bélico, aunque el estridente pitido de las sirenas, anuncio de que llegaba la aviación con sus bombas, era suficiente para aterrorizarnos y corríamos sin saber dónde meternos.

Pero de repente: Franco, Franco, Franco. En todas las esquinas, Franco; en todas las paredes, Franco. En carteles, periódicos, retratos, pintadas, en hojas volanderas, Franco, Franco, Franco. Su nombre aclamado por todos los lugares, por todos los rincones. El General Franco, «el Caudillo», «el Generalísimo». «Franco y Falange»; «Franco, salvador de España», «el paladín de la Patria». El que iba a resolverlo todo, a arreglarlo todo. Los generales se habían reunido y le habían proclamado más que general: «generalísimo». Los amigos de la situación estaban exultantes. Ahora sí, ahora con este jefe, para año nuevo, como mucho, en Madrid.

No tardó en verse en Valladolid la realidad de la intervención extranjera. Aunque se decía que ya por otros sitios había italianos, aquí los primeros que aparecieron fueron los alemanes. En todos los camiones campeaba un letrero: «Legión Cóndor». En algunos, grupos de mocetones rubios con grises uniformes saludaban a la gente que pronto se agolpó en las aceras. Por primera vez vi la estrella de tres puntas de la marca Mercedes en automóviles y camiones. [...]

El curso empezó un día de principios de octubre y allí, en el patio de la escuela, estábamos con las madres esperando a que el director llamara. Era, lo recuerdo muy bien, una mañana muy clara y agradable; los chavales volvíamos a encontrarnos con amigos y compañeros y corríamos y jugábamos despreocupados.

El director se dirigió a las madres en tono exaltado mostrando un crucifijo que cogió de sobre su mesa, y enarbolándolo con firmeza dijo, entre otras cosas, algo que no se me ha olvidado: «Por culpa de muchos malos españoles que han rechazado la religión y han abandonado a éste, a este que está en la cruz para redimir nuestros pecados, España está sufriendo esta tragedia de la que va a salir purificada», y por ello muchos lo estaban pagando «ahí, ahí cerca, ahí en las cascajeras donde tantas veces jugáis. Que no se os olvide la lección», remató señalándonos a los chicos con el dedo. Vimos que alguna señora abandonó la reunión y uno de los chicos, Tejerina, que vestía de luto, rompió a llorar. El maestro terminó su perorata diciendo que «el nombre de esta escuela ha cambiado; ya no está dedicada a Blasco Ibáñez, un escritor ateo de libros indecentes, sino a Fray Luis de León, una gloria de la literatura española y de la religión».

Nos colocamos en los mismos pupitres del curso anterior y estábamos callados y acobardados. Fue cuando me di cuenta de que ya no estaba el cuadro de la República con el gorro frigio, la bandera tricolor y el león a sus pies. En su lugar había un cuadro de la Inmaculada de Murillo, y a otro lado un cuadro más pequeño con el yugo y las flechas, y en medio de los dos cuadros el crucifijo.

Cuando llegó la hora de salir el maestro dijo: «Todos los días, al entrar y al salir, hemos de rezar un Padrenuestro y un Ave María. Lo vamos a hacer ahora. Y ya me encargaré de que lo aprenda quien no lo sepa». Rezamos y salimos.

Algunos niños (Baza, por ejemplo, con un hermano «paseado» y otro en la cárcel) que el primer día no acudieron, fueron apareciendo llevados por sus madres, algunas enlutadas y con aspecto triste. Otros, como De Pablos, Alfageme o Escudero, con padre o hermano preso, también llegaron en los días siguientes.

Llegó el tiempo frío, y como escaseaba el carbón, «pues las minas las tienen los rojos», no podíamos calentar la clase. El director decía que había que aguantarse «pues más frío pasan los soldados en el frente; todo sea por Dios y por España». […]

Después de la cena de Nochebuena nos reunimos en casa de un sobrino de mi madre. Las mujeres recordaban las Navidades en paz, y madre comentó: «Parece mentira que estemos en Nochebuena y que ayer mismo hayan fusilado ahí arriba. Pocas ganas hay de felicitar las Pascuas». Alguien dijo que por la radio de Madrid había oído que un barco ruso había estado desembarcando hombres y material durante más de seis horas. Uno de los hombres dijo que como el Gobierno reaccionara con la ayuda que ahora estaba recibiendo «a lo mejor daba la vuelta a la tortilla, y ya veríamos la que se iba a preparar aquí...». A esto mi madre contestó: «No, por Dios. Más muertos, no. Eso sería no acabar nunca».

Mi padre frecuentaba una cantina de la plaza Circular, El Cigaleño, cuyo dueño era pariente, y una noche, con el pretexto de que allí se hablaba de política, la policía hizo una redada y se llevaron a todos los que allí estaban, incluido el dueño. Por una feliz casualidad mi padre no estuvo aquella noche y se libró. Durante toda la guerra ya no paró en ninguna taberna.

Los italianos, tocados con cascos alargados, distintos de los que aquí se llevaban, sentados muy tiesos en sus camiones, subían por la carretera de Soria hasta el alto de San Isidro donde (como supimos tiempo después) se concentraron para su fracasada ofensiva en el frente de Guadalajara.

Así, en medio de toda aquella peripecia, con sólo cuatro horas de clase mañana o tarde, pasábamos los chicos los meses de la guerra: unas veces corriendo a San Isidro cada vez que aterrizaban aviones, lo que a lo largo del año 37, hasta que terminó la campaña del Norte, ocurría casi a diario. Otros días a ver la instrucción de los reclutas, y en ocasiones, siempre con respeto, como quería mi padre, volvíamos a la cascajera de los fusilamientos donde espantábamos a cantazos a los perros que husmeaban entre la grava lamiendo la sangre, en muchos casos reciente, pues las ejecuciones, y ya habían pasado ocho o nueve meses, no habían cesado, y seguirían, no tan frecuentemente, aun con la guerra terminada.

En la escuela seguíamos con lecciones patrióticas, cánticos patrióticos: «Cara al sol con la camisa nueva...», «Bandera de mi vida bordada de oro y grana...», «Legionario, legionario». Y muchas lecciones y cánticos religiosos: oración todos los días, catecismo o historia sagrada también a diario, con frecuentes visitas de sacerdotes; las flores del mes de Mayo. «De Jesús soy soldadito y es mi estandarte la cruz», «Juventudes católicas de España, galardón del ibérico solar», «Tú reinarás, éste es el grito que ardiente lanza nuestra fe», etcétera, etcétera.

Comentamos mucho la charla que dos sacerdotes y don Antonio, el director, nos dieron a un grupo de chicos de «la tercera». Nos hablaron del alzamiento, de la barbarie roja, de la tiranía del comunismo allí donde gobernaba, de cómo la República se había impuesto por «una farsa electoral», y de cómo las ideas del ateísmo habían pervertido al pueblo sencillo y de ahí la quema de las iglesias. Por ello los buenos españoles, los buenos católicos, los verdaderos patriotas, esperaban que el Ejército, «donde están los hombres de honor que aman de verdad a la patria y sus tradiciones gloriosas, se alzara contra esa vergüenza y tras él irían todos a una, como así ha sucedido». Nos hablaron también del oro del Banco de España que los rojos habían llevado a Moscú para pagar la ayuda que Rusia les traía, «ese oro es de España y de los españoles, y lo han entregado a los enemigos de la patria para que la destruyan».

Pero podía más el ambiente de la calle que todas las peroratas. Podía más la picaresca que muchos practicaban para salir adelante. Se notaba claramente cuando se sabía que algún significado jerifalte de Falange «se iba a hacer guardia en los luceros», y en los comentarios poco cristianos que se oyeron cuando «cayó del cielo el glorioso y heroico» general Mola. Todo eso influía en los chavales mucho más que todos los rosarios y letanías.

En los ejercicios escritos que hacíamos en clase, a continuación de la fecha poníamos «Primer Año Triunfal»; después de las vacaciones del verano del 37 pusimos «Segundo Año Triunfal».

Fernando, pariente por parte de mi padre, hacía su servicio militar en Salamanca. Era de la quinta de ese año y quedó ciego absoluto a consecuencia de un barreno que estalló antes de tiempo. Era ebanista. Le hicieron «caballero mutilado por Dios y por España», pero acabó vendiendo el cupón Pro-Ciegos. Su familia era toda de izquierdas.

Otro pariente, Abraham, primo de mi madre, que ya he citado, era falangista voluntario y se enroló después de haber sido licenciado el año anterior del servicio militar. Murió en abril o mayo del 37 en el frente de Huesca. Su nombre estaba en la lápida de los Caídos, en la iglesia del pueblo.

Isaías, el marido de una prima de mi madre, también del pueblo y asimismo falangista voluntario, no hacía un año que se había casado cuando se enroló. Herido en el vientre, quedó inútil total y falleció en el año 39 o 40.

Luciano, un vecino de la casa inmediata a la nuestra. Era carpintero. Murió en mayo del 37, en el frente de Bilbao, al reventar, mientras disparaba, el cañón que servían, y murieron todos los que estaban próximos.

Antonio, hermano de Luciano, murió en el frente del Ebro el año siguiente.

Celedonio, «Cele», un tío de Quintín, hermano de su padre, quedó ciego a consecuencia de una herida sufrida en el frente. También fue «caballero mutilado», pero tuvo que vender el cupón de los ciegos.

Nosotros empezamos a ser, a nuestra manera, algo pícaros: a los italianos ya les pedíamos la propina cuando nos mandaban a los recados. También lo solíamos hacer con los soldados que iban en los camiones que se detenían ante las barreras del paso a nivel.

Una tarde, ya con buen tiempo, acaso por mayo, andábamos la pandilla al completo por San Isidro y el canal, en lugares próximos a donde estaban los italianos. Íbamos hablando de nuestras cosas, cuando Quintín exclamó, señalando el suelo entre la hierba: «Vaya cosecha de condones que hay ahí...». ¿Condones?, yo nunca había oído tal palabra, tampoco Jandro, ni «el Francés», según dijeron. Clemente y «el Titi» sí lo sabían: «Esto es de las putas, que se lo ponen a los italianos cuando vienen por aquí a joder».

Seguimos andando a lo largo de la tapia de la finca de Canterac y vimos a una chica que merodeaba por allí. Era «la Cucaracha», la chica que acompañaba a los de Falange cantando sus canciones cuando subían para la instrucción a San Isidro.

«Bueno —propuso Quintín—, y a nosotros cuánto nos cobras»; ella le echó a la mierda y dijo que todos éramos muy críos. Quintín insistió: «Yo ya he estado con la Lorenza, que viene por aquí». Ella se lo pensó, no mucho, y dijo que por una peseta se lo haría con él. Pero Quintín sólo tenía dos reales, así que faltaba otro tanto. «El Titi» tenía quince céntimos, y «el Francés» diez. Total setenta y cinco céntimos, tres reales, pero no llegaba a la peseta. Se lo pensó otro poquito y se decidió: «Pues si me dais los tres reales, vamos, pero sólo con uno, ¿eh?».

Ella dijo «venid para acá», se sentó en la hierba y dijo que los italianos siempre traían condón, pero «el Chachi» contestó que él lo había hecho a pelo con la Loren.

Estábamos expectantes y atentos, con la boca abierta como idiotas. Dijo al «Chachi» que se tumbara en la hierba. Ella también estaba dispuesta, y empezó a remangarse la falda..., pero un pedrusco lanzado con fuerza cayó casi encima de ellos, al tiempo que una airada voz gritaba en italiano una sarta de imprecaciones:

«Prostituta, pros-ti-tu-ta», repetía remarcando las sílabas el oficial italiano que apareció enojadísimo; blandía el ancho cinturón de cuero que le ceñía la guerrera y con él amenazaba sacudir a todos, mientras repetía: «cretino, cretino...».

Al día siguiente, la madre de Pepín contó algo a la madre de Jandro, la madre de Jandro a la mía, y una u otra a la Flora, y cuando volvimos de la escuela lo sabía toda la vecindad; la Julia, que tenía la mano muy ligera, nada más vernos en el portal dijo: «aquí están los de la Cucaracha», y nos soltó a su hijo y a mí un par de sopapos. Luego llamó a mi madre y ésta me recompensó con otros cuantos azotes con la zapatilla, que la manejaba muy bien, mientras los otros chicos y chicas de la vecindad se reían a nuestra costa.

Cuando en septiembre empezó el curso, empezó también a deshacerse la pandilla. Clemente se había puesto a trabajar unos meses antes; Pepín rara vez venía con nosotros; Quintín hacía tiempo que nos había dejado y también trabajaba. Pero yo sentí mucho la marcha de Jandro cuando, a mediados de septiembre, su familia se mudó a otra casa, cerca del Caño Argales.

Las mañanas libres las solíamos emplear en hacer los recados con la madre, o en quedarnos en casa con los pequeños, o guardando el puesto en las colas, pues ya eran habituales para el carbón o el aceite, y no tardando lo serían para casi todo.

Aquel año 37 fue el de nuestra maduración; miro hacia atrás y me veo cómo era el año anterior: tan cándido, tan niño «bueno», tímido y retraído, y me veo después hecho un golfillo, atrevido, pidiendo descaradamente la propina a los soldados, gritando groserías a «la Cucaracha» o a las otras furcias, corriendo entre las vías y saltando a los vagones de maniobra de donde salíamos tiznados de carbonilla, otras veces subidos en las garitas de los guardafrenos en los antiguos vagones de mercancía, por lo que salíamos muchas veces con las rodillas desolladas al tratar de alcanzar, en marcha, los estribos para subir. [...]

Salimos de la clase de la mañana y nos enteramos de que había llegado un tren con legionarios, y tras un rápido debate decidimos que nada más comer saldríamos para llegar hasta los andenes y ver de cerca a los míticos soldados.

Desde el vagón de los canturreos una áspera voz de mujer nos dijo: «Chavalín, majo, ¿quieres llenarnos esta cantimplora ahí, en esa fuente?». Una arrugada mujer, muy pintada, con camisa verde de legionario, según alcancé a ver, me alargaba una cantimplora. Detrás de ella otras tres o cuatro cantimploras aparecieron entre el hueco que permitía la cadena candada; con ellas corrimos hasta la fuente, las llenamos y se las devolvimos.

Cuando estábamos en ese acarreo, un sargento legionario que salió del coche de viajeros en mangas de camisa, apareció diciendo muy enfadado: «Qué coños pasa aquí, jodidas zorras. Qué alboroto es éste...». Leonardo «el Francés», que volvía con una cantimplora llena, se atrevió a decir: «Es que les traemos agua, que nos lo han pedido». El sargento, con gesto violento, agarró la cantimplora y derramó el agua, a la vez que decía: «A la mierda el agua, jodidas zorras. Ya sabéis que no podéis salir del vagón, ni comprometer a nadie, así que mientras estemos aquí os tenéis que aguantar».

Por la plaza de Colón, Acera de Recoletos y calles inmediatas, grupos de legionarios paseaban entre un público estusiasta, que los aclamaba y aplaudía e invitaba en los bares y cafés de esa zona, la más burguesa y elegante del Valladolid de aquellos años. Viendo esa calurosa acogida yo me acordé de las del vagón, que sólo querían un poco de agua. […]

La Angelina era un rato fea, pero estaba buenísima, y «mira cómo se arregla y cómo se pinta, y uno de Falange la trae a casa en coche, y su marido sigue en la cárcel...». No éramos sólo los chicos, pues más gente lo decía. La Angelina comentó con mi madre que una de Falange la había colocado en Auxilio Social, «y por las tardes estoy en el hospital, así que si se me hace tarde me traen en el coche».

Otra mujer de por allí cerca tenía el marido preso, y admitió un huésped italiano. Soltaron al marido, y cuando éste llegó a casa (les soltaban siempre por la noche) y vio que en ella había un italiano, armó un escándalo tremendo.

Las Navidades de aquel año pasaron sin pena ni gloria, fueron más tristes que las del año anterior. Los chicos, mal que bien, con sabañones y frío, pasamos aquel invierno. En la escuela no nos quitábamos el abrigo si la clase era por la mañana.

La actitud de algunos, muchos, sacerdotes ante aquella guerra civil hizo tambalear las católicas convicciones de personas sencillas muy religiosas, como mi madre, aunque, como ella misma me dijo: «la religión nada tiene que ver con esto; una cosa son los curas y otra la religión de Cristo».

«Pero estos rojos... Vaya la que han preparado ahora en el Ebro». Así se expresaban los tenderos. No se rendían, eran unos cabezotas que no se daban cuenta de que lo tenían todo perdido y por su culpa se estaba destrozando España. «Ya lo pagarán, ya lo pagarán...».

## Un chico de la margen izquierda

*José Antonio Ortega, casi un octogenario, como él mismo nos decía, se puso a escribir estas memorias hace poco más de un año, cuando ya habían transcurrido más de siete décadas desde que se hubieran producido los primeros hechos que relata. Pero sus recuerdos fluyen con una precisión extraordinaria y recrean, con lucidez analítica, no sólo su vida de niño y de joven sino también el clima social, económico, político y cultural de la época y el ambiente en los que aquel niño se fue haciendo mayor: los de la Vizcaya obrera y popular, y más concretamente de la margen izquierda de la ría bilbaína, en la década de los treinta y primeros cuarenta. Con la Guerra Civil de por medio. Tras leer este magnífico texto, escrito, y muy bien, por un hombre que ha compensado sus escasos estudios con una manifiesta capacidad para observar y aprender, queda en el aire una pregunta, que también se podría hacer respecto de otras memorias que se recogen en este libro: ¿por qué al echar la vista atrás, tantos españoles de la edad de José Antonio recuerdan sobre todo, o casi exclusivamente, aquellos años?*

Nací en Portugalete, el 29 de septiembre de 1922. Mis recuerdos no llegan más allá de los cinco años. Había aprendido a leer antes de ir a la escuela gracias a mi madre que me enseñó en «el catón». La maestra se llamaba doña Isabel y a mí me pareció muy mayor. No sé si fue el primer día de clase pero sí recuerdo que me dio una pizarra. Era una placa de unos veinte centímetros de largo por unos quince de ancho, con un marco de madera que se desmontaba con facilidad y cuando éramos ya mayorcitos lo hacíamos para jugar con sus listones.

También me dio un trozo de tiza (que llamábamos greda y clarión) y me mandó copiar las letras del encerado. Mi primer impulso fue coger la tiza con la mano izquierda, pues soy zurdo, y empezar a copiar. Doña Isabel se me acercó y me dio una bofetada que no he olvidado a pesar de los años transcurridos. Así empecé a «enderezarme».

El 14 de abril de 1931 se proclamó la República. Tenía yo ocho años y medio. Recuerdo el jolgorio que hubo en mi pueblo. Las gentes se subían a los pocos camiones que había entonces y circulaban por las calles y la plaza ondeando banderas tricolores. A la bandera le habían quitado la barra roja de abajo y le habían puesto encima una de color morado.

Nuestra escuela se llamaba Maestro Zubeldia y le cambiaron el nombre por el de Francisco Giner de los Ríos. Cuando Franco llegó al poder, volvieron a ponerle el nombre de antes.

En casa de uno de mis amigos tenían ya una foto de los capitanes Galán y García Hernández, que habían sido fusilados a finales del año anterior por la sublevación de Jaca. Se les llamaba «héroes de la República».

Por aquel tiempo recibí una buena zurra de mi padre. En la escuela se habían suprimido las medias fiestas religiosas (fiesta por la tarde) y había que ir a clase tanto por la mañana como por la tarde. Era primavera y lucía un sol maravilloso. No recuerdo cuál era la festividad del día pero si que don Tomás, muy religioso y del viejo régimen, nos dijo que el que quisiera podía faltar a clase por la tarde. Yo volví a casa con dos o tres grillos cogidos en las hermosas campas de La Florida, cerca del campo de fútbol. A mi padre no le convencieron nada las razones de don Tomás.

En el patio de la escuela teníamos un frontón en el que jugábamos con pelotas que los chicos hacíamos apretando lana sobre un trozo de corcho, para que botaran más. La lana procedía de pequeños ovillos que conseguíamos de nuestras madres. En aquel tiempo todas las mujeres sabían hacer labores de punto, particularmente jerséis para sus hijos. El abrigo era una prenda conocida, pero de lejos.

Mi padre era socio de la Cooperativa de Obreros y Empleados de Altos Hornos de Vizcaya. La cooperativa, «la cope», tenía como fin principal adquirir y vender artículos de consumo al precio más razonable posible. El jornal de los obreros era exiguo y la cooperativa les ayudaba. Esta sociedad creó unas aulas en Sestao en las que se daban clases de comercio y otras materias. Yo acudía a unas clases que, si no recuerdo mal, se llamaban de Preparatorio.

De Portugalete íbamos dos o tres. Tenía el tiempo justo para salir de la escuela a las cuatro y media, coger la merienda y los cuadernos en casa y salir pitando, digo andando, para Sestao. El lujo del tranvía sólo nos lo permitíamos cuando llovía. La merienda consistía en medio «richi» (panecillo) y una onza de chocolate.

He hablado de los grillos pero no he dicho el procedimiento que usábamos para su captura. Nos sentábamos sobre la hierba a la espera de oír cantar al grillo. Mientras cantaba había que localizarle. Para ello había que arrastrarse sigilosamente. Localizado el agujero, se arrancaba una brizna de hierba y con la parte más dura, con la pajita, se escarbaba hasta molestarle lo suficiente para hacerle salir y apoderarse de él. Cuando usábamos boina lo metíamos bajo ella, entre el pelo. En los puestos de caramelos y baratijas vendían unas jaulitas para grillos.

En esa jaulita, sujeta en un clavo en la pared del balcón, cantaba nuestro grillo como un descosido, de día y de noche. Le bastaba con un poco de lechuga fresca cada día para alegrarnos las noches de verano con su cri, cri, cri contestado por otros grillos de la vecindad. [...]

En la carnicería aprendí «el valor del dinero». Cuando llegaba un pobre, así se llamaba a los que pedían limosna, Valentín sacaba una moneda de céntimo, que ya no circulaban, y se la daba. Cuando no tenía monedas de un céntimo, le preguntaba al pordiosero, otro nombre de la época, que si tenía él moneda de ese valor y entonces él le daba una de dos o tres céntimos a cambio de la que entregaba el pobre. Sorprenderá tal tacañería, pero lo cierto es que por cinco céntimos en los puestos de la calle nos daban cinco o seis castañas asadas o cinco caramelos con cromos de los jugadores de primera división.

Los domingos íbamos a La Florida, al campo de fútbol. Allí jugaba el Portugalete con el Deusto y otros equipos. Algunas veces pasábamos en el bote a Las Arenas y marchábamos hasta Ibaiondo donde jugaba el Arenas de Guecho, ¡en primera división! Nos arrimábamos a algún caballero y nos convertíamos en «su sobrino» para pasar gratis. Yo no tenía mucho éxito pues era bastante larguirucho y el portero solía rechazarme. «Lo siento, chaval», decía mi «tío». Y a probar en otra puerta. Una vez vi al Arenas jugar con aquel Oviedo de Lángara, Casuco, Emilín. Lángara metió un gol de cabeza tirándose en plancha que nunca he olvidado. Los chicos de Portugalete nos repartíamos entre el Athletic y el Arenas. Yo era del Athletic.

En la puerta frente a la nuestra vivían Salvadora y Juan el cochero. Salvadora era muy sorda y tenía un perro al que llamaban «Turco», que era el que la avisaba cuando alguien llamaba a su puerta con la aldaba. Aún no había timbres más que en alguna casa moderna. Salvadora tenía dos hijos, Félix, el mayor, y Jesús. Eran ya unos mozos. Félix ya había cumplido la mili y a Jesús le faltaría poco para ir. Vivía con ellos un posadero, hombre serio que tenía una hija de unos diecisiete años que estaba en un colegio. Cuando vino a pasar una temporada con su padre, ella, que se llamaba María Dolores, y Félix se enamoraron o al menos se liaron. Ella era muy guapa y atrevida. Un diablillo. Cuando se notaron las «consecuencias» Félix puso terreno por medio y se marchó a La Rioja. Al poco empezó la Guerra Civil y su hermano Jesús se fue voluntario al frente. En los momentos de «paz» que hay en toda guerra, llegaron a verse u oírse los dos hermanos cada uno a un lado diferente de las trincheras. No sé qué sería de ellos al final de la contienda. A «Mari Lolo» —así la llamaban— se la veía por la Gran Vía de Bilbao, del brazo de algún señorito de postín que la tenía de amante. Se hizo famosa. Cuando nos cruzábamos no nos veíamos.

Cuando venía el cartero avisaba al vecino destinatario mediante la aldaba del portal; por ejemplo, para avisarnos a nosotros tocaba tres fuertes aldabonazos y un repique, por ser de la «mano» izquierda. Luego con voz estentórea decía: «¡El carteroooo!». Había otro personaje que daba muchos y grandes aldabonazos: la «avisadora». Avisaba a todos los vecinos del fallecimiento de alguna persona del pueblo. En cada portal echaba el pregón sobre la hora del entierro, misas, etcétera. [...]

Cuando apenas había cumplido los doce años tuvo lugar la huelga revolucionaria de octubre del 34 que alcanzó su mayor intensidad en Asturias. También en Portugalete adquirió cierta resonancia, pues los jóvenes izquierdistas se apoderaron del pueblo durante la noche del día 5. A la mañana siguiente, como no llegaban las lecheras, mi madre me mandó con una cantimplora a las afueras del pueblo, hacia Urioste. Allí conseguí los «dos cuartillos» de leche y con varias mujeres y algunos chicos subimos hacia Pando para volver a casa. En aquel punto nos sorprendió la Guardia de Asalto que se parapetó tras nosotros para lograr entrar en Portugalete. Nosotros, con brazos y cantimploras en alto les servíamos de escudo. Naturalmente, entraron.

Aquella noche vino a casa una pareja de la Guardia Civil y se llevaron a mi padre a su cuartelillo. Mi madre, temerosa de las posibles represalias, frecuentes en casos parecidos, recurrió a un señor importante de Portugalete. Y muy pronto mi padre volvió a casa indemne. No le ocurrió lo mismo a su amigo Antoni, de Baracaldo, que fue cruelmente maltratado.

Más arriba he comentado la exigüidad del jornal de los obreros. Recuerdo una huelga general porque habían subido el kilo de pan de sesenta y cinco a setenta céntimos.

El 16 de febrero de 1936 hubo elecciones. La propaganda fue tremenda. Había que sacar a los treinta mil presos políticos que llenaban las cárceles de España. Las derechas sacaron unos carteles con los cuatro ases de la baraja: los oros y las espadas representaban la prosperidad y el orden, las copas y bastos el desorden —alcohol y algarada—. Al día siguiente apareció un cartel de las izquierdas que decía «barajas no; sacar el estraperlo», en alusión a una ruleta trucada que patrocinaron algunos ministros del gobierno Lerroux. [...]

Había empezado la guerra. Los jóvenes del pueblo se pusieron «de uniforme», un mono azul de trabajo, o buzo, como entonces se decía; se montaron en las camionetas que encontraron y con escopetas y algunas pistolas se fueron hacia Irún, por donde venían los requetés. Iban con el ánimo de salvar la República. Cuestión de unos días, se decía.

Nosotros, la chiquillería, nos pasábamos el largo tiempo nadando, corriendo al pórtico de la iglesia cuando sonaba la sirena de alarma por la llegada de bombarderos o trepando al cerro de Campanzar para ver desde allí los combates aéreos que la media docena de cazas republicanos entablaban con los aviones alemanes e italianos que venían a dejarnos sus bombas.

Veíamos las evoluciones de los aviones facciosos. Estaban ya tan cerca los frentes que se podía apreciar sus «pasadas». Una vez que se adentraban hacia Bilbao y la ría observamos como seis o siete «chatos» salían de Lamiaco y, pasando por debajo del Puente Colgante, se alejaban hacia el mar. Parecía una huida, pero en unos instantes les vimos aparecer por encima de las escuadrillas franquistas y comenzaron a ametrallarlas. Derribaron varios aviones y los otros dieron media vuelta arrojando sus bombas a voleo. Los «chatos» eran unos aviones de caza, biplanos, y Lamiaco era un pequeño aeródromo situado al borde de la ría, junto al campo de Ibaihondo, del Arenas. Yo pasé por allí una vez, con mi padre, y vi los aviones. La pena era que había muy pocos. Todo el mundo clamaba porque llegaran más aviones. ¡Si tuviéramos más aviones ganaríamos la guerra!, se decía. Llegaron noticias de que los barcos de guerra rebeldes habían apresado al *Mar Cantábrico*, un barco que traía cien aviones hacia Bilbao.

Las autoridades organizaron la salida de niños al extranjero para evitarles, en lo posible, los horrores de la guerra. Mi hermana Capi, que tenía entonces diez años, expresó su deseo de marchar y mis padres consintieron, con harto dolor. Mi otra hermana, Marichu, y yo permanecimos con nuestros padres. Como los facciosos estaban ya muy cerca de Bilbao y los bombardeos eran continuos, durante el día «vivíamos» en la entrada del túnel de La Canilla, listos para correr hacia dentro cuando aparecían los «Junker». Por la noche íbamos a dormir a casa y mi madre aprovechaba para hacer la comida para el día siguiente. El menú, siempre el mismo, arroz y garbanzos; no había más.

Sería el día 17 de junio cuando mis padres, con nuestra tía Eva, mi hermana y yo nos encaminamos al embarcadero. Era al atardecer. Permanecimos allí largas horas de espera. Esperábamos barcos pesqueros que nos sacaran de la ratonera y nos llevaran hacia Santander. Se hizo de noche. Hacia las tres de la madrugada hubo un súbito resplandor y un estruendo imponente. Había sido volada la barra del puente colgante o transbordador. Ya no podía salir ningún barco, pues el cauce de la ría estaba lleno de chatarra. Volvimos a casa. Ya amanecía. Desayunamos y con alguna maleta en la mano salimos andando por la carretera, camino de Santander.

En Revilla permanecimos hasta el 11 de agosto, día en que embarcamos hacia Francia dejando en Santander a nuestro padre que, por ser hombre, no podía marchar con nosotros.

Era noche cerrada cuando apareció el *Cervera*, un crucero llamado *Almirante Cervera*, que era una de las pocas unidades de la marina de guerra que habían quedado en los puertos ganados por la sublevación desde el prin-

79

cipio. Nos barrió con sus reflectores. Al poco apareció el acorazado *Hood*, que hacía labores de vigilancia en el Cantábrico y nos liberó de un seguro apresamiento. Llegamos al puerto de Saint Nazaire, en Francia, en la tarde del tercer día de navegación. Después del desembarco, en la estación marítima, las mujeres sufrieron un atentado a su pudor que nunca olvidarían: fueron obligadas a desnudarse, entregar su ropa para ser desinfectada, y desfilar por una serie de duchas. Mi madre se sintió vejada.

Nos condujeron por ferrocarril hasta Nantes y Rennes. En la estación de Nantes las organizaciones obreras de ayuda a la República Española nos obsequiaron con algunas viandas. Me emociono al escribirlo y han pasado ¡sesenta y cuatro años! En Rennes me separaron de mi madre, mi tía y mi hermana. Me llevaron a un viejo convento de la Rue de Paris, número 221.

Los únicos de aquella expedición que fuimos al «convento» éramos tres muchachos de parecida edad. Los tres íbamos todas las tardes a ver a nuestras madres al campamento de Verdún. Allí merendábamos y volvíamos a la Rue de Paris.

A finales de septiembre se nos comunicó en Rennes que teníamos que abandonar el país e irnos bien al lado franquista, bien al lado republicano. Otra vez el azar nos ayudó, pues cuando mi madre no sabía qué decidir nos llegó a través de Capi una carta de nuestro padre que acababa de llegar a Bayona en un barquito (el *Txindor)* y salía para Barcelona. Y a Cataluña nos fuimos. Partimos en un tren que nos llevó, cruzando toda Francia, hasta Puigcerdá. Cuando nuestro tren pasaba por alguna ciudad francesa de importancia teníamos «comités de bienvenida». Unas veces eran amigos que nos obsequiaban con viandas; otras eran partidarios de los «fachas» que nos gritaban y abucheaban.

En Puigcerdá pasamos cuatro o cinco días en espera de destino. Éramos cientos de refugiados vascos y supongo que también los habría de Santander y de Asturias. De Puigcerdá partimos hacia la Seo de Urgell. Dormimos en el seminario o en el palacio arzobispal, creo. De allí nos llevaron a un pueblecito llamado Anserall. Nos metieron en la ermita. Pusieron paja en el suelo para que pasáramos la noche y al día siguiente nos dieron una casa vacía en la que entramos nosotros cinco.

En Anserall pasamos todo el otoño y parte del invierno. Nuestra comida principal eran unas lentejas diminutas que después oí decir que se llaman yeros. Como éramos once a la mesa, las raciones eran más bien chicas. Al anochecer, un maestro nos daba clases a los cuatro pequeños de la «expedición». No era natural de Anserall y parecía la única persona que era de izquierdas en ese pueblo.

Algunos días veíamos largas columnas de hombres que eran custodiados por soldados del Ejército Popular y que bajaban de la zona de la frontera con Andorra, que estaba a unos ocho kilómetros. Eran gentes que escapaban, al parecer para pasar a la zona rebelde a través de Andorra y Francia.

Debíamos de suponer una carga para aquel pueblo tan pequeño, aunque me parece que recibían ayuda del Gobierno Vasco, desde Barcelona. Su alcalde se quejaba y nuestras familias decidieron cambiar de aires. Escribieron al Gobierno Vasco y a mediados de febrero salimos para Barcelona con ánimo de llegar a Sitges, que era el destino que éste nos había fijado. Nuestro padre, que estaba en Valencia, vino a nuestro encuentro, en Barcelona. No le veíamos desde agosto del 37, cuando embarcamos en Santander. Nos reunimos todos en una pensión que estaba en la vía Layetana.

Recuerdo que vi una exposición de material de guerra capturado a las tropas italianas en la batalla de Guadalajara. Había camisas negras, bombas de avión enormes, cañones y otros trastos por el estilo.

Después de esos días en Barcelona, mi padre y yo partimos para Valencia. El viaje lo hicimos en una furgoneta de la Subsecretaría de Armamento, pues mi padre trabajaba en una fábrica de municiones en las afueras de Valencia. […]

Algún domingo íbamos al café Habana, que creo que estaba en la calle Ruzafa. En aquel café se reunían todos los vascos de Valencia. O casi. Un bilbaíno compañero de trabajo de mi padre habló por mí y me llevaron a trabajar a la delegación de asistencia social del gobierno vasco, que estaba en la calle Jorge Juan. El delegado era Sergio Echevarría, un socialista guipuzcoano. Su segundo, y último, pues no había más gente, era Francisco Ansorena, de Irún. De la limpieza se ocupaba una buena moza, maña, que luego supe que había sido monja hasta el cierre de los conventos que trajo consigo la guerra. Mi primer trabajo consistió en llenar unos censos o padrones de todos los pueblos de la región valenciana en que hubiera refugiados de origen vasco. Así aprendí los nombres de muchos pueblos levantinos.

Como había otra delegación, se cerró la oficina de Jorge Juan. El otro delegado se llamaba Enrique Aldasoro. Vivía en el mismo piso de la oficina y era atendido por una chica navarra, de Olazagutía, llamada Bixenta. También había sido monja. Era una mujer muy religiosa, con fuerte acento euskaldún.

Me pusieron en un despacho que llevaba Jesús Ruiz Macua, vasco proveniente de Madrid. Había otros bilbaínos, como Benito Bergua y Celestino Alda. Por aquel tiempo entró como secretaria de don Enrique una chica donostiarra.

Por las tardes, en la oficina había una pequeña tertulia entre los empleados y algunos vascos que venían con frecuencia. Entre ellos estaban los hermanos Arrate, Vicente y Gregorio, que estaban «enchufados» en Intendencia. Eran de Bilbao y tenían negocios de vinos. Agustín Rey, «Errege», que era director de una sucursal del Banco de Vizcaya en Valencia en la plaza de Castelar. Piñerúa, coronel que había sido del Regimiento de Garellano de Bilbao y que fue quien evitó que los militares se apoderaran de Bilbao el 18 de julio haciendo fracasar la conspiración del «cuarto de Banderas». Era ya un anciano que veía poco. Yo solía acompañarle para ayudarle a subir al tranvía que le llevaba a su casa.

Para el servicio de comedor nos proveíamos de unos vales que comprábamos en la conserjería. Allí estaban un chico al que le faltaba una pierna y un manco, al parecer, ambos víctimas de los bombardeos de Madrid. Valencia estaba llena de refugiados de todas partes. Había muchos madrileños y también malagueños huidos tras la caída de su ciudad. A esto hay que añadir los de origen extremeño que escaparon tras la entrada de Yagüe, arrasando, en Badajoz. Era fácil encontrar a todas estas gentes en el comedor «Pablo Iglesias», donde compartíamos aquellas pobres comidas que tenían como plato principal los boniatos y los nabos. Siempre teníamos hambre. Yo, al menos.

En Valencia empecé a fumar. Ya lo había hecho en Portugalete, pero con cigarrillos de anises que vendían en los puestos de la calle. Ahora era distinto. Había muchas cigarreras de Bilbao y San Sebastián que venían por la Delegación y me regalaban bolsitas con tabaco. Como las fábricas de papel de fumar estaban en su mayoría en Alcoy, ése era un material que no faltaba.

La Delegación de Euskadi tenía como razón de ser la de atender en lo posible las necesidades de los miles de refugiados vascos.

Empezaron a recibirse ayudas de los países europeos y también de América del Norte. Recuerdo la ayuda suiza, la ayuda noruega, la de los cuáqueros americanos, la ayuda británica y otras que he olvidado. Sus aportaciones consistían en artículos como jabón, leche en polvo, sémola, copos de avena y productos similares. También había material escolar usado que enviaban los niños ingleses, como lapiceros, estuches de pinturillas, etcétera.

Como yo llegaba el primero, recogía la media docena de periódicos que salían en Valencia y que llegaban a la oficina. Un día, el delegado, don Enrique, que también madrugaba, no encontró los periódicos hasta que entró en «mi» despacho y me vio leyéndolos el primero. Se enfadó. Los periódicos en cuestión era: *Avante*, socialista; *Verdad*, comunista; *Pueblo* —que fundó Blasco Ibáñez—, republicano; *Fragua social* de la CNT y algún otro que no recuerdo. *Fragua social* tenía una sección que llamaba «Forja social» o algo así y que presentaba siempre en verso. Un día dedicaba su poema a los acaparadores de víveres y decía:

*Negociante, negociante*
*Malvado especulador*
*Que compras a dos y a tres*
*Y vendes a treinta y dos.*

Y terminaba más o menos así:

*Y llevarte al paredón.*

Las tropas de Franco rompieron las líneas republicanas y llegaron al Mediterráneo por Vinaroz. De tal modo, dividieron en dos la zona republicana. Mi madre, que seguía en La Puda de Montserrat, hubo de ser internada en el hospital de San Pablo, de Barcelona, aquejada de flebitis. Cuando recibimos la noticia, mi padre se preparó para acudir a Barcelona. El único medio eran unos barquitos que eludían la vigilancia de los barcos facciosos y hacían viajes entre Valencia y la Ciudad Condal. Me quedé solo en Valencia. No puedo recordar la fecha pero debió de ser a principios del año 39. Al poco tiempo las tropas italianas se lanzaban sobre Barcelona. Mis padres salieron andando hacia la frontera. Mi madre estaba recién operada y era un invierno muy frío. Llegaron como pudieron a la raya de Francia. Allí los franceses, demócratas ellos, los separaron. Mi madre fue llevada a un lugar llamado Chomerac, en Ardéche, y mi padre entró en el tristemente conocido campo de concentración en la playa de Argelès.

Entre tanto yo permanecía sin noticias. La descomposición de la zona republicana empezaba a ser evidente. El refugio «Pablo Iglesias» en el que vivía fue cerrado y hube de ir a una pensión, bastante más cara. [...]

Era el 29 de marzo cuando las tropas de Franco entraban en la ciudad. Estábamos en la oficina, asomados a los balcones, y veíamos dos columnas de soldados que bajaban por la calle que hasta entonces se llamó de Largo Caballero. Una de las columnas, por el centro, aguerrida y rodeada de gentes que la aclamaban, era la de los franquistas; la otra, que caminaba por un lateral, triste y desmoralizada, era de soldados de la República, desarmados, que acabarían, primero en la plaza de toros, y después en los numerosos campos de concentración.

Antes de marchar a Barcelona mi padre me había confiado una bolsita de tela que contenía unas monedas de plata de peseta y de dos pesetas. Gracias a estas monedas pude comprar pan durante los diez días que permanecí en Valencia hasta que salí hacia Bilbao. Los billetes del Banco de España ya no servían.

El día de mi marcha iba yo hacia casa de los Ansorena. Al alcanzar la base de la pasarela elevada que entonces existía sobre la vía del tren entre las calles de Játiva y de Largo Caballero oí un disparo. Al llegar arriba vi a un soldado del ejército de Franco que se echaba al hombro su fusil. En el suelo, tendido, un miliciano que probablemente había saltado de un vagón de prisioneros que estaba a pocos metros, supongo que listo para llevarles a algún campo de concentración.

Al llegar a Miranda de Ebro mi tren fue dividido en dos: uno partió para San Sebastián y el otro para Bilbao. Habíamos tardado cuarenta y ocho horas en llegar.

Mi tío Santiago se hizo cargo de la situación y me llevó a vivir a su casa, a Baracaldo. El primer domingo que pasé en Baracaldo vinieron a verme todos los tíos de Sestao y Portugalete. Fuimos a la plaza de Los Fueros que ya no se llamaba así. Vimos a los mozos y mozas bailando al son de la banda municipal. Yo no sabía aún bailar. De pronto cesó el baile y la banda empezó a tocar el himno «nacional». Todo el mundo cesó en su actividad y encarando el quiosco de la música levantaron el brazo derecho a la manera fascista. Yo no lo hice. No fue una actitud de valentía ni de protesta, simplemente es que no podía. Mis tíos me conminaron a hacerlo y ante mi negativa me arroparon para que no se diera cuenta alguien que pudiera denunciarnos. Después me echaron un rapapolvo. Total, nunca más acudí a baile alguno mientras no se suprimió tal acto de sumisión al dictador. Así que no pude aprender a bailar durante muchos años.

Otro día me invitó a comer la tía Paca, hermana de mi padre.

Después de comer, los primos me llevaron al cine que estaba en la misma calle. Era el pequeño y coqueto teatro de la villa que daba también cine. Todo iba bien hasta que se interrumpió la película y salió en la pantalla la cara de Franco y sonó lo que más tarde pasó a llamarse el «chanta-chanta». El «gallinero» se pobló de brazos en alto. Yo no me levanté de mi asiento. Fue la única película que vi en muchos años.

Había otros actos de esa misma naturaleza. En el cuartel de Garellano se izaba y arriaba la bandera todos los días. El cuerpo de guardia salía al medio de la calle y presentaba armas mientras un soldado ponía o quitaba la bandera. El corneta tocaba su melodía y todos los transeúntes se paraban y, firmes, saludaban brazo en alto mientras duraba el toque de cornetín.

Cuando pasaba el Viático para atender a algún enfermo, delante del cura iba un monaguillo que tocaba una campanilla. Los viandantes se paraban y se arrodillaban hasta que se alejaba la comitiva.

Los niños de las escuelas, antes de entrar en clase, formaban en el patio o en la calle y entonaban, brazo en alto, el «himno nacional» con una letra que compuso José María Pemán. Estos mismos niños tenían la obligación de acudir los domingos a misa, formados, con sus maestros.

Mi tío me explicó que no podía «darme estudios» y que tendría que trabajar. A tal fin me consiguió un puesto de aprendiz en un taller de muebles que había en Bilbao. Empecé a trabajar el día primero de mayo, festividad de los trabajadores del resto del mundo. Hacía recados, preparaba la cola al baño maría y ayudaba a los oficiales a mover o encolar piezas grandes.

Llegó el verano. La hora, como hoy, se adelantaba dos horas con respecto al horario solar. Yo salía disparado del taller para coger el tren en la estación de La Naja. Llegaba a casa, cogía el bañador y me iba a nadar a la ría.

Una tarde, tras volver del trabajo, salía del paso subterráneo a la plaza de Carlos VII cuando me puso la mano encima un guardia municipal y me llevó detenido a la comisaría que había en los soportales de la escuela. Ante mi extrañeza me dijo que yo iba en «mangas de camisa» y que aquel mismo día, el alcalde Sr. Llaneza había dictado un bando prohibiendo salir a la calle sin chaqueta. Me mostró un grupo de detenidos que estaban en las puertas de las dependencias policiales y me perdonó, conminándome a volver a casa a por la chaqueta. La tal prohibición afectaba a las mujeres en lo tocante a salir de casa siempre con medias. Incluso para sacar la basura temían siempre la asechanza de un guardia municipal que pudiera ir tras el carro de recogida.

Por aquel entonces entró a trabajar un tallista llamado Salvador. Era un artista. Entre horas terminaba una cabeza de virgen. Un día, al salir del taller, le esperaba su esposa con su niña. Fue una sorpresa pues nos conocíamos de nuestra estancia en Rennes. Él había estado preso en un campo de concentración, en Lezama.

No permanecí mucho tiempo en aquel trabajo. Coincidía en el tren algunos días con José Núñez, que había conocido en Valencia. Trabajaba en un taller de electricidad en Bilbao y me dijo que allí había una plaza libre de aprendiz. Él no podía hablar por mí, pues la plaza en cuestión había quedado vacante tras la ejecución de su sobrino, condenado a muerte por asesinato.

Los primeros tiempos en el taller eléctrico me dedicaron a limpiar motores. Se había quemado la fábrica de tableros contrachapeados «La Aeronáutica», situada en la ribera de Zorrozaure, y nuestro taller se encargó de hacer todas las reparaciones de los equipos eléctricos. Aprendí a limar, serrar, afilar brocas y otros trabajos propios del oficio. A los pocos días, los dos aprendices que ya estaban en el taller me dijeron que ellos se habían apuntado para acudir a la Escuela de Trabajo y Artes y Oficios de Elejabarri. Me fui con ellos y aunque ya estaba cerrado el cupo me permitieron ingresar. A fin de curso obtuve sobresaliente y matrícula gratuita para el año siguiente. Más adelante colaboré en los trabajos de la instalación eléctrica renovada en los pabellones de «La Aeronáutica» que habían sido destruidos por el fuego.

Ya hacía tiempo que Franco había impuesto el racionamiento de pan y de todos los demás alimentos. En los talleres y fábricas disfrutábamos del privilegio de una ración suplementaria de pan. La tal ración consistía en una especie de torta de unos ocho centímetros de diámetro y cuatro centímetros de grueso, hecha a base de una mezcla de «harinas», probablemente de lentejas y maíz, muy mal cocida y que se desmoronaba con facilidad. El resto de la población sólo tenía la consabida ración de 100 gramos diarios.

Durante un tiempo demasiado largo tuvimos en Vizcaya un gobernador civil al que se le conocía con el apelativo de «Cien gramos». Su nombre era Genaro Riestra y se comentaba que había sido pistolero de Falange. Desde el gobierno civil se dictaban las raciones de alimentos a distribuir semanalmente. Cien gramos de arroz, cien gramos de aceite, cien gramos de lo que sea, siempre cien gramos.

Pero entre el puerto de Bilbao y los puertos atlánticos que ocupaban los alemanes había un frecuente movimiento de pequeños barcos de un modelo no visto por aquí hasta entonces. Se trataba, al parecer, de embarcaciones muy aptas para las aguas bravas del mar del Norte. Estos barcos se llevaban todo lo que nos «sobraba» a los españoles. Cuando los alemanes llegaron a Hendaya también hubo una flota de camiones alemanes que se llevaban las patatas que cargaban en la «Campa de los ingleses» y en el muelle de Uribitarte. En alguna ocasión las patatas almacenadas en los muelles se pudrieron y delataron con su mal olor el negocio que se traían entre manos. Los camiones mencionados llevaban en las cartolas un gran rótulo que decía algo así: Inverg. La gente, con guasa, los llamaba los «invergüenzas». [...]

Debió de ser en los comienzos de 1941 cuando me enviaron a trabajar a Bermeo con un oficial que se llamaba José María Izaga.

Mi tío Tomás me contó que tenía un amigo «bermiano» que se llamaba Aingeru, al que había conocido «estudiando» en la Universidad de Deusto. En realidad habían estado allí, presos, como tantos otros detenidos por luchar en las filas republicanas durante la Guerra Civil. José María Izaga era muy nacionalista. Llevaba en la muñeca un tatuaje que rezaba «Gora Euskadi Askatuta». Había sido gudari y también estuvo preso. Era una buena persona.

De aquellos días recuerdo que los sábados, para volver a Baracaldo, tenía que ir en autobús hasta Guernica y allí esperar a otro autobús que me trajera a Bilbao. No puedo recordar en qué sitio de Guernica estaba la parada del autobús. Sólo recuerdo que era un descampado lleno de montones de escombros que aún permanecían desde aquel lunes de abril de 1937, día del bombardeo de los aviones de Franco.

## ESE CURA ES MI PADRE

*Pidiéndonos que ocultáramos su nombre, una mujer de 75 años residente en Madrid nos mandó esta historia que empieza el 18 de julio de 1936 y termina ya avanzada la posguerra. Entremedias se suceden toda suerte de situaciones, varias de ellas dramáticas, aunque ninguna termina del todo mal. Muchos españoles pasaron por circunstancias similares en aquellos años terribles. Pero en pocas peripecias vitales debieron de concurrir tantas paradojas como las que relata esta mujer, o aquella niña de entonces. Con todo, lo más extraordinario es la condición de su padre, o mejor, de su padrastro. La historia empieza en Madrid, cerca del Alto de Extremadura.*

El 18 de julio de 1936 tenía yo 9 años. Ese día, al escuchar gritos y canciones, me asomé al balcón de mi casa y vi a muchas personas marchando en manifestación, portando picos, palas, escopetas, hoces y toda clase de cosas cortantes. Gritaban que iban a tomar el cuartel de Campamento.

A las pocas horas, y sin que se oyera ningún tiro, los vi bajar en manifestación, abrazados a militares sin graduación, y todos ellos portaban toda clase de armas: fusiles, pistolas, sables. Bajaban felices por el paseo de Extremadura. También venían camiones.

Ese día fue muy triste para mi familia. Esa noche y las siguientes, escuchaba tiros en la Casa de Campo. Por la ventana veía el fuego de algunas iglesias ardiendo. Mis padres hablaban en voz baja.

A los pocos días la portera nos dijo que iba a haber un registro, que buscaban a un cura que vivía en la casa para darle el paseo. Para nosotros la noticia fue terrible. Porque ese cura era mi padrastro, que había colgado los hábitos y se había juntado con mi madre, viuda, y su hija, o sea, yo.

Mis padres se pasaron toda la tarde quemando libros, sotanas y cualquier cosa que pudiera dar alguna pista, aunque las pavesas que salían por la chimenea casi nos delatan.

Cuando ejercía, mi padrastro tenía que ir a varios pueblos de Sierra Morena a decir misa y, como por aquellos caminos había lobos, le habían aconsejado que se comprara un arma de fuego, pues más de una vez la borriquilla en la que solía ir montado se había negado a cruzar un arroyo. Se compró una pistola, y esa pistola estaba en casa, junto a algunas cajas de municiones sin estrenar. Mis padres levantaron unos ladrillos debajo de su cama y allí escondieron eso que tanto les comprometía.

Para colmo de desgracias, mis abuelos habían venido a conocer a mi hermana, que nació el 26 de julio. Desde el 18, mi abuela, la madre de mi madre, que era de ideas «rojas», como ella misma decía, se quería volver a Jaén y no paraba de recordar que «todo lo que olía a cera tenía que estar quemado». Pero como bloquearon las cuentas, no podían sacar dinero del banco para los billetes de tren. Sin embargo, empeñaron unas joyas y por fin se fueron, que si siguen allí habrían terminado por denunciar a mi padrastro.

Mi padre natural era uno de los primeros socialistas de la provincia de Jaén, creo que su carné y el de mi madre llevaban los números 11 y 12. Era segador e iba de un pueblo a otro buscando quien le contratara y siempre quería que en su cuadrilla hubiera un niño, hijo de viuda, o un viejo, que ponía a trabajar entre él y su hermano —ambos medían cerca de 1,90— para ayudarles.

Cuando evacuaron los alrededores de Madrid, varios vecinos de mi casa, entre ellos mi familia, acordaron esconderse en el sótano para pasarse a los nacionales cuando éstos llegaran, lo que debía ocurrir pronto, puesto que avanzaban rápido y sin resistencia. Las tropas de Franco se parapetaron en lo alto del Paseo de Extremadura, en una entrada de la Casa de Campo que se llamaba Bofarull.

Pero la casa, en la que estábamos escondidas cuatro familias y 16 niños, fue habilitada como hospital de campaña y los milicianos dormían en los pisos tras ser relevados de las trincheras.

Una mañana en la que apenas teníamos comida ni agua, salí de nuestro escondite del sótano cuando todos dormían y en el portal le quité a un miliciano dormido un bote de leche condensada para mi hermana.

Así nos descubrieron. Pero el capitán médico habló con los padres y les dijo que esperaran, que pronto podrían pasarse al otro lado, que todos los militares de graduación que allí había, él mismo, un capitán de artillería y un teniente de ametralladoras, iban a pasarse a las tropas franquistas. Desde entonces ya tuvimos agua y comida y si veía a los niños nadie se extrañaba.

Pero a principios de noviembre cambió la situación. Los republicanos cavaron trincheras no muy lejos y frenaron el avance de las tropas franquistas. Nosotros estábamos en plena zona de guerra y una mañana vinieron a nuestra casa unos oficiales extranjeros, creo que rusos, para preparar la resistencia.

Cuando estaban visitando el botiquín, mi hermana se puso a llorar y nos descubrieron. Se llevaron a los cuatro hombres y dijeron que los iban a dar el paseo. A nosotros nos dijeron que nos preparáramos, que esa noche nos iban a trasladar, pues de día no se podía, ya que el combate era intenso y silbaban las balas.

Esa tarde mi madre se dirigió a la comandancia y vio allí a los hombres que estaban esperando para ser fusilados. Pero ella guardaba su carné de socialista y el de mi padre como una reliquia de su lucha contra los caciques y se los enseñó a aquella gente y les dijo que ella era socialista antes que ellos y que si estábamos allí era porque en Madrid no teníamos a dónde ir.

Los convenció y vino de vuelta con los cuatro hombres, los salvoconductos y un camión. Pero llegar hasta el centro de Madrid no fue fácil. A cada trecho había un control y allí había que decir la consigna. La de aquella noche era: «Cuanto más se empeñen, más perderán». La oí tantas veces que ya nunca la he olvidado. Y eso que íbamos todos tumbados y apilados en la caja del camión. La última vez que tuvimos que dar el «santo y seña» fue en el control del puente de Segovia.

Serían las 12 de la noche cuando llegamos al convento de la Orden de los Paúles, en la calle de García de Paredes, que era el Centro General de Evacuación. Esa noche las mujeres y los niños dormimos separados de los hombres en un dormitorio muy largo y encima de unas tablas con un jergón lleno de paja y una manta sucia y maloliente. A la mañana siguiente, desayuné unas sopas de ajo que de ajo sólo tenían el nombre.

El comisario del centro entrevistó a mis padres y les propuso que mi madre y los niños fuéramos evacuados a a un pueblo de la provincia de Alicante, donde vivían su esposa e hijos; pensó que como mi madre era «socialista» era de fiar y así tendría criada gratis. Mi padre se tenía que quedar para hacer trincheras, ya que sólo salían de Madrid los hombres mayores de 65 años y los muy enfermos con certificado del Colegio de Médicos.

Mi madre rechazó tal ofrecimiento diciendo que no abandonaba a mi padre ya que estaba algo enfermo; ella sabía que si lo dejaba lo matarían pues su cara decía lo que era. El Comisario, muy enfadado, le dijo que era una desagradecida, que le pesaría ese rechazo y sin más nos echó del Centro de Evacuación.

Antes de salir nos despedimos de las personas con las que habíamos convivido tantos meses y compartido tantos episodios. Ya nunca más los volví a ver.

Antes de que empezara la guerra, mi padre, junto a otros tres sacerdotes que habían colgado los hábitos, habían creado una sociedad, aportando cada uno un capital, para lanzar al mercado unas aguas minero-medicinales con el nombre de «agua vida» y que procedían de un manantial que estaba en un pueblo de Burgos.

Las oficinas estaban en la calle de Trujillos y mi padre desempeñaba el cargo de administrador. Un mes antes de estallar la guerra el dueño del manantial desapareció, llevándose del banco todo el capital que los socios habían aportado al negocio, y nunca supimos de él. Los otros tres amigos y socios desaparecieron y ni sus hijos encontraron sus cadáveres.

Pues bien, cuando nos echaron del Centro de Evacuación nos refugiamos en las oficinas de las que mi padre era socio y administrador. Al llegar a la casa, el conserje que estaba allí colocado y pagado por la sociedad se negó a recibirnos. Mi madre se impuso y ocupamos las oficinas, aunque el conserje nos negó incluso que pudiéramos coger agua del servicio.

Teníamos dos colchones pequeños tirados en el suelo y unas mantas, unas latas vacías de conserva de sardinas que hacían de platos, unas cucharas de madera, los biberones de mi hermanilla y poco más. Todas las mañanas salían mis padres a ver si encontraban algo de leña entre los escombros de alguna casa derruida por las bombas; aunque era poco lo que conseguían, bastaba para calentar el agua de los biberones de mi hermanilla y unas raciones de comida que nos daban con unos vales que el Partido Socialista repartía entre los afiliados; la recogíamos en el café de San Isidro que estaba frente a la Catedral Vieja.

A lo largo del día, yo daba cada tres horas el biberón a la pequeña. Como ese año hizo mucho frío y más en aquella maldita oficina, tenía los pies y las manos con sabañones ulcerados y mi desesperación era cuando los tres niños lloraban de hambre y frío. Cada uno de los muchos días que bombardeaban y las sirenas nos avisaban, yo cogía a mi hermana en brazos, ya que tenía unos meses, y a los otros dos hermanos cada uno colgado de un lado de mi falda. Así bajaba las escaleras de la casa para intentar llegar al refugio, muy pegados a la pared pues los vecinos que bajaban corriendo nos atropellaban sin consideración hacia nosotros. Si al llegar al portal me veían unos milicianos que hacían guardia en la calle de Flora nº 1, salían corriendo, cada uno cogía a un hermano y nos llevaban al refugio; allí dentro la gente ni nos miraba, yo creo que era por algo que les diría el dichoso conserje. Así que tomé la determinación de no bajar tanto al refugio. Y me cansé de tanto sacrificio, mientras maldecía a mis padres por dejarnos solos tantas horas.

Mi madre se propuso sacar a mi padre de Madrid y se fue a visitar a nuestro médico de cabecera que aún vivía en Claudio Coello. A base de ruegos consiguió un certificado avalado por el Colegio de Médicos que decía que mi padre estaba aquejado de fuertes dolores de reúma y no podía andar. Con este certificado intentó obtener el salvoconducto, lo cual era bastante difícil. Fue al negociado en donde se solicitaban esos documentos y cuando se acercó a la ventanilla el empleado se quedó mirándola con insistencia y le dijo: «Yo la conozco». «Yo no», respondió ella. Pero el otro la tranquilizó: «Yo soy hermano de la señora que usted salvó cuando su esposo la quiso matar y gracias al testimonio que usted dio en el juicio mi hermana consiguió el divorcio».

Entonces mi madre se acordó de ese suceso, le contó lo que necesitaba y tras algunos trámites aquel señor le consiguió dos salvoconductos: uno para la evacuación y otro para sacar algo de ropa que se quedó en el portal de nuestra casa y también una máquina de tricotar.

A los pocos días salimos rumbo a Baeza y tardamos tres días en llegar. Cuando pasábamos por Despeñaperros vimos pasar unos bombarderos y muchas personas saltaron por las ventanillas del tren, aunque no nos tiraron ninguna bomba. Iban de vacío pues cuando llegamos a Alcázar de San Juan vimos que habían descargado allí, ya que la estación estaba ardiendo.

En Baeza, que era su pueblo, mi padre no lo pasó mal en todo el resto de la guerra. Un amigo le aconsejó que aportase sus fincas a la colectividad de la CNT antes de que se las incautaran y así participar de los beneficios de la misma. Al principio, le mandaban a segar, trillar, en fin, hacer cosas que nunca había hecho, y los campesinos se burlaban de lo mal que lo hacía. Pero cuando se llevaron al frente a los hombres que llevaban la dirección y las cuentas de la colectividad, los que quedaban, que apenas sabían leer, se acordaron de «el cura» y le propusieron que se hiciera cargo de la tesorería y administración.

Él aceptó el cargo y se ocupó de repartir equitativamente y por lista rigurosa y número de miembros de cada familia cuanto se recolectaba: hortalizas, cereales, aceite, etcétera. En mi casa nunca entró ni un gramo de más de lo que teníamos estipulado. Mi padrastro también arreglaba las averías de los molinos de aceite y de harina y los motores para sacar agua de las huertas, hacía de electricista y también de tramoyista cuando los aficionados de la colectividad interpretaban algunas obras de Lorca y Cervantes en los jardines de un palacio que los dueños dejaron abandonado, respetando los salones y todo lo de valor que había en ellos.

Los niños teníamos clases de cultura general, que en el verano se daban en el jardín y en el invierno en una galería, sentados en las sillas que cada uno nos traíamos de casa. Escribíamos encima de unos bancos que nos hicieron los carpinteros. Recuerdo con nostalgia los tres años que pasé allí.

Terminada la guerra volvimos a Madrid, pues Franco ordenó que todos los evacuados regresaran a su punto de origen. El transporte gratis que nos pusieron fueron unos vagones de carga muy sucios y malolientes. Tardamos varios días en llegar pues nos dejaban horas enteras en vías muertas hasta que pasaban los trenes de viajeros.

Al llegar a la estación de Getafe nos bajaron de los vagones de carga y nos pusieron un tren con vagones de tercera para que al llegar a Madrid no diéramos el espectáculo tan bochornoso que dimos en Getafe. A mi madre, que venía embarazada de ocho meses, al saltar del vagón se le desprendió el feto y el niño nació muerto.

Encontramos nuestro piso en muy mal estado pero la pistola y las municiones estaban intactas. Sin embargo, teníamos otro problema y es que no disponíamos ni de factura ni de licencia, pues la casa se debió de comprar hacia 1930. Mi padre se la regaló al hermano de un sacerdote amigo y este señor, que era Comisario de la Dirección General de Seguridad, salió fiador de nosotros y también nos avaló para sacar las joyas que teníamos empeñadas en el Monte de Piedad y que necesitábamos para poder comer.

Nos encontramos a un conocido que era falangista y mi padre rechazó el afiliarse a su centuria y así obtener provecho de la Falange: sólo le pidió un aval para que no le sometieran a la depuración que hacían a todos los que habían estado en zona roja.

Nos fuimos a vivir al «Campo de Comillas», en una de las casas que hicieron los presos. 700 viviendas en 40 días, todo un récord: sin luz eléctrica, sin agua, el tejado de uralita, el suelo de arena prensada y un váter en la calle que daba servicio a cuatro viviendas. La mayoría de las familias que vivían allí eran viudas, madres de presos y esposas de huidos. El campo estaba gobernado por la Falange y a su cargo estaban niños de 15 y 16 años llamados flechas, que se aplicaban en su trabajo. Al que no obedecía sus órdenes, como la de estar a las 10 de la noche en casa, y un sinfín de otras normas, le llevaban al cuartelillo, le daban un vaso de ricino, le cortaban el pelo y le hacían barrer el campo de sol a sol. Quise mucho a una de las mujeres que allí vivía. Tres hijos y su marido habían muerto en el frente, y dos hijos más, varón y hembra, estaban presos.

En el verano de 1939 Madrid sufrió una epidemia de tifus, un regalo de los moros que trajo Franco y de la escasez de agua y jabón. Era el famoso «piojo verde». La Cruz Roja instaló unas tiendas de campaña y unas máquinas para desinfectar la ropa en el centro de la calle. Iban casa por casa, nos metían en las tiendas, nos quitaban la ropa, nos desinfectaban y también lo hacían con las casas, y si alguno tenía piojos le cortaban el pelo. Recuerdo que hubo muchas casas en las que el tifus mató a varios de sus miembros.

Ese verano las ambulancias de la Cruz Roja llegaron a Comillas por sorpresa y se llevaron a las familias a bañarlas a los parques de bomberos. La segunda vez que vinieron las gentes mayores huyeron y sólo encontraron a la chiquillería dispuesta a darnos un baño gratis. Yo estuve en el Parque de Bomberos de Santa Engracia más de una vez.

Los niños que estábamos en Comillas comíamos dos veces al día en los comedores de auxilio social y a los mayores les daban una ración de comida al día. Para conseguir un litro de leche para 15 días en un comedor de caridad de las Damas Apostólicas, mi padre tenía que responder a varias preguntas del catecismo. La monja le reprochaba que no las respondía como ella quería: «¡Paco, muy mal! Repasa bien; si no, no habrá leche mañana», le decía. Mi padre iba andando desde Comillas, que estaba en la carretera de Toledo, hasta Santa Engracia por no tener a veces ni 50 céntimos para el metro.

Cansado de tanta humillación y penuria pidió a cuenta de sus fincas dinero a un pariente y nos trasladamos a Granada. Allí un día se encontró por casualidad con el rector del Colegio Mayor de Santiago, que a su vez era secretario del Obispo de Granada, y se reconocieron, pues habían sido compañeros y amigos en el seminario y aún después de terminada la carrera. Y este señor le propuso que cogiera otra vez los hábitos y le invitó a la consagración como obispo que en breve le iban a hacer en la catedral de Jaén.

Una vez ya obispo, le ordenó que nos dejara y que cuando pudiera nos mandara algo de dinero. Mi padre tuvo que hacer unos ejercicios espirituales por tiempo indefinido en el convento de la Merced. Estando de retiro se puso enfermo con un cólico nefrítico y dijo al superior que necesitaba que le viera un médico; el superior le contestó que no podía hacer nada en su favor, que ofreciera a Dios su padecer y que cuando terminara su depuración hiciera lo que quisiera. Como no podía aguantar más los dolores, mi padre decidió abandonar el convento y ponerse en cura.

El prior dio cuenta de ello al obispo y ambos personajes condenaron a mi padre para siempre. Le negaron la licencia para ejercer su ministerio, y nunca más se le dio licencia para decir misa ni en su diócesis ni en el resto de España. Ese obispo llegó a ser cardenal.

Volvimos a Madrid y seguimos pasando calamidades. Un día que mi padre caminaba sin rumbo fijo se encontró con otro sacerdote de su promoción, que, como él, vivía con su mujer y un hijo, y ejercía de párroco en una iglesia. Le propuso que cogiera los hábitos y que se fuera a una iglesia de las muchas que hay en la capital y que dijera que estaba de paso, que había venido a hacerse unos

101

reconocimientos médicos y que estaba provisionalmente aquí y así no le pedirían la licencia. Así lo hizo y por cada misa sacaba 10 pesetas y por rezar el rosario por la tarde durante 15 días 60 pesetas.

De esta manera, como si fuera un delincuente, estuvo mucho tiempo de iglesia en iglesia. Se vestía de sacerdote en casa de este amigo y para ahorrarse los 25 céntimos que costaba el metro se iba andando de Lavapiés a Plaza de Castilla.

Un día, cuando acababa de decir misa en San Andrés de los Flamencos, en la calle de Claudio Coello, en donde llevaba casi un mes, y se estaba despidiendo del párroco, éste le dijo que tenía que hablar con él seriamente, y mi padre pidió confesarse. Le contó su odisea y desde ese día ya no se avergonzó de su ministerio. Le acogieron como a un buen hermano, pues esa iglesia pertenecía a una institución belga. Se colocó de director en una residencia de universitarios y nosotros le veíamos todos los domingos. Todos los días dijo su misa en esa iglesia hasta el día de su muerte.

### VOLUNTARIO EN UNA BANDERA DE FALANGE

*«Quizás les decepcione este diario que mi padre escribió en las trincheras mismas», nos decía Conchita en la carta que acompañaba a las memorias que su padre, Antonio Cobos, redactó en los primeros meses de la Guerra Civil. «Porque es demasiado aséptico», añadía. Pero en Hoy por Hoy le dimos mucho valor. Primero, porque frente a la avalancha de testimonios de perdedores de aquella guerra que llegaban al programa, el de Antonio, un voluntario falangista aragonés y de condición social no precisamente privilegiada, representaba una necesaria voz del otro*

*lado. Segundo, porque nos pareció que el diario documentaba de manera bastante inédita las particularidades, algunas terribles, que, a ras de suelo, tuvo aquella guerra entre españoles.*

El día 18 de julio de 1936 estalló el glorioso movimiento nacional, con escasas armas. Un puñado de hombres nos echamos a la calle en Urrea de Jalón, donde yo me encontraba. Dominamos por primer día. Pero al segundo, a causa de las falsas noticias de las emisoras rojas, los rojos del pueblo trataron de aniquilarnos. Pero no lo consiguieron por más que el círculo UGT declaró huelga general.

*20 de julio.* El pueblo estaba impaciente esperando noticias. Los rojos han ocupado las salidas del pueblo y nos tienen incomunicados; a las 5 de la tarde la guardia civil del puesto de Alagan viene en un coche en acto de servicio y los cogen a la entrada del pueblo. La guardia civil, al verse sorprendida, se parapeta y hace unas descargas y los que interrumpían la comunicación huyen en desbandada y no les es posible refugiarse en sus casas porque las personas de orden que nos encontramos en el centro del pueblo les prohibimos el paso, obligándolos a huir al monte. Estuvimos unos días haciendo guardia en los puntos más estratégicos del pueblo, se cambió de Ayuntamiento y se prestó ayuda a los pueblos vecinos.

*8 de agosto.* Me encontraba prestando servicio de guardia en el cementerio, cuando me dieron la orden de que me incorporara al Ejército a las dos de la tarde. Llanto de madres, suspiros de novias y notas del himno de Falange que entonaban los chicos del pueblo. Partimos en autobús a Zaragoza para incorporarnos en nuestros respectivos cuarteles. Me presenté en el de Palafox

(9º Ligero) y me destinaron a la 4ª Batería. Después de unos días de instrucción me pasaron a la 8ª Batería, que se encontraba en Huesca.

*29 de agosto.* A las 8 de la mañana nos distribuyeron fusiles y salimos para el Estrecho. Nos mandaron picar y a eso de las 10 empezó un enorme fuego de Artillería y vuelos de aviación enemiga. El ataque duró hasta las 6 de la tarde, retirándose 11 aparatos que sobre nosotros volaban. El ataque terminó por aquel día, pero al anochecer, así como toda la noche, los «pacos» siguieron tirando contra nuestras primeras avanzadillas de infantería. Así fue mi primera noche de campaña.

*3 de septiembre.* Nos cortaron la carretera de Huesca. Nos dejaron incomunicados a unos 100 hombres. El capitán visitó las avanzadillas y nos dijo: «No os preocupéis que esto durará pocos días, que ya vienen a salvarnos y no están muy lejos. Probablemente llegarán mañana». Esto nos animó esperando ese mañana y a pesar de nuestras penas había ratos que nos poníamos a cantar tan animados que nadie hubiera dicho que estábamos poco menos que prisioneros. Entre nosotros también había alguno que se afligía y decía: «Aquí nos cogerán de las orejas el día que quieran». Y así pasamos unos días bajando a la vega a por frutos que aún no estaban maduros y a las viñas cercanas a coger uvas. Eso es lo que añadíamos al escaso alimento que nos echaba nuestra aviación el día que podía. Y es que la ración que nos echaba la aviación solamente llegaba al cuarto de chusco y una sardina de lata por individuo para todo el día.

*8 de septiembre.* Poco antes de amanecer nos dieron la noticia de que de una de nuestras avanzadillas se habían pasado al enemigo. La componían 18 individuos del regimiento nº 20.

*11 de septiembre*. Nos notificaron que habían aparecido en el molino unos sacos de harina y en una casa inmediata un pequeño horno. Ordenaron que fuese un panadero y dieciocho hombres para hacer guardia a la casa porque ésta se encontraba en las primeras líneas.

*15 de septiembre*. Un infante y artillero que se habían puesto de acuerdo quisieron entregar el horno a los rojos después de haberse confabulado con éstos, pero no les fue posible. Al darse cuenta de ello, un artillero los denunció al mando y seguidamente los Sres. Oficiales formaron consejo de guerra y fallaron pena de muerte, siendo fusilados el infante y el artillero a la mañana siguiente.

La vida se hace más difícil, los rumores van en aumento y también hay algunos que se desmoralizan. Por la noche el heliógrafo de Huesca transmite la orden de que al amanecer saldrá una columna para protegernos.

*21 de septiembre*. La primera faena que hicimos fue sacar el agua de las trincheras a la vez que continuaba la lluvia. Por la tarde el enemigo nos tiró unos 50 disparos de artillería pero sólo explotaron seis. Aquella misma tarde nuestras fuerzas operaron desde Huesca para abrirnos paso pero no pudieron alcanzar los objetivos marcados.

*23 de septiembre*. Por la mañana nos ataca un camión blindado pero fue sorprendido por nuestras avanzadillas en las que había una ametralladora y 10 fusiles. Un rojo se echó a tierra y a los pocos pasos cayó. El camión tuvo que retirarse pero no se llevó el cadáver. Poco después fueron hacia allí unos soldados y registrando el cadáver le encontraron 258 pesetas, unas cartas, un carné de la FAI, la cartilla militar. En la misma mañana, por la carretera de Sietano vino una mujer con bandera blanca, se le dejó llegar y dijo: «Quiero hablar con el comandante», y llegada hasta éste entregó una carta firmada por el coronel Villalva. La carta decía que nos entregáramos, que nos respetarían las vidas y que nos daban tiempo hasta las doce. De lo contrario a la una nos atacarían definitivamente.

Como no nos rendimos, a las 12 y media empezaron a cañonear porque a atacar no se atrevían, y así siguieron haciendo hasta las cuatro de la tarde. Entonces se cansaron de tirar. En estos días ya se nos habían pasado al enemigo unos cien infantes.

*24 de septiembre.* Al amanecer nos visita la aviación roja. Pero al poco rato la nuestra nos visitó dos veces para echarnos víveres, entre ellos algunos jamones, cuando ya no teníamos nada para comer.

*27 de septiembre.* Al amanecer en la nueva posición vimos que el enemigo ocupaba la que nosotros habíamos abandonado. Serían las 10 de la mañana cuando los rojos empezaron un fuerte tiroteo. Queriendo salir yo del parapeto, una bala me alcanzó, atravesándome el cuello y el hombro derecho. Me retiro del parapeto. El tiroteo se calma. Me ponen en cura y me consideran como moribundo. En el primer momento y aunque ya no me dolía, yo creía que ya me quedaban pocos momentos de vida puesto que la hemorragia era muy grande. Me ponen una toalla sucia al cuello y la hemorragia continúa. Pero me siento aliviado, aunque mis compañeros del parapeto ya me han quitado hasta el monedero esperando que yo expire de un momento a otro. Quedo acostado en un rinconcito del parapeto. Al poco empieza un pequeño ataque. Un blindado con unos cuantos hombres se acerca a nosotros pero no se atreve a llegar. Nos matan un artillero; nosotros vimos cómo los otros recogían nueve camillas y se retiraban. Pedí al oficial que me dejaran bajar a mi campamento para ponerme en cura pero éste no lo permitió. A las nueve de la noche el oficial ordenó mi evacuación. Quise bajar por mi pie pero no me dejaron y tampoco hubiera podido. Por lo tanto fui en camilla. A las 10 llegaba abajo y hubo que esperar a que viniera el médico que había salido a otro campamento de heridos. Llegó a las 11, me quitó la toalla y me puso en cura con un poco de yodo porque no había otra cosa. En aquel momento llegó el capitán a interesarse por mi herida. El médico le dio malas esperanzas y le oí decir al capitán de muy mal humor: «me han matado a un artillero y a otro lo han dejado herido grave». Pero le llamé y le dije: «Mi capitán, yo no estoy tan grave como el médico cree», y él, extendiéndome la mano y con una sonrisa para disimular, me dijo: «No te preocupes, el médico me dice que no es nada».

Una vez hecha la cura me llevaron a una de las cuevas que habían habilitado como hospital y en las que había otros artilleros heridos. Aquella noche dormí aunque muy acompañado de animalitos.

*30 de septiembre.* A las dos de la mañana nos llamó el practicante y nos dijo: «Levantaos sin armar ruido que nos marchamos a Huesca». Nos ponemos en marcha creyendo que sólo marchábamos los heridos, pero al llegar al molino vimos que la retirada era para todos. Rompimos la marcha por la izquierda del castillo Monte Aragón. Sin abrir «juacos» andamos unos dos kilómetros y bajo la luna se veía a toda la columna en marcha. Entonces se oyó un tiro y poco a poco fue aumentando el tiroteo hasta llegar al punto de que tuvimos que echar cuerpo a tierra. Al frente de una avanzadilla, el alférez de la Legión encargado de la vanguardia mandó hacer fuego y a los pocos momentos dio la voz de: ¡¡¡Viva España!!! ¡¡¡A por ellos!!!, asaltando la avanzadilla. El enemigo, acobardado, se retiró al ver que marchábamos al asalto. Fue un legionario el primero que entró y cogió una ametralladora. Los tiros no paraban pero nosotros continuábamos la marcha y poco más adelante hubo que hacer cuerpo a tierra en medio de unos rastrojos y tirar descargas cerradas para conseguir avanzar hasta el barranco en donde estaban nuestras fuerzas. Entonces ya se veía el sol.

Nunca en mi vida he sentido tanta emoción como en esos momentos. Al llegar al barranco el alférez de la Legión no dejó marchar a nadie hasta que llegasen todos. Pero un capitán ordenó que saliésemos los heridos y los paisanos. Salimos del barranco a unos 500 metros del manicomio, atravesando un campo de alfalfa que la escarcha de la mañana había marchitado. El silbar de las ráfagas de ametralladoras nos hacía pegar el cuerpo en tierra y con grandes apuros conseguí entrar en el manicomio encontrándome con mis compañeros. No pudimos por menos que abrazarnos al vernos libres y fuera de peligro.

Permanecimos allí como una hora hasta que el capitán jefe de la posición ordenó la salida temiendo que el enemigo la cañonease. Salimos entre trincheras para Huesca y andamos como un kilómetro hasta salir a la carretera y llegar a un tejar donde nos esperaban los coches para llevarnos al hospital al que llegamos a las 9 de la mañana.

## DIARIO DE PRESIDIO

*Con pluma eficaz y precisa, Modesto Montoto, un fotógrafo y realizador cinematográfico asturiano, relató en un largo diario las que seguramente fueron las dos experiencias más descollantes de su vida: un viaje a Cuba en 1927 y su encarcela-*

*miento, diez años después, durante la Guerra Civil, a manos de milicianos republicanos en su tierra natal. Religioso y conservador y de condición económica acomodada, y además hombre de orden, Montoto vivió, cuando ya tenía 60 años, una experiencia para la que seguramente él estaba menos preparado que otros: la de vérselas con una izquierda que había tomado el poder y que, poco a poco, estaba vaciando su patrimonio. Pero no por eso perdió la calma. Y aunque terminaron metiéndole en la cárcel, no se llevó del todo mal con los milicianos. Incluso, y con su exquisita caligrafía, escribió bien de alguno de ellos. En la radio recogimos la primera parte del diario, la del viaje a Cuba. Aquí extractamos lo que Modesto Montoto tituló: «Diario de presidio».*

*Domingo 19 de julio de 1936:* Se sabe en Villamayor del levantamiento militar.

*20:* A las 7 de la tarde se me presentaron dos milicianos, con mosquetón, a pedir las armas que hubiera en casa: les dije que no tenía arma alguna, invitándoles a registrar la casa, a lo que se negaron. Su comportamiento fue correcto: no eran del pueblo, sino forasteros.

*21:* Por la mañana vinieron cuatro milicianos forasteros a buscar el camión; se lo llevaron y volvieron a entregarlo a las 6 de la tarde.

*22:* Amanece en el pueblo defendido por los milicianos locales. A las 10 de la noche vinieron varios milicianos locales a recoger una lámpara de mi aparato de radio, la que se llevaron.

*23:* A las 11 llegaron cuatro milicianos forasteros a pedirme las armas que hubiera en la casa: les contesté que no tenía e invité a que registraran todo el edificio. «Pues si usted no quiere entregarnos las armas, queda usted detenido y venga con nosotros», me contestaron. Vuelvo a decirles que ni tengo, ni jamás he tenido arma alguna. «Vamos, andando», me replican, y en medio de cuatro mosquetones fui conducido al Comité, situado en una de las casas del Platu.

Mas al llegar frente al chalé de Emilio Lozana nos detienen en la marcha dos milicianos locales:

—¿Adónde llevas a ese hombre?

—Al Comité, porque no quiere entregar las armas.

—Este hombre ni tiene, ni tuvo nunca armas; suéltalo, yo respondo por él.

—No basta que tú respondas por él; ha de responder el Comité.

—El Comité en pleno garantiza a este hombre.

—En ese caso —dirigiéndose a mí— puede volverse a casa.

Ordenó a uno de los suyos que me acompañase, como así lo hizo.

A las 4 de la tarde inició el amigo don José Vena una colecta para los milicianos, a la que contribuyo con veinticinco pesetas.

*Viernes 27:* A las 10 de la noche vienen de Antrialgo a buscar al señor cura para administrar los sacramentos a un enfermo de aquel pueblo: no se atreve el párroco sin contar antes con el asentimiento de los milicianos; avisan a éstos, y no solo asienten, sino que le acompaña uno de ellos, quien, además, le llevó y le trajo en un auto hasta la puerta de la rectoral, guardándole toda clase de consideraciones.

*1 de agosto:* A las seis de la tarde vinieron a buscar el camión y se lo llevaron.

*2:* Desde hoy se cerró la iglesia al culto.

*10:* El Comité, en la mañana de hoy, nos mandó un vale pidiéndonos chorizos: Adosinda les dio seis en vista de que nos quedaban muy pocos.

*13:* A las 7 de la tarde, una vez encontraron los milicianos la pieza que le faltaba, se llevaron el coche de mi cuñada Consuelo. Eran del Comité de Sama.

*16:* A las 3 de la madrugada llegó Luis, de Pesquerín, diciéndonos que los habían detenido a todos —los milicianos locales— en una cabaña de aquel pueblo de nuestra parroquia. Después de muchas consultas en el Comité durante la mañana, adoptaron el acuerdo de darles por cárcel la nueva iglesia parroquial, de donde mandaron retirar las imágenes y objetos del Culto. Les llevamos ajuar de cama y por la noche ingresaron en aquella prisión.

*17:* Por la mañana trasladaron a esta cárcel —desde la de Infiesto— al Sabino, junto con el señor cura y Modesto Rubín, también detenidos desde hace algunos días. A las 3 de la tarde se presentó aquí nuestra sobrina Araceli a pedirnos un colchón, almohadas y ropa de cama para su marido Pedro, a quien desde la cárcel de Gijón trasladaron a la de Infiesto.

*27:* Hoy sacaron de la cárcel local —donde estaba detenido— a César Arena: ingresó cuando Luis.

*28:* A las 10 vinieron el maestro de aquí y el de Borines a llevar mi máquina de escribir para Infiesto, como así lo hicieron; traían una orden de aquel Comité.

*31:* A las ocho marchó Juan Luis con Ángel el de Amaro y otros al Comité; desde allí les mandaron a Infiesto y de aquí a Gijón con objeto de incorporarse a filas e ir a pelear al frente.

*1 de septiembre:* A las 4 de la tarde registraron esta casa dos milicianos locales para tomar nota de los víveres que teníamos.

A las 10 de la noche volvieron los milicianos locales en busca de una gabardina, la que les entregamos.

*7:* En las últimas horas de la tarde de hoy fueron quemadas, en el solar junto a las escuelas, las imágenes de la iglesia y varias cosas más —altares, púlpito, etcétera—. Dejaron las dos mesas del altar.

*18:* A la 2 llamaron a Sindita para fregar el piso del Comité. A las 5 de la tarde vinieron del Comité de Sama a buscar las existencias de manteca que tuviéramos. Se la llevaron toda: eran 708 kilos.

*19:* A las 9 de la mañana llegan milicianos locales en busca de cobertores. Se les dijo que no teníamos ni los suficientes para la gente de casa, como era verdad, y se marcharon.

*21:* Unos milicianos forasteros se llevaron la motocicleta.

*Miércoles 30:* Los milicianos locales vinieron a buscar colchones. Se les dijo que aquí en casa no los había por tener tres en la cárcel de Infiesto; pero si era verdad que iban a poner en libertad a los tres chicos nuestros —como ellos nos aseguraban— que podían quedarse con aquellos tres colchones y sus almohadas y ropas. Se explica tanta petición de gabardinas, gabanes, colchones, ropas de cama, etcétera, si fuera para mandar al frente o a los hospitales; pero no: era para ellos y ya es sabido que cada uno tiene casa y familia.

*2:* A las 6 de la tarde vinieron dos milicianos del Comité de Infiesto a recoger mi aparato de radio y allá se lo llevaron.

*7:* Por la noche vinieron milicianos locales en busca de zapatos; no se les dieron porque no había más que los de uso de cada uno.

*22:* Vinieron los milicianos de Infiesto a buscar ropa para un batallón de soldados, allí destacados. Esta Comisión fue en extremo decente y atenta.

*23:* A las 5,30 de la tarde llegó libre, de la cárcel, Ángel.

*17 de noviembre:* A las 3 de la tarde llegó Luis procedente de la cárcel. En total estuvo preso 81 días.

*28:* Me dicen que en la Sesión celebrada hoy en el Ayuntamiento, nos han declarado «facciosos» a Adosinda, a Luis y a mí.

*2 de febrero:* Hoy en el periódico *CNT* leímos el llamamiento a filas de Luis.

*4:* A las diez fue Luis a presentarse en el Ayuntamiento para alistarse.

*11:* Cualquiera me habría hecho creer, en mi larga vida de trabajo, y después de una reclusión voluntaria en casa durante siete meses (desde que estalló la Revolución hasta hoy), que a los sesenta y un años me vería encerrado varios meses en estrecha celda de la Cárcel del Partido. Así es la vida. Al prójimo... contra una esquina y «¡Muera el que no piense igual que pienso yo!». Nos llevó Manín en el auto de Mon e ingresamos en la prisión a las tres en punto. Tampoco nos dijeron en la Cárcel por qué habíamos venido; ni lo sabremos jamás, pero ya decía mi abuela que «a la Inquisición, chitón».

Siete personas mayores en ocho metros cuadrados de espacio. Si acaso vuelve al mundo Concepción Arenal, no se lo digan ustedes, señores dirigentes del cotarro. Allí estuvimos alegres y contentos por espacio de 38 días, sin que el menor roce viniera a turbar nuestra fraternal camaradería.

A los quince días de nuestro ingreso en tan confortable habitación se les ocurre a los celosos guardianes hacer una «leva» de colchones, para el hospital de heridos instalado en El Orrín. Ciento ochenta éramos los detenidos, cada uno de los cuales tenía su colchón y ropas de cama traídas, claro está, de su casa. Cincuenta colchones y cien cobertores volaron aquella tarde, mientras los presos estábamos de recreo en el patio. Algunos hemos tenido una suerte loca, por ejemplo, Mamertín, Luis y yo, pues nos dejaron por todo ajuar una almohada para cada uno.

El oficial de guardia Enrique (muchacho atento y servicial en extremo, a quien nunca pagaremos las bondades que nos ha dispensado) nos dio, a escondidas, dos colchonetas de yerba y dos mantas de las de la casa y así nos pudimos arreglar.

El 13 de marzo escribí una carta al Jefe de la Cárcel, don José Montecatini, solicitando un permiso para que Ignacio, Luis y yo pudiéramos hablar en la ante-oficina con Hortensia y Adosinda unos cinco minutos. A las 11 de la mañana del siguiente día nos llamó a los cinco y nos concedió lo solicitado.

El día 20 nos trasladaron desde la celda número 2 a la General de abajo, llamada «La Cubiliega», y con este apodo ya indica lo que puede ser: los malos olores del retrete la hacen inhabitable para las doce personas que allí pueden estar con desahogo relativo. ¿Qué no sería para los veinticuatro que la llenábamos?

*Y no crean que esto es «pega»,*
*ni exageración quizá;*
*dicen que «La Cubiliega»*
*es del primero que llega,*
*detenido, claro está.*

El día 14 por la mañana me trasladaron a las habitaciones de la Enfermería, mucho más confortables.

El día 16, a las once de la mañana, me llamó don José y me dijo si quería trabajar en las oficinas. Acepté, le di las gracias y al momento trasladaron mi ajuar desde la Enfermería a la habitación de los ordenanzas.

¡Por fin! El viernes 21 del actual, después de cien días de prisión, salimos libres todos los de Villamayor que habíamos entrado el 11 de febrero, a excepción de Rubín y Paulina, que ya lo habían hecho antes, y los que fueron a trincheras.

> *Éstas fueron «Mis prisiones»*
> *(perdona, Silvio Pellico)*
> *ignoro por qué razones...,*
> *nada, que no me lo explico.*
> *¿Cómo no? ¡¡Por «fascistones»!!*

Me olvidaba de consignar un dato, que no quiero pasar en silencio. Una tarde a eso de las tres —era en los primeros días de abril— me llamó a su despacho el Jefe de la Cárcel, don José Montecatini. Acudí presuroso a su llamamiento y el buen señor, gran filatélico y poseedor de una excelente colección de sellos, me dijo que deseaba charlar un rato conmigo sobre nuestra común «chifladura», pues ya sabía que también yo soy coleccionista.

Le di las gracias por su atención y acto seguido me llevó a sus habitaciones particulares, donde, a la vera de su mesa escritorio, vis a vis y en plan de amigos, me enseñó todas sus colecciones.

> *Tres guardas, tal como suena,*
> *vigilan nuestra prisión,*
> *aunque, a la verdad, no son*
> *como «las hijas de Elena»;*
> *pues uno de ellos, Enrique,*
> *sin faltar a su deber,*
> *es bueno a más no poder,*
> *practicando el «sumum cuique».*

*En cambio José Manuel*
*¡tiene un genio, que ya, ya!;*
*si la «pesca» de coñac*
*no hay quien se arregle con él.*
*¿Y Ruperto? ¡Guarda Pablo!*
*Ése no corre, que vuela:*
*¡A San Miguel, una vela,*
*y una cerería al diablo!*
*Éstos son, caballeros, los tres guardianes:*
*uno, bueno muy bueno; dos: ¡ganapanes!*

*30 de mayo:* Se habla en el pueblo que en el local de la iglesia van a instalar una fábrica de casquillos para armas de guerra, y que llegarán a Villamayor, con tal motivo, unos doscientos obreros con sus familias respectivas.

*1:* Empiezan a llegar familias de obreros.

*2:* Siguen llegando familias en grandes camiones. La fábrica ya está instalada. En la tarde de hoy se nos presentaron tres obreros pidiendo cupo en esta casa para una familia. Se marcharon agradecidos. En su trato fueron muy corteses.

*16:* A las 2 de la tarde me requisaron mi mesa de escritorio y se la llevaron para Infiesto. A las 4 de la mañana pasó Fernando para Santander con su batallón.

*18:* A las 2 de la tarde recibimos un telegrama de Fernando, fechado en Torrelavega a las 7 de la tarde del día anterior, en el que nos comunica que está herido leve en el hospital número 30. Inmediatamente fuimos a Infiesto a pedir un pase para trasladarme a Torrelavega, lo que rotundamente nos negaron.

*25:* A las 5 de la tarde llegaron a casa cinco refugiados procedentes de Santander: una señora y cuatro chicas jóvenes: al día siguiente llegó otro chico joven para con ellas: total seis personas.

*3 de septiembre:* A las 9 de la mañana se marcharon las seis personas de Santander. En este día vinieron a dormir dos obreros bilbaínos de los talleres de aviación: excelentes muchachos.

*5:* Hoy, en lugar de dos, son cuatro y así seguirán. Ayer tarde avisaron a Angelín para que se presentara hoy en la Vega a las 8 de la mañana, para ir a trincheras con otros del pueblo.

*6:* A las 3 de la tarde se presentó un Sr. Comandante, acompañado de Bernardino, a ver la casa para ver si le servía para oficinas de Estado Mayor: la encontró pequeña y se marchó.

*8:* A las 5 de la tarde se presentaron aquí dos milicianos y nos llevaron a Infiesto a Adosinda y a mí. Llegamos a la Comandancia donde nos tomaron declaración. Nos trataron con mucha consideración.

*11:* Con tres colchones que nos prestó Soledad, quedan armadas hoy ocho camas a disposición del Cuerpo de Aviación: hoy vinieron a dormir siete individuos, entre ellos el Jefe.

*4 de octubre:* Hoy marcharon los de Aviación para Candás.

*10:* En la tarde de hoy se instaló en esta casa una Comandancia de Investigación y Vigilancia. Ocupan cuatro camas en el alto, el comedorín para oficinas, el garaje para la tropa y las cuadras para los animales. Desde este día hasta el 19, en que evacuaron definitivamente los Mojos, se apoderaron éstos de la casa e hicieron lo que les vino en gana. Los tres últimos días los dedicaron al saqueo y no me dejaron más que los muebles escuetos.

El 20 a las 10 de la mañana entró la tropa de Franco en Villamayor: ¡gracias a Dios!

## DESDE EL FRENTE

*En agosto de 1938 José Ibeas estaba destinado en una unidad de la artillería republicana. Escribió estas líneas en una tarjeta desde un frente cuyo nombre no indica, pero que debía de estar cerca de la región valenciana puesto que poco después sería hecho prisionero en Vinaroz, la ciudad castellonense en la que las tropas franquistas consumaron la ruptura en dos de la zona republicana. Antes de eso José había resultado gravemente herido y estando hospitalizado en Madrid había conocido a la mujer con la que pronto se casaría y que poco después le daría una hija. A esa niña, el día que cumple su segundo mes de vida, dirige esta «tarjeta postal de campaña», tal y como reza su anverso. En él, y debajo del lema: «Gloria a nuestra artillería», también está dibujado un cañón con el madrileño emblema del oso y del madroño. Al salir de la cárcel, José fue desterrado a Valladolid, en donde al poco de llegar pudo empezar a ejercer su oficio de zapatero remendón. «Mi padre me habló muy poco de la guerra», nos dijo Elisa, su hija, la destinataria de la carta, cuando nos la mandó al programa. «Pero debió de pasarlo muy mal, porque durante mucho tiempo se despertaba muy agitado por la noche y también soñaba en voz alta recordando cosas de aquella época».*

«Esta tarjeta es para felicitarte por los dos meses de tu nacimiento. Que lo pases bien en compañía de tu mamá, abuelita y tíos. Yo tardaré en verte. Que hagas muy feliz a tu mamá con tu sonrisa para que no sufra porque yo no estoy ahí. Da muchos besos a mamá, a la abuela Isabel y recuerdos a los tíos. Pepe»

## «Aún oigo el silbido de aquella bomba»

*«Necesito contar mi pasado». Así introducía Begoña Valera la narración de los años más duros de su vida. Tenía nueve años cuando empieza su relato, es decir, en 1937, pocos meses antes de la caída de Vizcaya en manos de las tropas nacionales, y ya había cumplido trece cuando lo acaba. Entre medias transcurrieron cinco años terribles, que Begoña recuerda al detalle. «Disculpen las faltas de ortografía. Es que sólo pude ir un año a la escuela», añadía nuestra remitente. La incierta letra con que escribe así lo denota. Pero no la inteligencia y la riqueza expresiva con la que cuenta su pasado, la peor época de su vida. Además de eso, llama la atención la extraordinaria precisión con la que Begoña recuerda los detalles de aquel tiempo. Hasta los nombres de los barcos franquistas que les interceptaron en el Cantábrico, como si nunca hubieran dejado de rondarle en la cabeza.*

Nací en 1928 en Las Carreras, un pueblo de Vizcaya, pero a los 15 días nos fuimos a vivir a Santurce. Éramos cinco hermanos y era mi madre quien sacaba la familia adelante. Vendía pescado, pero en invierno, cuando los pescadores no podían salir a la mar, no teníamos para comer y entonces mi hermana Elisa y yo íbamos todos los días a pedir por las casas de Santurce y Portugalete.

A pesar de todo, yo era feliz. Porque tenía a mi madre. Nuestras verdaderas desgracias empezaron cuando llegó la guerra. Nosotros lo pasamos muy mal y mi hermana y yo teníamos ya todos los papeles arreglados para irnos a Rusia. Pero cuando estaba a punto de salir el barco me puse a llorar porque no quería separarme de mi madre y ella dijo que pasara lo que pasara estaríamos todos juntos y no nos embarcó. Mi madre era de izquierdas, admiraba mucho a La Pasionaria y solía ir a las manifestaciones.

Y la guerra siguió. Un día mi madre estaba en su puesto viendo si los barcos llegaban con pescado, cuando sonó la alarma porque llegaban aviones para bombardear. Mi madre estuvo buscándonos a mi hermana y a mí y nosotras a ella, pero no nos encontró. Y nosotras nos fuimos a nuestra casa, que era muy pequeña y tenía una campita delante. Al poco llegó mi madre y desde allí vimos cómo dos aviones combatían en el cielo. «Ha caído uno de los nuestros», dijo mi madre. «Tumbaos en el suelo, que los otros vienen hacia aquí, y meteos un palo en la boca con la punta hacia fuera para que si hay una explosión no os quedéis sordos».

Entonces tiraron una bomba. Nunca se me podrá olvidar el silbido que hizo. Dio en la esquina de la casa y levantó un montón de tierra que luego cayó como si fuera lluvia. Mi madre tenía la cara destrozada y clavado el palo de la boca en su rostro. Le faltaban los ojos y la nariz y su cara no era más que una masa de carne destrozada. A mi hermana no le pasó nada, pero a mí un trozo de metralla me dio en una vena del lado derecho del cuello. Me iba en sangre. Una vecina de mi madre que se llamaba Basilia me cogió en brazos y me llevó al cuarto de socorro de Santurce. Por el camino el vestido se me llenó de sangre. En el cuarto de socorro perdí el conocimiento y cuando me recuperé ya estaba en el hospital de Basurto. Allí me enteré de que mi madre había muerto.

Porque una de mis hermanas mayores vino a verme vestida de luto y no me pudieron engañar.

Entonces mi padre decidió desprenderse de las tres hijas más pequeñas y nos embarcó en un petrolero que se llamaba *Gobeo*, con rumbo a Santander. En medio de la travesía salieron a nuestro encuentro tres barcos de guerra, nos tiraron un cañonazo y nos hicieron prisioneros.

Nos separaron en grupos y a nosotras tres nos mandaron a Loyola. Allí estuvimos bastante tiempo porque no nos reclamaba nadie. Y pasamos más hambre que la que teníamos en aquellos inviernos en los que mi madre no podía vender pescado. Nos llenamos de unos piojos enormes.

Al tiempo alguien nos reclamó y volvimos a Santurce. Mi hermana pequeña se quedó con una hermana de mi madre. A mí me recogió una hermana de mi padre, que tenía sólo una hija que era un año mayor que yo. Y en aquella casa pasé el mayor martirio de mi vida. Sólo recibí palizas y mi tía me hacía trabajar como si tuviera 20 años. Me llevó a un colegio con mi prima, que ya había estado en todos los colegios de Algorta sin que en ninguno le fuera bien, pero, por el contrario, las monjas le dijeron a mi tía que pidiera una beca para que yo pudiera seguir estudiando. Lo que hizo mi tía fue sacarme de la escuela y ponerme a trabajar como una esclava.

Todos los días tenía que recorrer más de medio kilómetro para recoger unos calderos con la comida que sobraba en el chalé en el que trabajaba mi tía en Neguri y que los señores le regalaban porque era muy trabajadora y muy limpia. Con esas sobras, mi tía criaba un cerdo, gallinas y conejos. En casa de mi tía yo nunca pasé hambre, pero yo todo lo hubiera cambiado por vivir con mi madre.

Por medio de una señora que iba a trabajar al mismo chalé de Neguri que mi tía, mi hermana me hizo llegar el recado de que quería verme. Y fui a verla. Pero mi tía me tenía prohibido ver a mis hermanos y cuando se enteró me tiró al suelo, me pisó las tripas y no pude evitar orinarme. Raro era el día que ella o mi prima no me daban una paliza. La niña me tiraba del pelo y yo no podía contestarla por miedo a mi tía.

Algunos días íbamos al monte Gandarias, a una hora de camino, a recoger leña con otras vecinas. A mí mi tía me obligaba a coger un tronco, clavar el hacha en él y traerlo hasta casa. En Neguri entonces había muchos árboles y las campas en otoño se llenaban de hojas que yo iba a recoger para hacer la cama del cerdo.

Cuando los señores del chalé en el que trabajaba mi tía se iban a Madrid, le dejaban a ella las llaves para que lo cuidara. Mi tía me mandaba muchos días ir allí para ver si había alguna novedad y cuando entraba en el caserón no paraba de cantar hasta que se me quitaba el miedo.

Un día oí a mi tío que le decía a su mujer que yo era una buena chica y que entre las dos me estaban dejando tonta. Luego mi tía me metió de recadista en una frutería, que entonces los pedidos se llevaban a las casas. En una hucha guardaba las propinas que me daban.

Un día, era el año 1941, mi tía me dio tal paliza que me rompió en la espalda el mango de una escoba de aquellos de entonces, que eran de caña, y se marchó diciéndome que para cuando volviera tenía que haber lavado un montón enorme de ropa. Pero entonces vino mi hermana Elisa, que estaba sirviendo en Algorta, me preguntó qué me había pasado, se lo conté y me dijo que me escapara a casa de mi hermana Anuncia, que acababa de casarse.

Y lo hice. Rompí la hucha y con el dinero me pagué el viaje en tren hasta Aranguren, que es donde vivía mi hermana. Mi tía nunca preguntó por mí ni me denunció por haberme escapado. Entonces yo ya tenía 13 años.

*Y éste es el poema en el que Begoña relata su peripecia en alta mar, cuando el petrolero en el que navegaba fue interceptado por los navíos de Franco.*

### El Gobeo

*A las tres de la mañana*
*en el* Gobeo *salí,*
*con rumbo hacia Santander,*
*pero no llegué hasta allí.*
*A la altura de Santoña,*
*el* Cervera *y el* Galerna,
*y también el* Júpiter,
*nos tiran un cañonazo.*
*Aquélla era la señal*
*de que estábamos prisioneras*
*y que nos habíamos de entregar.*
*¡Oh, qué tragedias tan tristes*
*tuvimos que presenciar!*
*Unos querían matarse,*
*otros tirarse a la mar.*
*Nos llevan a un almacén,*
*dicen que de bicicletas,*
*allí pasamos dos días,*
*muy alegres y contentas.*
*Luego nos vino otra orden,*
*que había que trasladarnos,*
*a los niños a colonias,*

*y nosotras a un santuario.*
*Pero al pasar por Tolosa,*
*con dirección a Loyola,*
*una mujer «imprudente»*
*nos llamaba asquerosas.*
*Al cabo de muchos días*
*dicen que hay que marchar,*
*todas para nuestras casas,*
*a reformar nuestro hogar.*
*Aquí termina la historia*
*de esta tragedia fatal,*
*del día 15 de junio,*
*que tuvimos que evacuar.*

## «Esos malditos fascistas»

*Una carta y un poema. Ambos destinados a su madre. En esos dos breves textos, escritos desde el frente, un joven catalán expresa el fervor revolucionario que movía a muchos de los soldados que combatían en las filas republicanas. Un ardor que no se perdía en matices, que no eran tiempos de articuladas reflexiones políticas y menos en los ambientes obreros de los que procedía el autor de estas líneas, un barcelonés llamado Joaquín de Moya. Meses después de escribirlas, Joaquín murió en la batalla del Ebro, según nos informó su sobrino Xavier Roig, que fue quien nos envió los textos al programa.*
*Así dice la carta:*

En campaña, 10-6-1938
Querida madre y hermanas: he recibido la suya, por lo que veo que están bien. Yo, hasta el presente, bien. Ma-

dre, sabrá que el otro día tuvimos un baile que nos divertimos mucho. Vinieron muchas chicas y duró toda la tarde. También una tarde tuvimos una función de teatro en la que nos reímos mucho. También sabrá que vino Lola Cabello, la gran cantante que tan popular es en Barcelona. Estuvo cantando flamenco y canciones gitanas y también estuvieron otros artistas que trabajaron muy bien.

Me dice usted de parte de la Isabel que mandará la foto cuando esté yo en un sitio fijo. Pues le dice que ya puede mandármela a las mismas señas, que no tenga cuidado, que me llegará.

Sabrá también que tuvimos una fiesta en la que habló nuestro jefe de brigada. Nos emocionó mucho pues habla bien. Nos recordó que los segadores se revolucionaron contra la gentuza que nada más quiere que explotarnos, pero ya les llegará su hora a estos perros y criminales fascistas que cuando les rompamos el cerco no van a parar de correr hasta Italia. También habló de lo mismo, y bien, el comisario de la brigada.

Se despide de usted y de mis hermanos y le da un fuerte abrazo este su hijo que la quiere y no le olvida.

Hasta la suya que sea pronto.

*Y éste es el poema:*

*En los campos de batalla*
*oímos gritos lejanos.*
*Herido por la metralla,*
*era un pobre miliciano*
*que al recogerlo nos dijo:*
*no llores madre querida*
*no llores tú por tu hijo*

*aunque me quiten la vida*
*lucha por tu pobre hijo*
*que esos malditos fascistas*
*me han partido el corazón.*
*Cierra fuerte madre el puño*
*y grita con gran tesón:*
*miliciano antifascista*
*que tu pecho de guerrero*
*por el campo avanza listo.*
*La miseria te hizo fuerte*
*y a tu alma fiera comunista.*
*Todos listos contra el clero*
*porque somos pacifistas*
*Por favor, tú, compañero*
*escribe a mi pobre madre.*
*No le digas que me muero,*
*dile que abrace a mi padre*
*que por mí no pase penas*
*que yo lucho con la razón*
*en esta maldita guerra*
*que invade nuestra nación.*
*Pero ya llega el día*
*de su derrota final.*
*Luchemos con valentía*
*contra el fascio criminal.*

## AMOR POR CORRESPONDENCIA

*Un flechazo al primer encuentro, en un vagón del rápido de*
*Santander. Así nació el amor de Jesús por Evelina. Él era un*
*soldado franquista y convencido de que estaba combatiendo una*
*«cruzada». Estaba destinado en Burgos. Ella era de Villa-*

126

diego. *Sólo se habían visto una vez, pero a Jesús le bastó para saber que la quería para siempre. Y empezó a mandarle cartas. Manejaba bien las palabras, tenía la caligrafía de quien ha estudiado y no cometía error de ortografía alguno. Aunque tenía que guardar las formas a que obligaban los principios de la época, sobre todo en la clase social a la que Jesús pertenecía, y aquella cultura remilgada y pacata impregna estas breves cartas, su pasión le hace transgredir, en parte, esas normas. O tal vez la guerra justificaba hasta eso. El joven soldado pide a su amada que acepte ser su madrina de guerra. Por lo que se ve, que las cartas de respuesta no llegaron a nuestro poder, ella se resistía. Pero Jesús insiste. Tratando incluso de suscitar lástima, como cuando aduce estrecheces económicas, a pesar de que pertenecía a una rica familia. Alberto Fernández Fontaneda, que es quien nos mandó estos escritos, aclarándonos que él no tenía relación alguna con los protagonistas, nos contó el final de esta historia. Jesús y Evelina terminaron casándose algunos meses después. Pero poco más tarde él murió en el frente. Evelina nunca pudo superar la muerte de su marido y terminó perdiendo la razón, por lo que años después tuvo que ser ingresada en un hospital psiquiátrico, en donde falleció en los años sesenta.*

Burgos 16-1-38
¡¡Arriba España!! II Año Triunfal
Apreciable amiga:
Se sorprenderá grandemente al recibir esta carta, pero si hace usted memoria recordará que viniendo el viernes en el rápido de Santander traía por compañía a tres soldados que procuraban en su compañía hacer más breve el trayecto del viaje, hablando de diferentes temas y conversaciones; también creo que recordará que gracias a su

simpatía y amabilidad dos de los tres soldados podrán hoy comunicarse con dos lindas muchachitas para hacer más llevadera la campaña de esta Santa Cruzada; pues bien, por lo que respecta a mí he prescindido de la otra señorita y me dirijo a usted abusando de su predicha simpatía y amabilidad para solicitarla como madrina de guerra.

No creo que esta mi atrevida carta le sirva de desagrado y disgusto; si así fuera le pido mil perdones y le ruego me disculpe el atrevimiento ofreciéndome a su disposición para todo cuanto le pueda ser útil, esperando desde luego su contestación a mi oferta. En caso de aceptación también espero sus agradables noticias anunciándome la grata nueva.

El motivo de dirigirme a usted es la buena impresión que me causó al conocerla.

Sólo deseando ser correspondido favorablemente a mi petición y esperando sus prontas como agradables noticias, se despide su futuro ahijado de guerra que le desea mucha salud y al grito de ¡¡Arriba España!! ¡¡Viva Franco!!
Jesús


Burgos 24-1-38
¡¡Arriba España!! II Año Triunfal

Inolvidable Evelina:
No sé cómo puede pensar esa frase de ¿quién será de los dos? Pero ¿es que no se fijaba usted cómo mis ojos se clavaban en sus niñas? Bueno, dejaremos eso aparte y le diré por si le queda alguna duda que quien se interesa por usted es aquel que anotaba las señas que usted daba para mis compañeros de viaje, a quienes les deseo tanta suerte como la que yo he tenido.

Me entristece un tanto el que no pueda aceptarme como ahijado y sí en plan de amigos, pues aunque no dejo de comprender que soy un poco egoísta, por mi parte quisiera que nos uniera una amistad más grande que la de ahijado y amigo. ¿Cree usted que será muy difícil eso que yo pienso?

La distancia que nos separa no es tanta y por lo tanto espero verla cualquier día por ésta para disfrutar de este rico sol de Castilla. Yo ya había pensado hacer una excursión por Villadiego, pero he creído más oportuno esperar a que lo haga usted por Burgos o a que me dé su parecer a que vaya yo por ahí.

No creo que nadie tenga que poner peros o aunques a que usted sienta afecto por una persona, pues me parece que usted ya es libre de sus actos y por lo tanto puede entregar su co...... a quien está dispuesto a entregar el suyo.

La situación económica por la que atraviesa el soldado me impide que le escriba más a menudo, pues hoy en día para escribir una carta hay que pensar primero si podremos fumar al día siguiente.

Creo oportuno decirle que en la próxima nos tratemos de tú a tú, pues como ya nos conocemos personalmente sobra la etiqueta.

En espera de sus gratas y prontas noticias le saluda su amigo.

Jesús

## EVACUADOS

*Pedro González Juarranz fue uno de los 90.000 niños que durante la guerra fueron evacuados de la asediada y bombardeada Madrid hacia otras zonas de España. Por consejo de su padre, fue anotando en un diario lo que su sensibilidad infantil consideró relevante durante aquel periplo que terminó siendo mucho más largo de lo previsto, pues tras pasar más de dos años en una colonia para niños refugiados en Cataluña, transcurrió otro prolongado periodo en el sur de Francia. A partir de aquellas notas, en 1977 redactó un relato sobre su estancia en la localidad catalana de Arbúcies. Ésta es una parte sustancial del mismo. Sólo hay que añadirle un dato: Pedro se casó, y sigue viviendo, con aquella niña «de ojos inmensos» que conoció el día en que llegó a la colonia.*

¡Por fin!, a primeras horas de la noche de hoy, 20 de febrero de 1937, hemos logrado llegar a Arbúcies, y esto equivale para nosotros a volver a nacer de nuevo. Formamos un grupo de 35 niñas y niños que para sustraernos a las calamidades, peligros y horrores de la guerra, hemos sido evacuados de Madrid por la Junta Provincial de Protección de Menores de la Capital, con la colaboración de Pro-Infancia Obrera de Girona, a petición del Ayuntamiento de Arbúcies y por iniciativa personal de su Alcalde Josep Pol i Pujató.

Por las circunstancias bélicas nuestro viaje ha durado ¡cuatro días! Ha sido penoso y no exento de peligros evidentes, sobre todo a nuestra salida de Madrid y a nuestro paso de madrugada, en tren, por Alcázar de San Juan, cuando esta población estaba siendo bombardeada.

Hasta ahora nuestros infantiles sistemas nerviosos han soportado 55 bombardeos de la artillería y de la aviación fascista, unido esto a que la despedida de nuestros familiares ha sido desgarradora, con el añadido, para mi hermano Higinio y para mí, de que venimos bajo el efecto lacerante y descorazonador de la pérdida reciente de

nuestro hermano César, de 18 años, miliciano voluntario caído en la defensa de Madrid. En este grupo viene
también Agustina, una niña de ojos inmensos y de la que
ya no me separaré.

Al llegar a El Roquer nos da la bienvenida el Alcalde Josep Pol, acompañado por el secretario, Joan Brull
i Borrás. Nos atienden Angelita, Anita, Balbina y Tere-
sina, pertenecientes al Casal de la Dona Treballadora.

Angelita se ha dado cuenta de que para acostarnos no
nos desvestimos del todo. Le explicamos que es para estar preparados para el rutinario bombardeo nocturno. Intenta convencernos de que aquí no pasa eso. Desconfia-
dos, seguiremos haciéndolo así hasta que, pasados unos
días, nos aseguremos de que, efectivamente, aquí no viene la aviación.

Provisionalmente se hace cargo de nosotros un joven
del pueblo, Joan. Con él descubrimos los parajes naturales de los alrededores, como la Font de Lourdes y el
Molí de les Pipes, que son un verdadero lujo de la naturaleza. Todo esto es nuevo para nosotros.

Estando jugando en el jardín, hemos oído el ruido
del motor de un avión, hemos salido corriendo despavo-
ridos, Joan a gritos nos dice que es un correo aéreo leal,
que siempre pasa a la misma hora. A partir de este momento cuando lo vemos, recelosos, paramos en nuestros
juegos y no lo perdemos de vista hasta que desaparece.
Felizmente, hasta estos instantes, aquí la guerra no se
nota en nada.

Hoy 18 de marzo llega don Ángel Vidal Sánchez, como Director nuestro, y que ayudado por el auxiliar docente
Pedro Ruiz Tolosa (guardameta del Club Deportivo Español de Barcelona), enseguida organiza la enseñanza, y
regula nuestras actividades, comidas, ocio y descanso. El

pasado 17 de abril nos ha llevado al cine. Con gran entusiasmo mío, vimos *Dejada en prenda* de Shirley Temple.

7 de junio. De manera imprevista nos ha llegado otro grupo de niños madrileños, ahora doblamos el número.

En el bombardeo de ayer de Barcelona, 1 de octubre, un proyectil ha caído en una colonia de niños madrileños, matando a 30 de ellos. Como nosotros, habían sido evacuados de Madrid precisamente para alejarlos de este peligro.

Asomados a la terraza, hemos visto llegar unos camiones con bastantes personas. Se trata de familias vascas, algunas con niños pequeños, y han sido alojadas en el edificio donde estaban las Escuelas, antes de ser trasladadas a las Graduadas, inauguradas recientemente al lado del Campo de Fútbol.

Comienzan a manifestarse en el pueblo los problemas de la marcha de la guerra. La escasez de alimentos y de artículos de primera necesidad empieza a ser preocupante. La carencia de material escolar es total. Además, por si esto fuera poco, este invierno de 1937-38, se presenta excepcional y rigurosamente frío.

Cuando la situación ya es insostenible, y la escasez de alimentos absoluta, el Consejo Nacional de la Infancia Evacuada (dependiente del Ministerio de Instrucción Pública y Sanidad), comienza a enviarnos mensualmente un camión de comestibles, que es recibido con algazara y alborozo.

24 de enero de 1938. Arturo, Mercedes y Santiago Rodríguez han recibido una rápida visita de su padre. Es la última vez que le ven, pues será víctima de la represión de posguerra en Madrid.

Con la incorporación a filas, el 15 de mayo, de Pedro Ruiz Tolosa, y la marcha de don Ángel Vidal, el régimen, la moral y la organización de la Colonia se deterioran gravemente, pues sus sustitutos no poseen la formación adecuada, ni sus condiciones personales son las más idóneas para nosotros.

Hoy 2 de julio de 1938, ha dimitido el Alcalde Josep Pol, por su avanzada edad, se rumorea que por discrepancias políticas. Le hemos tomado afecto, lo sentimos y le echaremos mucho de menos.

Consternación general la de este 7 de octubre. Los hermanos Lourdes, Alfonso y Victoria García han recibido la noticia de la caída, en el frente de Gandesa, de su hermano Ramón. Les han enviado sus efectos personales. Están los tres en la terraza, Lourdes sentada, tiene en su regazo la cartera. Lloran desconsoladamente mientras acarician con mimoso cuidado estos objetos. Nosotros alrededor, sobrecogidos, no acertamos a decir nada.

Por una normativa reciente, la Sra. Consuelo, del servicio auxiliar y madre de nuestros cinco compañeros Parrao Citores, se marcha. Ha realizado una magnífica labor en la Colonia. Sus hijos no se pueden imaginar que es la última vez que la ven, pues será víctima de los bombardeos de la ciudad de Figueras en los últimos días de enero de 1939, cuando desesperadamente trate de reunirse de nuevo con sus hijos.

Estamos preocupados y alarmados pues el 23 de diciembre ha comenzado la ofensiva rebelde en Cataluña.

Estamos a 23 de enero de 1939, y comienzan a pasar fuerzas en retirada. Aumentan nuestra intranquilidad y nuestro miedo. Doña Satur ha cogido una bicicleta y se ha ido en busca de su marido. Quedamos a cargo únicamente de la señorita Nati. Comienza a aparecer la aviación franquista.

Estando desayunando un avión de caza ha ametrallado el pueblo. Hemos salido a la terraza para verlo. Nos han dicho que debido a que era temprano sólo había habido una víctima.

Ayer, 26 de enero, Barcelona ha caído en poder del enemigo. Unidades de nuestros soldados han tomado posiciones al sur del pueblo. Nosotros recorremos estos puestos y charlamos con ellos alrededor de la fogata que encienden para calentarse. Está llegando a Arbúcies mucha gente en retirada, lo mismo civiles que militares.

La actividad de la aviación fascista va en aumento. El primer aviso que tenemos de su presencia son los disparos de las baterías de la DCA instalada en el Montseny. Enseguida aparece la escuadrilla de Junkers, lentos, por la enorme carga letal que transportan. Terror irreprimible. Tendido en el suelo, ayudo intensamente con mi pensamiento a las baterías, para que hagan blanco antes de que lleguen a nuestra altura. Pero siempre veo con desesperación cómo las nubecillas de los impactos siluetean a los aviones sin que siquiera consigan alterar su formación.

31 de enero de 1939. El cercano pueblo de Sant Celoni ha sido ocupado por los rebeldes. Ha llegado un autobús extranjero a recogernos (con la condición de que no vaya ningún adulto) para llevarnos a Rusia. Como estamos muy encariñados con nuestro personal no hemos aceptado, y ha ocupado nuestro lugar otra colonia de niños madrileños, que ha venido de retirada.

Las autoridades locales ya se han ido y previamente han repuesto a Josep Pol en la Alcaldía. No entendemos cómo ha aceptado, en vez de ponerse a salvo él también, ya que en horas correrá serios y graves peligros.

1 de febrero de 1939. Las Divisiones Italianas y las tropas facciosas han tomado Vic, Breda y Hostalrich. Se combate al norte de Blanes. Oficialmente estamos detrás de las líneas del enemigo, que en estos momentos

está convergiendo por el este y por el oeste sobre Santa Coloma de Farners, cerrando así la bolsa en la que quedará cercada Arbúcies.

Cuando ya, desmoralizados, vemos la imposibilidad de escapar, el CNIE nos ha enviado un autocar. Viene el conductor solo, y dice que nos llevarán a México vía Francia. Salimos a media tarde. Tenemos que darnos prisa, pues corremos el riesgo de no llegar a Santa Coloma de Farners antes de que lo hagan las avanzadillas enemigas. En los rostros del numeroso grupo de personas que han acudido a despedirnos se reflejan la amargura, el desaliento y el temor ante lo incierto de su futuro y la nula garantía de su seguridad personal.

Al llegar al puente, al lado del cementerio, nos encontramos con un pelotón de soldados republicanos, que ya han hecho los pozos y han colocado las cargas para volarlo. Llegamos a tiempo. Debido a esto no tenemos espacio para pasar. Estos soldados han encontrado en los alrededores unos tablones que son insuficientes, pero haciendo varias maniobras muy laboriosas, quitándolos de un sitio para ponerlos en otro, logramos atravesarlo cuando ya se ha hecho de noche. El viaje será penoso y tardaremos 12 horas en llegar a la frontera francesa el 2 de febrero de 1939.

## Memorias de un militar derrotado

*Julián Aparicio ingresó en la aviación cuando sólo tenía 15 años. Las fuerzas armadas le ofrecían la posibilidad de huir de su pueblo de Soria, en donde, tras el segundo matrimonio de su madre, su situación familiar le era insoportable. Era corneta cuando empezó la Guerra Civil. Pero a pesar de su corta edad, bien pronto ascendió en el escalafón militar y, sobre todo, cada vez le encargaron mayores responsabilidades, hasta el punto de que menos de un año después de que empezara la guerra era ya el jefe de un campo de aviación. El extracto de sus largas memorias que aquí publicamos y que también glosamos en la SER, introducen, entre otras cosas, un interesante aspecto de la contienda: el de la vida corriente, con su intensa actividad amorosa y sexual, de un joven suboficial, y luego oficial, republicano. Pero Julián perdió esa guerra. Y tal como cuenta con sumo detalle, protagonizó alguna de las peores peripecias que vivieron aquellos derrotados. Muchos años después, cuando ya estaba jubilado, obtuvo, tras no pocos esfuerzos, el reconocimiento de sus derechos en cuanto militar. Y nada menos que el título de coronel de aviación, gracias al cual diariamente almuerza en el Casino militar de Madrid.*

El día 13 de febrero de 1933 me llevaron a Mayoría para mi correspondiente inscripción como voluntario del Arma de Aviación. Durante más de tres años permanecí allí y por voluntad propia no tuve más que un permiso de Navidad. No quería presentarme en el pueblo porque no iba a estar a gusto; sabía que inmediatamente me asignarían trabajos y si me fui de allí alegando que no me gustaba el campo, no abrigaba ninguna intención de hacer esos trabajos. Y otra de las causas por las que salí, posiblemente la más importante y la que más incidió en mi determinación de huir de la casa, era mi padrastro.

Los aviones del grupo 31 eran Breguets de reconocimiento y para pequeños bombardeos, de tela, mientras que los cazas eran metálicos de chapa lisa. El campo de aterrizaje empezaba en los barracones y terminaba en Construcciones Aeronáuticas S.A., muy cerca de la línea del ferrocarril Madrid-Andalucía y Levante. Como era menor de dieciocho años tuve que ingresar como educando de banda. También hice el curso de vuelos sin motor practicando primeramente en el aeródromo de Getafe y posteriormente en el campo de la Marañosa. [...]

El día 17 de julio de 1936 por la noche ya se notaba en el Aeródromo cierto nerviosismo en el personal y circulaban toda clase de bulos, pero yo creo que nadie, ni los mismos Jefes, estaba al corriente de la situación, ni de lo que se estaba fraguando en África. Se colocaron los aviones en las pistas para un posible despliegue de servicio, pero debieron de llegar noticias tranquilizadoras y se devolvieron los aparatos a sus hangares.

El día 18 por la noche el telefonista de servicio se asomó a la ventana de la centralita pidiendo auxilio porque había escuchado al general García de la Herranz dar órdenes al Jefe de la Artillería del Cuartel emplazado en Getafe de que bombardeara la base de aviación, contestando éste que al amanecer emplazaría los cañones en el cerro de los Ángeles con la mira puesta sobre nuestras instalaciones y que empezaría el bombardeo.

Carreras, órdenes y más órdenes precipitadas, se sacan los aviones y se colocan en la pista, el capitán Avertano arenga a la tropa y dice que el que quiera morir matando fascistas de un paso al frente. A tal efecto se forma una compañía, se arma a los milicianos con fusiles y munición y, al amanecer, ambas formaciones estaban frente a la fachada del cuartel de Artillería y los aviones en el aire, con lo que se evitó que los cañones salieran hacia el cerro de los Ángeles y que la tropa de artillería saliera hacia nosotros. Así, tuvo lugar la primera rendición de los sublevados; en autobuses se trasladó a Madrid a todos los Jefes y no se derramó ni una gota de sangre.

Con este armamento, y estando al frente de las tropas nuestro comandante, Conde, que procedía de Artillería, montado en un caballo blanco, se atacó Campamento y se rindieron, no sin que antes el teniente coronel Mangada dijera: «¡Ojo al Cristo y, como el Cristo tiene estrellas, fuego a las estrellas!». Yo, que de política estaba más verde que una lechuga, pregunté a mi amigo Nicolás Conde: «¿Este tío está loco? ¡Mira que llamar camaradas a los soldados!».

En el portal del cuartel encontramos tendido y muerto de un tiro al general García de la Herranz. [...]

Tanto nosotros como los milicianos, ignorantes de lo que era una guerra y de lo que se iba a fraguar después, nos fuimos al frente con el mono de trabajo, pasando más frío aquella noche en el Puerto de Somosierra que en el invierno en Madrid.

Allí nos encontramos un panorama dantesco. Las dos cunetas estaban sembradas de cadáveres del otro bando que se habían metido en el túnel del ferrocarril para no subir y bajar por encima del túnel, sin sospechar que a la salida les esperaba la muerte con unos milicianos armados que se encargaron de ellos; dos días estuvieron los furgones transportando cadáveres.

Creo recordar que fue el día de Santiago cuando ellos dieron el primer ataque en serio con artillería. Fue la desbandada de nuestros soldados y milicianos. Cuando me vi solo, se apoderó de mí el pánico y me dirigí a la carretera para emprender la huida. Arrojé toda la munición que llevaba en las cartucheras, cargué con un peine de cinco balas el mosquetón y, con éste en bandolera, avivé el paso, con la sana intención de que si oía disparos detrás de mí, colocaría el cañón de mi arma en la sien y me descerrajaría un tiro, matándome para no caer prisionero.

En la carretera de Burgos este frente quedó delimitado por la Peña del Alemán y, del lado contrario, por la Peña de la Muerte. Dada la proximidad que existía entre ambas Peñas, todas las noches los centinelas o los que no estaban en primera línea de parapeto charlaban con los del otro lado. Una noche hablé yo y me di a conocer como de Aranda de Duero, pero cuando dije que frecuentaba las fiestas de los distintos pueblos y mencioné el mío, apareció una voz más distante y dijo: «¡Ah, rojillo, tú eres Mauro el Molinero!». Me callé porque comprendí que ése era de mi pueblo y así dejé la cosa, pero al regresar al pueblo al salir de la cárcel, supe por los vecinos que en ese frente, concretamente en Gandullas, había muerto El Corchos. Personaje indeseable en la localidad, vago, pendenciero y hasta ladrón, que ya ni en las tiendas le daban fiado para mantener a la familia, por lo que me figuro que la mujer e hijos no sentirían mucho su pérdida. Al contrario, por esta desgracia la concedieron a la viuda el puesto de cocinera del comedor de Auxilio Social con lo que se mantenía y comían sus hijos. Cuando regresé libre todavía estaba abierto el comedor y ella seguía al frente del mismo. [...]

Pasamos toda la Compañía a la séptima Región Aérea (Albacete). Aquí me enteré de que desde el primero de octubre ya era sargento. Mi misión consistía en la recepción y transporte del combustible y munición que llegaba a la estación de Albacete y depositarlo debajo de las enormes encinas que había en la Finca de Los Llanos.

Las relaciones y convivencias con Blanquita seguían su curso y todos gozábamos de la felicidad de esta nueva familia. Ella por haber encontrado un varón que la librara del asedio masculino por su condición anterior de mujer pública y yo por mi incipiente y desconocida faceta de vivir en pareja estable, cuando casi desconocía el contacto con mujeres, ya que los pocos que había practicado habían sido con mujeres taxi.

El 23 de marzo de 1937, y como primer destino con la categoría de teniente, me nombraron Jefe del Aeródromo de Cabeza del Buey. A los pocos días fui destinado a Argamasilla de Alba (Ciudad Real), ya con personal y Escuadrilla de Natachas, para cubrir servicios en el frente de Madrid. Aquí se prolongó por más tiempo la separación con Blanquita.

Frente al Pabellón de Oficiales habitaban dos familias. Una era una viuda con una hija. El hijo mayor estaba en filas. En la casa de al lado había cinco chavalas de distintas edades. Una tenía un año más que yo y su prima, la hija de la viuda, tenía mi edad. Fui adquiriendo contacto con todas ellas y distanciando mis viajes a Albacete, con lo que Blanquita, más avezada en estas lides, se percató de lo que estaba pasando y se presentó un día en el pueblo, sacando en consecuencia que había un motivo femenino para que retrasara mis desplazamientos a la capital y hasta ella en concreto.

La cocinera estaba de buen ver, había estado en Francia varios años y por tanto era más abierta y libre que las otras sirvientas. Aunque algunas también se abrieron, no conmigo, pero sí con otros. El caso es que esta jamonota y yo, cuando el local lo permitía, porque no había testigos, más de una mañana calentábamos las sábanas que habían dejado los pilotos para incorporarse al servicio.

Por aquellas fechas el Gobierno había promulgado una Ley en la que quien amenazara o perjudicara de palabra y obra a un superior sería pasado por las armas al día siguiente por sus compañeros.

Una mañana, el cabo jefe del destacamento de Camporrobles de la misma provincia, rayando ya casi con la provincia de Valencia, me comunicó que tenían prisionero a un teniente italiano y su aparato FIAT, que por error había aterrizado allí. Le dije que no lo tocaran hasta que llegáramos nosotros. Lo encontramos sentado en el suelo, asustado, deprimido y desolado por su situación. Se lo llevaron a Valencia. Supongo que después de declarar lo canjearían por otro nuestro y que no pasaría nada más; los que tuvimos que vérnoslas y deseárnoslas, fuimos los que quedamos allí; los heridos del hospital nos querían linchar, porque casi todos habían resultados heridos por los bombardeos, y al haberlos privado de la posibilidad de vengarse del enemigo, nos responsabilizaron a nosotros de su situación y de sus heridas.

En toda la zona republicana se formaron grupos artísticos que actuaban en los frentes o las poblaciones en las que estuviera destacada alguna unidad; en la nuestra, con mayor motivo. Porque aquí había rusos y había que hacerles agradable su desplazamiento y el riesgo que corrían. Me quedé sorprendido cuando, como prólogo a una de esas actuaciones, un ruso se subió al escenario y otro al piano. El uno tocaba, el otro bailaba y así una pareja y otra, hasta que dio comienzo la función.

Mi último destino, ya cortada España en dos, fue en Requena con una escuadrilla de caza («chatos»). El Gobierno movilizó varias quintas que por su edad avanzada se las denominaba «del chupete». Algunos podían haber sido mis padres, los había con cuarenta y dos años y yo no pasaba de los veintiuno.

Un día, los aviones tuvieron que salir de escuadrilla por un falso rumor de alarma pero, al no encontrar enemigo, se volvieron a la base. Todos menos uno. Éste se presentó cuando todos los demás estaban ya aparcados. Cundió la alarma de que era enemigo y todo fue como un meteoro. Los que estaban echando la siesta, se levantaron sin preocuparse de vestirse ni de calzarse. Podía más el miedo a la muerte que las heridas que pudieran hacer las piedras o las anomalías del piso. El miedo hace desaparecer los dolores y sufrimientos.

Tal era la situación que se pulsaba en el ambiente que la desmoralización iba ganando terreno. Perdí todo contacto con Blanquita y a la prima y las hermanas de Argamasilla de Alba mejor era no molestarlas. Ellas pasaban a ganar la guerra y yo a perderla. Con lo que, por mi manera de ser, pensé que lo mejor era el silencio y sólo supieron de mí cuando el juzgado les pidió informes.

A pesar del aburrimiento y de los pensamientos tan lúgubres que me presionaban, no demostraba pesimismo. Por el contrario, chavala que se presentaba en el camino enlazaba conversación con ella. [...]

El día 28 de marzo nos dirigimos a Valencia para embarcarnos en barcos rusos para nuestra salida de España. Llegamos al puerto de Valencia, rellenamos las fichas correspondientes, pero el embarque no se realizó. Éste fue el primer engaño que padecimos en nuestra acalorada deserción, ya que el desorden y el desconcierto daban paso a todos los bulos, y no dejaron de salir los eternos listillos que lo saben todo, pero que son ignorantes distinguidos.

Adquirida la certidumbre de que los buques no aparecían, ni nadie que se responsabilizara de nada, varios compañeros decidieron regresar a cualquier aeródromo de la 7ª Región para fugarse al extranjero; me invitaron a seguirles, pero acordándome del paso por Almansa donde nos recibieron con muestras de afecto y nos despidieron con el brazo en alto, me dio miedo y me quedé con el grueso de los que cifrábamos nuestra suerte a poner mar de por medio. Posteriormente supe que algunos de los que se fueron habían logrado llegar a Argel. Entre ellos el capitán López Garro, que se fue a México y con quien un tiempo mantuve correspondencia al salir de la cárcel.

Como los barcos no llegaron, aparecieron nuevamente los profetas y sabiondos circulando el bulo o noticia de que el destino de los barcos era en Alicante y no Valencia; viaje inútil el que emprendimos, porque era otra mentira.

Nunca habrá tenido el puerto de Alicante tanto personal cubriendo todos sus espacios, pues me quedo corto si digo que sobrepasábamos los cincuenta mil, ansiosos de ver aparecer los barcos fantasmagóricos. Los que sí llegaron fueron los componentes de las Brigadas italianas que, según Franco, nos liberaron.

En las horas tétricas que pasamos en el puerto custodiados por esas legiones de italianos tuvimos que comer lentejas cocidas con el agua del mar, sucia y llena de grasa. Hubo suicidios individuales y colectivos, de familias enteras, bien por decisión propia o porque los padres mataban a sus hijos y después se liquidaban ellos. Cinco comisarios políticos se comprometieron a comerse un jamón y luego terminar con sus vidas con sus pistolas. Otro compañero se les unió para participar en el festín. Le admitieron, pero con la condición de que tenía que cumplir lo pactado entre ellos; como ignoraba el alcance de la promesa, comió igual que los demás. Pero cuando se terminó el jamón y sacaron las pistolas, él se quiso retirar del compromiso. Fue el primero en caer por las balas de sus compañeros. Después se suicidaron ellos. Un maniático que no quería pisar suelo franquista se subió a lo más alto de una columna metálica.

Se nos conminó a entregar las armas bajo la amenaza de hacer una matanza entre todos los prisioneros. Incumplidas las promesas, volvieron a circular los bulos. Uno, patrocinado por los ilusos y crédulos de las buenas intenciones de los vencedores, decía que los cónsules velaban por nuestra seguridad y que no debíamos temer nada. Pero nadie nos ayudó y menos vino a socorrernos. Nos convertimos en un puñado enorme de borregos fácilmente conducibles a donde ellos quisieran.

Salimos del puerto de dos en dos con los brazos en alto sosteniendo nuestras escasas pertenencias, maletas y maletines, por encima de las cabezas. Estábamos destrozados por el hambre, la sed y los sufrimientos a que estuvimos sometidos dentro del puerto. Pero para la gente que nos vigilaba, embotada su mentalidad por la propaganda de Queipo de Llano y las arengas pulpiteras, éramos, sin excepción, criminales en potencia. Se cebaban en insultos y cualquier movimiento de cansancio o para cambiar el bulto de mano era motivo suficiente para que hicieran uso de las armas y dejaran a más de uno tendido en el suelo a la vista de los demás y sin la más mínima demostración de pena o de remordimiento.

No sé cuánto duró el maratón, pero lo cierto es que llegamos de noche al campo, sin fuerzas para sostenernos de pie. Llevábamos varios días sin comer, en un estado nervioso electrizante que si no explotaba se debía a que no teníamos fuerzas. De todos se apoderó la abulia, la desidia, el abandono corporal y espiritual. Éramos incapaces de pensar ni en la fuga ni en hacer un mitin vocinglero. No teníamos nadie a quien recurrir, estábamos a merced del vencedor y éste no concedía gracia alguna.

Cuando nos encontrábamos descansando, la megafonía advirtió que las mujeres tenían que abandonar el campo para ser puestas en libertad. De mala gana fueron despidiéndose de familiares y compañeros. Para muchas aquello fue salir de Málaga y entrar en Malagón, pues en su pueblo o en su vecindad les esperaba la detención.

Los italianos fueron relevados por tropas españolas y entonces valió aquel refrán que dice: «Otro vendrá que bueno me hará», porque parecía que todos habían sufrido una transfusión de sangre de Caín con el virus de la venganza. Fueron aves de rapiña, mentes obtusas y desprovistas de humanidad para seres indefensos. Se ensañaron en improperios y robos de cuanto les podía servir o para enviar a sus familiares. Todas las prendas de cuero, cazadoras, chaquetones y abrigos desaparecían sin ningún miramiento. Con respecto a mí, que carecía de esas prendas, el teniente ordenó al soldado que le entregara mi maletín de aseo. Yo le dije que no pretendía venderlo y él me contestó que él tampoco pagarlo. Era una monada, en imitación de piel de cocodrilo, con el fondo interior en raso color celeste con sus departamentos para frascos y las tapas de los cepillos y tapones de metal niquelado brillante, propio de un soltero sin agobios económicos.

Con el hambre que pasamos en el puerto, aquí esperábamos la comida como un maná, pero la desilusión llegó con la primera ración. Un chusco y una lata de sardinas para dos, claro que desde que llegamos hasta cuando recibimos esta minúscula ración fue como si una plaga de langosta se hubiera posado en aquel campo de almendros. Estábamos a primeros de abril y empezamos por las almendras en leche. Seguimos con las hojas y dejamos los árboles como si ya hubiera pasado el otoño. Sin

145

sufrir cólicos ni diarreas. En diez días nos dieron de comer tres raciones como las que he descrito.

Entonces se nos ajudicó nueva vivienda. El campo de concentración de Albatera para unos, la plaza de toros de Alicante para otros y el resto, al seminario de Orihuela.

Algunos confiaban y hacían cundir la noticia de que las democracias no nos abandonarían en esta situación tan deplorable. No es que confiaras en ello, pero seguías viviendo con una pequeña ilusión y con la esperanza de que hicieran algo. Pero hicieron como en la guerra, nos abandonaron y nos dejaron indefensos. Nos maniataron y destrozaron nuestra moral en mil pedazos. Por los familiares que venían a comunicar de los pueblos cercanos podíamos entrever lo que estaba pasando en sus poblaciones y la suerte que estaban corriendo algunos que confiaron en la liberación ante la presencia feroz de los que llegaron con las fauces abiertas para darles la dentellada en cuanto los vieron.

El campo de concentración ya estaba construido por la República. Aproximadamente tenía el tamaño de un campo de fútbol con capacidad para unos seiscientos detenidos. Nosotros pasábamos de treinta mil. Teníamos que permanecer al aire libre y aunque en Alicante no es fácil que llueva, como una maldición del cielo, por las tardes y las noches caía lluvia y de día había que secarse al sol. Una calle central de oeste a este servía para transitar y recorrer el campo y también para repartir agua con un camión. Había verdaderas batallas campales para recoger el líquido si tenías la suerte de llegar a tiempo. Si no, tenías que esperar hasta el día siguiente.

Los primeros centinelas que nos tocaron en suerte fueron moros. En la puerta de entrada tenían emplazada una ametralladora con el punto de mira hacia la calle principal. Al lado del campo había unos naranjos. Por un duro, los moros iban hasta allí, cogían cuatro naranjas y te las daban.

Carecíamos de servicios, pero con la comida que nos daban, no los necesitábamos. Tan escasa era la comida que el cuerpo asimilaba las escamas y las espinas de las sardinas. Muchos dilataron hasta un mes el viaje a aquellas letrinas que hicimos con nuestros brazos y que eran sencillamente una zanja. He visto en posición quebrada en la letrina a hombres llorar por no poder hacer sus necesidades y muchas veces, cuando creían que era excremento el líquido que salía, se encontraban con que era sangre. Yo he padecido desde entonces, y hasta la fecha, una diarrea crónica.

Allí estaba representada la sociedad española, desde un insignificante bracero del campo o de la capital, pasando por hombres de carrera y militares de alta graduación. Y a menos que tuvieras familiares que vivieran cerca del campo, todos sin excepción nos vimos obligados a recoger del suelo cáscaras de naranjas. Nos las comíamos tal y como estaban, sin que las tripas protestaran nunca.

La calle central del campo servía igualmente para el desfile de los personajes que desde sus localidades se presentaban a reconocer a los detenidos para llevarse a los de su pueblo o a los vecinos de su casa y cargarlos en el camión que traían. Cuando sonaba el toque había que formar y cuando terminaba esta revista, y después de que hubieran sacado a los conocidos, daban el toque de rompan filas. Pero aún no te habías repuesto de este susto, cuando el corneta volvía a tocar a formar. Así un día y otro. Igual que el matarife va al barracón donde se encuentran las reses provistos de las herramientas necesarias, éstos, con sus flamantes camisas azules, correajes y pistola, y con mirada de halcón, no dejaban resquicio alguno e inclinaban su cuerpo para ver de soslayo. Temblaba el señalado. La orden era salir a la calle y después al camión.

Cuando estás en peligro y quieres salvar tu situación recurres a todo lo que te pueda favorecer. Aquí muchos peleles alegaban ante el juez que habían tenido un cura escondido en su casa o que había favorecido a personas de derechas. Pero los más estaban callados, esperando la tormenta. Y como en todas las catástrofes, apareció un traidor a dos bandas que, para librarse, no escatimó delaciones y denunció a los suyos. Se había enrolado en nuestras milicias y por méritos propios contra los suyos logró la graduación de comandante jefe de batallón. Como no debía de esperar nada bueno de los suyos quiso poner agua de por medio, pero cuando sufrió el mismo fiasco que todos nosotros, no se le ocurrió otra cosa que presentar en la oficina su antiguo carné de falangista. Desde ese momento fue el delator de todos los jefes del ejército y comisarios políticos que, como primera medida, pasaban a ser encerrados en el barracón.

Yo era el único de aviación que estaba en el barracón y nadie me reclamaba. Un día se presentaron a la revista un comandante y un capitán y debían de venir a por muchos de Albacete pues no traían un camión, sino dos autobuses. Yo les propuse a dos de aviación que nos presentáramos ante ellos, pues lo mismo nos daba las torturas en el campo que en las dependencias policiales. Lo aceptaron y se lo trasladé al capitán, éste al comandante y a éste le pareció bien.

Nos trasladaron a Orihuela en los citados autobuses. Allí estuvimos varias horas aparcados en una calle. La espera fue muy larga, agobiante e insegura. Nos vimos obligados a pedir agua a alguna mujer que pasaba. El personal que cumplía con la vigilancia eran mozalbetes locales de Falange, y cada uno daba su versión particular de nosotros. Oí lo que decía uno a otro que llevaba fusil: «¡Éstos no serán los que mataron a mi padre, pero serán tan criminales como aquéllos! Lo que tenéis que hacer es disparar por detrás en mitad del camino y así os lleváis por delante a una fila con cada disparo. Y si no, les prendéis fuego y que ardan vivos. Pero no tenéis valor para hacerlo, así que yo me voy a presentar voluntario ahora mismo».

Salimos de Orihuela de noche con la firme convicción de que ése sería nuestro último viaje. A mitad de camino el autocar paró y se nos obligó a descender del mismo y a ponernos en fila en la cuneta; ya no cabía duda alguna de que el mozalbete se había salido con la suya y que nos acompañaba para saciar su sed de venganza. Hay que verse en una situación tan límite para saber lo que puede sentir una persona en esas circunstancias y cómo reacciona. Nosotros lo hicimos con la misma indiferencia que manteníamos desde el primer día, haciendo frente a las adversidades fueran del calibre que fueran.

Pero entre esta maraña de pensamientos tenebrosos y macabros, surgió la voz del capitán diciendo: «Se ha averiado el autobús, el que quiera orinar que lo haga». Como si hubiera sido una orden militar, todos a una, desplazamos nuestra mano a la bragueta y evacuamos las torturas mentales por el caño de la orina.

Solucionada la avería, llegamos sin más contratiempos a Albacete. Nos introdujeron en un edificio que había sido la sede del Servicio de Investigación Militar, del SIM, o sea, de lo que ellos llamaban «checa». Antes sus inquilinos habían sido los desafectos a la República; terminada la guerra cambió el personal y ahora los perseguidos eran los que habían perdido la guerra. ¡Si las paredes de ese edificio pudieran haber hablado, cuántas cosas nos habrían dicho!

Cuando bajaban las escaleras los encargados de llevar a los detenidos a la presencia de los libertadores, todos nos dirigíamos a la lata de evacuación y la llenábamos de orines. Era tal el miedo que se apoderaba de nosotros, que todos sentíamos la misma necesidad de miccionar.

Todos los que habían salido para declarar o responder a las acusaciones, volvían sostenidos por brazos y piernas por los dos centinelas que, como si fueran fardos, los dejaban tendidos en el suelo. Tan magullados estaban, que no tenían fuerzas para levantarse. Los compañeros los levantábamos en espera de otra sesión.

Eran las fiestas de Albacete, aunque el luto y la inseguridad presidían la vida de la población perdedora. Hay que tener en cuenta que Albacete fue la capital de la retaguardia, la que acogía a cuantos tenían que evacuar algún asunto o pasar algún día de descanso. También fue donde se formaron y adiestraron las Brigadas Internacionales; muchas personas y familias enteras fueron denunciadas por conceder un trato favorable a estos extranjeros y se les acusó de colaboracionismo y de ayudar a unos indeseables.

A mí me tocó en suerte que me tomara declaración un comandante que iba de paisano, vestido con un traje gris, pero que venía bien aleccionado. Porque cuando le contesté cómo me llamaba y le di mi nombre completo con los dos apellidos, me dijo: «Tú no te llamas Julián Aparicio, sino Sol Aparicio, sargento mecánico de Getafe y comunista peligroso». Yo negaba y él no se bajaba de lo que creía. Yo luchaba con todas mis fuerzas para demostrar mi verdadera personalidad. Para evitar una declaración a la fuerza, la única tabla de salvación que tenía, y a la que recurrí, fue el mecanógrafo que escribía la declaración. Era el mismo que había tenido yo en la Compañía. Estuvo por tanto a mi servicio y tenía que saber y declarar mi verdadero nombre. Por eso le pedí al comandante que preguntara al escribiente mi nombre verdadero y como lo que él dijo coincidía con mi versión, el oficial se vino abajo.

¡Gracias, mecanógrafo, me salvaste la vida!

Al ver que no podía levantar un atestado muy duro contra mí, el comandante me preguntó entonces: «¿Tú qué eras cuando empezó la guerra? ¿Cómo que soldado, que ni cabo siquiera eras? Pues vaya un comunista peligroso que has tenido que ser para que te dieran los puestos de mando que has tenido y para que ascendieras a propuesta de tus superiores».

La realidad es que yo nunca había tenido contacto con ningún dirigente político de ningún partido, pero como no podía dejarme en libertad, me aplicó esos ascensos militares para encausarme y juzgarme por Auxilio a la Rebelión.

Un día se presentó para echarnos una arenga casi en la penumbra de la tarde un ideólogo de Falange y, entre la sarta de acusaciones y de maldades en las que nos implicó, me quedé con estas palabras: «Os veo como una masa, y como yo odio a las masas, aunque os fusilen a todos, no se pierde nada». Se llamaba Ernesto Giménez Caballero.

Con el atestado terminado, ya no volvieron a tomarme declaración alguna y pasé a la cárcel provincial de Albacete. Ya estaba acostumbrado a la conducción en reata, por lo que eso no me llamó la atención y además tuve la gran suerte de que no me crucé con nadie conocido, aunque tampoco creo que nadie me habría reconocido dadas las condiciones físicas en que me encontraba.

La cárcel tenía forma de cruz. Por el lado izquierdo estaba la celda para la noche de capilla. Seguida a ésta, venía la número 5, en la que me encerraron a mí. Los otros inquilinos eran casi privilegiados: el gobernador civil; el delegado de Hacienda de Albacete, fumador empedernido; un empleado de Correos, andaluz, capaz de pasarse todo el día contando chistes, y si uno era gracioso, el siguiente le ganaba, y de esta forma se iban desgranando las horas y los días. Todas las celdas estaban ocupadas por catorce reclusos, doce en batería y dos a los pies de éstos.

Creo que pasábamos de 1.600 los presos que había en aquella cárcel. La comida era escasa y se pasaba mucha hambre. Conocí a un benefactor que me ayudó a mitigar mis necesidades alimenticias. Se llamaba Cantó, era de Albacete, maestro nacional, y me sirvió de mucho, ya que mi familia daba la callada por respuesta y no me ayudaba en lo más mínimo. Este maestro estuvo en un campo de concentración en Palencia, y para librarse de las palizas diarias, firmó que había dado el paseo a diez mil personas. Una vez en Albacete, su familia y sus amistades trataron de sacarlo a flote. Todas las semanas le mandaban un queso manchego, y aunque a mí no me gustaba pudo más el hambre que el gusto y todos los días me tomaba una ración. Desde entonces soy un forofo del queso manchego.

Había un guardián denigrante. Años antes en La Mancha hubo una pelea entre dos familias por un perro. Ese individuo, miembro de una de las familias, era guarda jurado, por lo que llevaba carabina, y descerrajó un tiro mortal a uno de la otra familia. Estuvo en la cárcel durante toda la guerra, pero al terminar ésta, debió de hacer tantos honores que le pusieron en libertad y se quedó como guardián en la prisión. Era sanguinario y cruel y daba un trato vejatorio a todos. Tenía instintos de fiera y superaba a sus dos compañeros, ambos vestidos con camisa azul y correaje y pistola y porra al cinto. Era temible para todos, pero en especial para un capitán de nuestro ejército, que era familiar de aquel al que el guardián había asesinado con la carabina. Cuando entraba de servicio, o sea, cada dos días, su entrenamiento matinal era encerrarse con su paisano en la celda de castigo y le dejaba tan tullido que cuando volvía al siguiente relevo aún no se le habían curado las heridas. Así que hasta que le condenaron y le fusilaron, el capitán no encontró la paz.

Los inútiles, los cobardes de la masa amorfa y borreguil de la sociedad, cuando ven vencido o lisiado al superior se ensañan con él y le obligan a prestar los servicios más denigrantes. Todos los guardianes se vanagloriaban de haber obligado al teniente coronel Cascón, jefe de aviación, a limpiar el urinario antes de que fuera fusilado.

Las reuniones se hacían en el patio, donde se encontraba a los amigos, paisanos o compañeros de unidad en el ejército. Y se charlaba y se comentaba y sin querer se te venía a la imaginación el futuro tan negro y difícil que teníamos por delante; carecíamos de prensa y radio y las noticias siempre llegaban a través de las comunicaciones y se tergiversaban pasando de boca en boca, con lo que los bulos eran materia prima en todo momento. Los que salían a declarar o a juicio traían noticias que te ilusionaban. Pero luego esas nuevas se derrumbaban y no llegaban a ser verdad.

Todos los días había una procesión para ir o volver de los juicios sumarísimos. Por la expresión que traían, ya se sabía la condena que les había caído. Las cabezas bajas y mirando al suelo decían que había habido pena de muerte o cadena perpetua.

La gente de pueblo no se libraba de las acusaciones y siempre aparecía el vecino que te colgaba cualquier desafuero. Qué condenas traerían los de La Gineta, un pueblo cercano a Albacete, que los comentarios eran siempre los mismos: cuando vuelva la tortilla, vosotros no necesitaréis salvoconducto: con decir de La Gineta, os contestarán, pasa camarada, no necesitas más aval; a más del noventa por ciento de los de La Gineta que pasaron por el Tribunal les cayó garrote vil o pena de muerte.

Se dio el caso de una mujer de este pueblo a la que condenaron a muerte, pero estaba embarazada. Esperaron a que diera a luz y se comentó que no la podían ejecutar hasta que el bebé no tuviera veintiún días. Pues cuando cumplió esa fecha, dejaron huérfano al niño.

Llegó la Semana Santa de 1940 y saltó la sorpresa. Celebrando esta comunión pascual, uno de los ofertantes era «el cura guapo», un personaje muy conocido entre nosotros, porque a muchos los habían condenado por haberlo matado. Otra supuesta víctima, el cabo Mérida, nos giró una visita para ver si conocía a alguno. Y se corrió por la cárcel que la llamada «mujer primera», si antes regentaba un cabaré, en la actualidad tenía tres. ¿Y a los muertos que sembraron el cementerio de Albacete por matar a estos tres individuos, quién les devolvía la vida?

Las insolencias, las palabras soeces, los empujones, no distinguían a nadie. La tétrica situación en que nos hallábamos era igual para todos. Para el que tenía que temer como para los que no nos habíamos desviado un ápice de la conducta recta y noble durante la contienda.

La saca, como la denominábamos los reclusos, era un continuo goteo; noches de un solo cliente, noches de pareja o de grupo y en la semana del 20 de noviembre, desde el domingo por la noche hasta el sábado, la clientela desbordaba la capilla y cubría el pasillo. Una de las noches fue pródiga en número, con lo que se oía la respiración de todos. Unos estaban sentados, otros de pie, pero todos tenían el mismo pensamiento. De repente, una voz potente y joven de mujer rasgó como un trallazo la noche con estas palabras: «¡Salud, camaradas!». Interiormente todos contestamos. [...]

En la plaza Conde de Toreno existía un convento de Hermanas Oblatas habilitado para cárcel y ése fue nuestro destino después del éxodo que tuvimos que recorrer en Madrid. Su pavimentación era de madera carcomida y llena de chinches. Estos repugnantes hemípteros celebraban sus libáticos festines en nuestros escuálidos cuerpos, en especial las posaderas.

El noventa por ciento del personal detenido en esta prisión estaba compuesto por guerrilleros y gente del Servicio Secreto. A todos ellos se les debía aplicar la pena de muerte, motivo por el cual los guardianes les preparaban y les servían el aperitivo del último menú antes de que se vieran frente a los aparatos de ejecución.

La nueva prisión que nos habilitaron por el cierre de la de Toreno fue la cárcel de Santa Rita. La diferencia era notoria: era más moderna, no había celdas y los pabellones eran muy amplios, y aunque sólo teníamos 40 centímetros para colocar nuestro petate, se podía pasear por la nave. Desde el primer momento percibimos que nuestros vigilantes, y digo vigilantes que no guardianes, como lo eran el resto de los carceleros que nos tocaron en suerte, nos consideraban personas y no víctimas. La mentalidad satánica de proporcionar males a diestro y siniestro, hubiera o no motivos, simplemente por el placer de zaherir y maltratar, no encajaba en estos funcionarios.

De todas las cárceles que había conocido y las que me tocaría conocer y frecuentar después, ésta fue la única en la que vi presos comunes, aunque apartados de nosotros.

Un profesor de ciencias exactas, que mandó una batería de artillería en la guerra, y el ingeniero Bello se dedicaban a impartir matemáticas en dos corros. Otros daban gramática, también se practicaba la gimnasia y hasta carreras pedestres.

Un día nos vimos sorprendidos con la llegada de cuatro inquilinos detenidos por alboroto. Claro está que eran de ellos, los únicos que podían cometer esos desafueros. Pero los llevaron sin miramientos a Santa Rita y mira por dónde allí se encontraron con un preso que era compañero suyo de universidad. Extrañado, el de Falange le preguntó: «¿Qué haces tú aquí?». «Ya ves, esperando a que me fusilen», contestó el otro. «Imposible, cuando salga arreglaré tu situación», contestó el falangista. ¿Lo hizo? No lo sé porque su estancia duró veinticuatro horas y a mí me trasladaron a la cárcel de Porlier y de allí me sacaron para juzgarme. […]

De las cárceles que he tenido la desgracia de conocer y habitar, la de Porlier fue la que más condenados a la pena de muerte albergaba. Desde una de las salas se veía la acera de enfrente y a la misma altura había una peluquería de señoras, las cuales, sabiendo que sólo eran vistas por nosotros, exhibían poses, insinuaciones y alardes pornográficos que soliviantaban los ánimos de los que ya llevábamos muchos meses de abstinencia total.

El director de la cárcel era más perverso que las mujeres de la peluquería y para muestra vale un botón. En medio del hambre que sufría Madrid, sacó a la cárcel las perolas del rancho y él mismo, braceando, decía a todos que se acercaran para recibir la comida que sobraba a los presos, cuando en realidad nos hacía tanta falta como a ellos. [...]

Llegamos a la prisión de Vitoria por la mañana. Era un convento de carmelitas descalzos, condenados por ser nacionalistas vascos a ceder el piso de arriba como prisión para los vencidos. Los frailes, en general, nos trataban con deferencia; como llevaban varios años liberados, la comida no era tan pobre como la que nos daban en Albacete y Madrid. Prueba de ello es que la peor, cuando llegamos, eran patatas. El resto de los días, garbanzos y otros platos variados, aunque, claro está, sin que viéramos la carne ni el pescado.

El padre Samuel nos acompañaba muchos ratos en la habitación platicando con nosotros y favoreciéndonos cuanto podía; más de una carta o documento sacó entre sus hábitos, librándose alguno de penas gracias a estos escritos. Este venerable fraile también recibía a las familias.

La población se volcó con nosotros. En especial los nacionalistas y los de izquierda se desvivían en ayudarnos, y si hacíamos alguna petición ya sabíamos la respuesta. Eran tan solidarios con nosotros que todos los presos nos favorecíamos unos a otros. Así ocurrió con las madrinas; el que la tenía, solicitaba de la suya alguna amiga que quisiera prestarse a colaborar y ayudar con sus visitas a un compañero, el cual recibía todas las semanas comunicación y la ropa limpia. Lluch y yo contamos con estas damas altruistas. Pero antes de ellas nos lavábamos la ropa en la pila que tenían los frailes en la huerta; más de una vez teníamos que romper el hielo de la pila durante el invierno, pero ninguna semana dejábamos de realizar tal operación.

En el sermón de Pascua de Navidad el padre Samuel se volcó en lo que era propio de esas fechas, pero no faltó una mención a nuestra situación y dijo a sus feligreses: «Mientras vosotros celebráis con fervor y con alimentos, en algunos casos de sobra, yo tengo unos inquilinos en el piso de arriba en cuyos cuerpos se ceba la tuberculosis y tiritan de frío por carecer de ropa de abrigo y nadie les ayuda». Tras eso nos llovió comida y prendas de todas clases. Pero a la vista de esta procesión de donantes, él se consideró amenazado por haber pronunciado ese sermón y subió a nuestro piso solicitando una plaza en el mismo por si lo detenían. Lo cierto es que el Gobernador llamó al Prior y le reconvino la conducta del padre Samuel. Pero la cosa no pasó de ahí.

Cuando bajábamos a la huerta para lavar la ropa procurábamos entablar conversación con los soldados de la guardia. Todos eran movilizados y casi todos catalanes. Les rogábamos que nos dejaran en los bancos, como si fuera un olvido, los periódicos para así enterarnos de las noticias. No todos aceptaban, pero los que eran afines a nosotros, lo hacían.

Veíamos avanzar en un sentido o en otro los trenes que pasaban por esta estación de Vitoria. Así nos percatamos de los trenes que subían con destino al frente de Rusia, o sea, de la marcha de la División Azul. También ellos debían de estar alertados de nuestra presencia en el convento, porque eran significativas las señales que nos dedicaban desde los vagones. Con la mano, y como si tuvieran una navaja barbera, hacían el recorrido de un lado para otro del cuello como dando a entender que cuando regresaran del frente vendrían a por nosotros.

Descansamos de la pesadilla con la derrota de Stalingrado, que nos devolvió la tranquilidad a todos. Por fin el día 15 de noviembre de 1942 vi la calle y pude sentirme libre.

# *LA DERROTA*

No hubo piedad con los vencidos. Y la ilusión que algunos de éstos tuvieron de que con la paz viniera el perdón, tal y como cabía esperar de quienes se decían cristianos, fue sistemáticamente truncada. También eso formaba parte del concepto de victoria que forjaron los ganadores. El terror y el horror se apoderaron de los derrotados, y así en este capítulo lo describen quienes vivieron aquel drama. Desde los que tuvieron que huir hacia lo desconocido por la frontera de Francia a los que cayeron ante los pelotones de ejecución, que no dejaron de actuar durante años. Las cartas que algunas personas, entre ellas dos mujeres, escribieron momentos antes de ser fusiladas constituyen el momento más duro de esta parte del libro. Pero también el más emocionante: porque confirman que hasta en esos momentos se vive intensamente. La lúcida carta de un exilado concluye el capítulo: sin el mínimo hálito de esperanza.

## DE CATALUÑA A CHILE

*Montserrat Julió es actriz de teatro y sigue en activo, muy en activo. Una mañana se presentó en la radio trayendo bajo*

*el brazo una copia de sus memorias. Su título es* Vida adentro *y tienen casi 400 tupidas páginas. Imposible resumirlas.
Ni en la radio ni por escrito. Porque su larga existencia tiene
demasiadas etapas y cada una de enorme interés hasta en los
detalles. Y porque Montserrat escribe muy bien y los ensalza
con habilidad y sensibilidad literarias. La vida de una familia
obrera catalana de izquierdas antes de la guerra, la revolución
y la guerra que siguieron, la huida a Francia y luego el exilio a Chile en el* Winnipeg, *el barco fletado por Pablo Neruda, discurren por estas memorias que recrean los recuerdos de
una niña lista y ávida de aprehenderlo todo. La segunda parte del texto está dedicada a su estancia entre los chilenos, que
acogieron a los exiliados españoles con una solidaridad y un cariño difícilmente comprensibles en el mundo de nuestros días.
En Chile Montserrat estudió, se hizo actriz y frecuentó, creció, en el ambiente de la élite intelectual. Pero, a pesar de que
allí estaba muy bien y tenía futuro, a finales de los cincuenta
volvió a España. Y las primeras sensaciones que tuvo a su regreso figuran en la última parte de este extracto.*

Puesto que éramos una familia obrera, durante la semana mis padres apenas me veían porque trabajaban. Papá era tornero en un taller mecánico y mamá pespuntea-
ba camisetas de género de punto por docenas. Al mediodía
venían corriendo, comían la sopa y el cocido contando
los minutos hasta que sonaban las sirenas que eran la llamada para reincorporarse a la máquina. Hacía poco tiempo que los obreros habían ganado la batalla de las cuarenta y ocho horas, así que ya podíamos darnos por
satisfechos. En casa aún se hablaba con terror de los tiempos del *lock-out*, durante la dictadura de Primo de Rive-
ra, cuando la patronal se unió en contra de los sindicatos

obreros que iban adquiriendo poder y, a fin de debilitar-
los, cerró las fábricas a cal y canto durante muchas semanas, condenando a la miseria, de forma inhumana y
cobarde, a todo un colectivo.

El abuelo Celestí también trabajaba pero tenía una
ocupación más flexible: ejercía de consumero en turno
de tarde. La jornada más dura era la de mamá, que se le-
vantaba al alba y, antes de marchar a la fábrica, iba al
mercado a hacer la compra diaria de carne o pescado
fresco.

¡Por suerte existían otros ratos de lo más agradables!
Cuando llegaba el fin de semana, todo cambiaba y mamá aprovechaba la tarde libre para hacer limpieza com-
pleta de todo el piso. Mientras se iba quitando el trabajo
de encima, cantaba. Tenía voz de soprano ligera y las notas subían más y más. En su repertorio figuraban muchas
sardanas como la de *Cançó d'amor i de guerra*, *L'Empordà*,
*Angelina*, *Per tu ploro* y romanzas y zarzuelas o canciones
de Clavé que había aprendido de soltera cuando, por las
noches, junto a otras compañeras de fábrica, iba a cantar
al orfeón que mosén Molé, un cura alto y gordo, dirigía
a golpes de armonio. [...]

Desde muy temprano la casa se alborotó. «Hoy iremos a Barcelona. Al parque, a ver las fieras», dijo mamá.
Los cuatro: el abuelo Celestí, papá, mamá y yo pasamos
al compartimento vecino que tenía bancos de madera bar-
nizada. Justo enfrente, había dos señores que gesticula-
ban entre exclamaciones y risas y que narraban, por lo
visto, unos sucesos de lo más divertidos. No paraban y,
en algún momento, las frases que decían se sobreponían.
Parecía que en vez de dialogar, cada cual ilustrara su caso en una especie de campeonato de elocuencia. Yo, por
más que paraba la oreja, no entendía nada. Las vocales

sonaban redondas, como monedas que caen y tintinean, las erres eran vibrantes y las eses frecuentes. La curiosidad me excitaba y papá, cuando le pregunté a qué se debía que yo no entendiera palabra, me sacó de dudas:

—Es que esos señores hablan en castellano.

—¿Por qué? —fue la inevitable pregunta.

—¡Porque son castellanos! [...]

¡Y aún faltaban los Reyes!... ¿Por qué, si tan republicanos éramos, no los excluíamos del calendario como hacíamos con el pesebre?... Más me valía no indagar nada pues la noche de Reyes era la más esperada del año. Con tiempo se preparaba la tramoya de modo que nada fallara. Papá se encargaba de redactar una carta con la lista de juguetes que él mismo me iba sugiriendo. Yo estaba siempre de acuerdo y no me daba cuenta de que mi corta voluntad era manipulada. La víspera, arrastrábamos un gran cesto a la galería y al lado poníamos un plato con pan remojado, pues los camellos que habían cruzado el desierto traían una gazuza enorme.

En el calendario figuraban otras fiestas menos notables. Exceptuando el primero de mayo, todas tenían relación con la Iglesia y la abuela no se perdía ni una. Por la Candelaria nos proveíamos de candelas multicolores que, inevitablemente, iban a parar dentro de un bote de barro en el armario de la cocina. El día de Sant Simó bajábamos a la ermita del santo, a la orilla del mar, donde comprábamos el sable, un pastel largo como el arma que pretendía imitar. Cuando venía la feria, la Rambla y la Riera se llenaban de objetos de poco valor: hileras de caballitos de cartón de diferentes tamaños, muñecas del mismo material, las «Pepas» y los «Pepitos», pelotas de colores, espantasuegras y juguetes de moda que, de año en año, si no se eclipsaban para siempre, poco les faltaba, como los famosos yoyós o el diábolo. En Domingo de Ramos una palma decorada de rosas salía de una caja y la llevábamos a bendecir y en Sábado de Gloria tomábamos parte en un ritual muy antiguo: cuando las campanas, echadas al vuelo, anunciaban que Jesús había resucitado y el rebato se intensificaba, los niños avivábamos la traca con carracas o con las tapaderas de un par de cacerolas. A eso se le llamaba: «ir a matar judíos», así, tal como suena. Para Pascua, la abuela Cisa, que era mi madrina, si tenía dinero, me compraba la mona, la única golosina que me ilusionaba porque era de chocolate. En pleno verano teníamos las hogueras de Sant Joan y de Sant Pere, que no me gustaban porque se las acompañaba de petardos y las explosiones me daban terror. Después venían las Santas, la fiesta mayor de nuestra ciudad, y el abuelo Celestí me llevaba a la playa a ver los fuegos artificiales.

En nuestra familia existía una mezcla fraccionada de conocimientos adquiridos por diversos medios: mamá, por ejemplo, sólo cursó un año en las monjas, donde aprendió escasamente a leer, a escribir y a sumar. Sus padres, que vivían agobiados por la necesidad, la mandaban largas temporadas a casa de la nodriza, a Vilanova de la Roca, y así se quitaban una boca de en medio, pero en el pueblo de la nodriza no había escuela. El caso es que mamá, a los once años, consciente de la falta de recursos de los suyos, fue a pedir colocación a una fábrica de cajas de cartón que abandonó poco después para ser pespuntadora, faena mejor pagada. ¿Cuál habría sido su futuro si hubiera estudiado canto, por ejemplo?

Tía Pepeta, instruida por una madre que hablaba únicamente del cielo y del infierno, miraba el saber como algo superfluo y dado que trabajando de modista se ganaba muy bien la vida, con una simple frase definía sus cortas aspiraciones: «¡En esta casa no hay un solo libro porque no podemos perder el tiempo!», decía. De este juicio no sé que pensaba el abuelo Celestí. Él había llegado a las puertas del sacerdocio, sabía latín y era, sin lugar a dudas, el más culto de casa.

El abuelo Pere no asistió jamás a la escuela, pero aprendió a leer y a firmar. Si tenía una peseta la invertía en libros, por regla general de segunda mano. Guardaba una magnífica edición en dos volúmenes de *Don Quijote de la Mancha*, con ilustraciones de Doré. Admiraba a Zola, de quien había leído *Germinal*. Otras novelas como *Pepita Jiménez* de Valera o *La Dama de las camelias* de Dumas, figuraban también entre sus favoritas. [...]

Fue una comunión que acarreó molestias a todo el mundo. Papá no quería que quedara huella de una especie de agravio que había tenido que tragar a la fuerza. ¡Mi primera comunión había que borrarla del mapa de la vida, fuera como fuera!... ¡No existiría!... ¡Fue como un fuego de artificio!... La abuela Ramona no asistió a la ceremonia. Tampoco asistieron ni el abuelo Celestí ni el abuelo Pere ni la abuela Cisa ni el tío Rossend ni la tía Rosa ni la tía Mercè ni la tía Pepeta ni el primito. ¡Nadie!... ¡Nadie!... ¡Mamá y yo, solas, como apestadas! Y para rematar el número, la hostia se me pegó al paladar y no conseguía tragármela.

Tal y como había ordenado papá, volvimos a casa corriendo pero, por más que procurábamos que no nos viera nadie, no teníamos la facultad de volvernos invisibles y, al doblar la esquina de la calle Lepanto, nos cruzamos con la señora Antonia Reníu, vecina de tía Pepeta.

—¿Dónde va esta niña tan guapa?... ¡De modo que has hecho la primera comunión! —exclamó la mujer.

¡Me lo temía!... ¡Yo, callada, con un humor de perros, displicente!... ¡Si papá se enteraba!... ¡El corazón me golpeaba con fuerza!

—¿Me regalas una estampita de recuerdo?

Mamá metió la mano en mi bolsa y se la dio. La única estampita que repartimos. [...]

Aquel verano no era como los demás. Hacía un calor húmedo y algunas matas de la «flor de sombrero» se habían secado a destiempo. Y, de pronto, hubo una convulsión. Una especie de sacudida soterrada que acabaría derrumbándolo todo: los vestidos de los armarios, los cuadros de las paredes, las canciones de la escuela, los relatos de después de cenar. Venía de muy lejos. Se percibían sus vibraciones, como si fuera un enjambre de moscardones negros volando a millares y persiguiendo a las gaviotas a ras de mar. ¿O se trataba, tal vez, del zumbido de los motores de cientos de camiones repletos de hombres que, voluntariamente, ofrecían la vida por la República, gritando consignas y cantando con el puño en alto?

El orden iba trabucándose. Diferentes grupos pugnaban por dominar la situación y adquirir, así, parcelas de poder más amplias. Se decía que aquello era la anarquía. Papá y la abuela Cisa pasaron por una experiencia que, por poco, les cuesta la vida.

En los primeros días de la revuelta la abuela vino a visitarnos, pero enseguida tuvo prisa por regresar a su casa, a Barcelona. Papá, con tal de que su suegra estuviera tranquila, se ofreció a acompañarla en el vehículo del ayuntamiento, con dos soldados de la guardia municipal como escolta. Iniciaron la marcha y al llegar al Poble Nou, pasadas las diez de la noche, una facción de la FAI mandó parar el coche. Revisaron la documentación de los ocupantes y los cuatro fueron introducidos en un antiguo almacén donde más de treinta personas aguardaban no se sabía muy bien por qué. Hacia las tres de la madrugada sonaron algunos disparos. Papá salió corriendo hasta la calle. Asustados y pálidos como la cera, se acercaron cinco hombres que no sabían quién les había disparado una ráfaga. Se trataba de unos honrados panaderos que iban a su trabajo.

—¿Os dais cuenta qué fácil es equivocarse? —comentó papá.

El capitoste del grupo que había mandado parar el coche, preguntó, muy extrañado, mirando a papá de arriba abajo:

—¿De modo que eres republicano? ¡Nadie lo diría!

—¿Por qué? Viajo en un coche oficial del ayuntamiento de mi ciudad. Hemos mostrado nuestra documentación. Mi carné dice que estoy afiliado al Partido Socialista Unificado de Cataluña y a la UGT. ¿O no sabe usted leer?

—Para nosotros el único carné válido es el de la CNT. Además, vistiendo así, ¿quién no pensaría que eres un fascista que intenta huir? ¡A las seis teníamos la intención de darte un paseo!

Papá se quedó helado. No le entraba en la cabeza que por el hecho de llevar un traje de lino blanco, una camisa de punto de seda y un sello de oro en la mano pudiera precipitarse un hombre a la fosa. [...]

La orden se había promulgado hacía poco en nuestra ciudad. Quedaban prohibidas las imágenes religiosas. ¡Fuera medallas y escapularios! A lo largo de la calle, como en la noche de Sant Joan, las fogatas cumplían una especie de acto de fe. Las piernas me temblaban, temiendo el castigo divino, mientras revoloteaban sobre las llamas las estampas de la primera comunión, nuevas y flamantes, y la colección de vírgenes y santos aparecidos, por milagro, bajo mi almohada. Las simplezas de la abuela morían en el fuego abrasador.

Las iglesias se cerraron. En las tiendas las mujeres hablaban en voz baja, como si se confesaran de un secreto vergonzoso:

—¡El convento de las Teresas está ardiendo!

—¡Al rector de Santa María lo han dejado seco!

—¡ Pues se habrá ido con la bolsa repleta!

—¡Pues de poco le servirá!

Algunas se reían a hurtadillas.

—¿Y los hermanos Clavel? ¡Todo ha sido por una venganza personal!

—¿Por qué?

—El suegro del hijo segundo lo denunció porque dicen que daba mal trato a su hija. Se presentaron los del «auto fantasma» y se llevaron a los tres hermanos. ¡Los cuerpos han aparecido junto a la tapia del cementerio!

—¡Qué horror!

La abuela me cogió de la mano y tiró de mí arrastrándome.

La escuela inició el nuevo curso en el día indicado y aquello fue como recuperar la alegría y la paz perdidas. Por la tarde teníamos clase de labores, cosa que nos permitía hablar de lo que quisiéramos. ¿Fue a causa del tabú creado alrededor del catolicismo que, de pronto, nos sentimos inspiradas a contar historias milagrosas con intervención de notables divinidades? ¿O era la fascinación de las cosas prohibidas lo que nos hacía actuar como miembros de un club clandestino? El caso es que nos inventamos un código secreto para citar a Nuestro Señor, a la Virgen María, a San José, a los ángeles y a un montón de santos. No queríamos que la profesora supiera de qué hablábamos. El resultado era un auténtico galimatías: «El Gran Sabio dormía, pero la Señora de los Dedos de Plata y el Muchacho de la Palma oían como las Ranas, de noche, afinaban el arpa»… Lo malo era que en ocasiones confundíamos los nombres del código secreto, perdíamos el hilo y ya no entendíamos nada de lo que decíamos. El juego pronto se acabó y no se volvió a hablar de él nunca más.

La violencia del comienzo de la revolución empezó a ceder: el «auto fantasma» ya no circulaba y su sirena siniestra dejó de sonar. Tampoco se oían comentarios sobre quema de conventos, ni volvieron a aparecer por las aceras ropas destrozadas ni vajillas rotas ni objetos procedentes de alguna casa que había sufrido un registro. Pero lo que auguramos que duraría poco se estaba haciendo eterno; ya no se hablaba de revuelta ni de revolución, la palabra contundente era ¡guerra!

A medida que pasaban los meses, los bombardeos en Barcelona eran más frecuentes. Un domingo de sol, a la hora en que los niños jugaban y se columpiaban en esos trapecios que me habían llamado la atención el día de mi primer viaje a Barcelona, el paseo de Sant Joan fue el objetivo escogido por las bombas asesinas y los pobres cuerpos inocentes, destrozados en un acto de cobardía inútil, hubo que recogerlos a paladas. Papá lo contaba trémulo de indignación. Los últimos meses había sido testigo de muchas experiencias horribles pues trabajaba en una oficina de fronteras y puertos y su despacho se encontraba en la zona más castigada de la ciudad. Desde casa, cada vez que se repetía un ataque, oíamos el estallido de las bombas y la respuesta de los cañones antiaéreos del Carmelo y no recuperábamos la calma hasta la llegada del tren de las ocho, casi siempre con retraso y, desde el balcón, veíamos a papá dar vuelta a la esquina. Una noche sacó un trofeo de un bolsillo: la tapa de bronce de una bomba que decía: «Made in Germany». Hacía poco que un nombre se nos había quedado grabado para siempre: Guernica.

Incidentes aparte, después de cenar se hablaba de cosas tristes. Era inevitable hacer recuento de los muertos, aquellos parientes y amigos que ya no volveríamos a ver jamás: Jaumet, primo hermano de mamá, hijo del tío Joan, ese hombre unido a la fatalidad que sin querer quitó la vida a su madre con una telaraña; Pujol, pareja de baile de tía Mercè, destrozado por una bomba en Teruel; el padre de Rosó Alcalá, una compañera de escuela, desaparecido en no sé qué frente.

La Navidad de 1938 pasó como cualquier otro día. Ni pesebre con un río de espejos y estrella de plata ni cajón que soltara golosinas. Los Reyes no existían, estaba comprobado: los juguetes los compraban los padres en las tiendas. La magia, los milagros, la inocencia, eran minucias, cosas que habían muerto, como mucha gente en los bombardeos, como los chicos en el frente. [...]

Abajo, el motor de un coche, frenaba. Tiempo de subir la escalera y papá entró en la habitación iluminándose con una linterna.

—¡Ha llegado la hora!...

Mamá se sorprendió. No se lo esperaba.

—No tengo nada preparado... —dijo, como excusándose.

En un abrir y cerrar de ojos me vi con los zapatos de charol que se abotonaban a un costado con tres botones y el abrigo granate, recién estrenado. Mamá se había puesto de punta en blanco con el abrigo verde botella y el cuello de piel negra. Pocos días antes, en previsión de lo que se avecinaba, había ido a la peluquería a hacerse la permanente. No parecía que nos aguardara la expatriación, sino que íbamos de visita.

Mamá me dijo, como temiendo levantar la voz:

—Ve a darles un beso a los abuelos...

El automóvil corría por la carretera. Ya formábamos parte del éxodo. En Arenys de Mar paramos para reunirnos con algunos compañeros de papá. Allí metieron el baúl dentro de un camión con otros equipajes.

De madrugada, distribuidos los asientos, coche y camión iniciaron la marcha hacia la frontera. En las cunetas, expuestos al rocío, muchos fugitivos envueltos en mantas descansaban esperando que despuntara el día. Se les veía cómo, poco a poco, iban recuperando el movimiento. Había quien disponía de algún medio de transporte. Todo valía: bicicletas, motos, tartanas, carros, camiones, automóviles. Pero la mayoría iba a pie, arrastrando los pocos bienes que podían cargar a hombros. Pasaban mujeres con niños de pecho. Algunos campesinos conducían animales.

En el tumulto, se veía a soldados heridos que marchaban con dificultad apoyados en sus muletas. Otros llevaban la cabeza vendada o un brazo en cabestrillo, fijo en una estructura de alambre entrecruzado que servía de soporte.

Anna Maria y Carles tenían que resolver un asunto personal, así que cogieron el coche, que era de su propiedad, y dijeron que nos volveríamos a reunir en la Jonquera. ¡Íbamos de mal en peor! ¡Ya no disponíamos de coche! Eso significaba tener que ir amontonados en el camión: de momento, los equipajes sufrieron un recorte. Era impensable llevar el baúl y dado que no traíamos ni una sola maleta, la única solución era improvisar unos fardos con mantas y cuerdas.

El propósito era cruzar la frontera antes de que cayera la noche. Cuanto más avanzábamos, más densa era la masa humana y, en las afueras de la Jonquera, quedamos bloqueados.

La muchedumbre desorientada e inquieta se movía por los campos vecinos y, cerca del río, algunos hombres trataban de encender hogueras para atenuar el frío. No descartábamos que los aviones vinieran a ametrallarnos y pudieran hacer una carnicería.

De súbito, un chillido penetrante cortó el aire. El grito nacía del pecho de una mujer desesperada, impotente, que corría con un atado colgándole de las manos y que lanzaba palabras que sonaban como una incriminación:

—¡Mi hijo! ¡Mi hijo está muerto! ¡Se ha muerto de frío! ¡Mirad! ¡Está muerto! ¡Está muerto!

Poco después el silencio era total.

Para dejar paso a quienes subían detrás, era preciso deshacerse de los vehículos, empujarlos barranco abajo. Así lo habían hecho los que nos precedieron y ahora nos tocaba el turno a nosotros. Descargamos lo que quedaba de los equipajes y, con un tremendo estrépito, el camión, convertido en trasto inútil, fue a parar en lo más hondo de una sima.

Cuando ya nos disponíamos a iniciar la marcha, aparecieron Carles y Anna Maria. Traían una mala noticia, los fascistas ya estaban en Barcelona.

Cargados con lo que nos quedaba, empezamos a caminar. Avanzábamos por sendas naturales, sitios que sólo conocían los pastores del lugar, algún excursionista y los profesionales del contrabando.

Varias hileras de bombillas, que daban un resplandor blanco, iluminaban la explanada a la entrada del pueblo. No recordaba que pudiera existir tanta luz en la calle. En el centro del espacio abierto ardía una fogata con una marmita descomunal donde unas muchachas, rubias y atildadas, con el distintivo de la Cruz Roja, iban echando agua de un cubo y leche condensada de unos botes que un chico se encargaba de abrir. Mucha gente hacía cola. También nosotros nos sumamos a la espera de una dosis del líquido que resultó ser muy aguado. Había gendarmes a manta. Parecían retrasados recitando una letanía:

—¡Allez! ¡Allez! ¡Allez! ¡Allez!

—Las mujeres y los niños que suban a los camiones. Los hombres irán a pie hasta Le Boulou.

La luz de los faros chocaba, directa, sobre las espaldas de los hombres que se volvían y abrían, desmesuradamente, los ojos, apartándose, al lado de la carretera. Las sombras se alargaban y trepaban sobre las figuras en movimiento que emergían aureoladas por la niebla asolada. Papá era una de esas sombras. Me parecía que iba a verle, aunque sólo fuese para decirle adiós con la mano.

A mamá se le quebraba la voz. El pobre gendarme era muy joven, se le veía confuso, en consonancia con el problema que desbordaba todas sus posibilidades de prestar ayuda. Hablaba medio catalán y medio francés:

—Madame, no sabemos qué hacer. La France n'est pas coupable. Esperábamos unas cien mil personas y, hasta hoy, por la frontière han pasado plus de trois cents mil. No sabemos qué hacer. Pardon, madame. Je vous en prie. Pardon...

El gendarme estaba emocionado. Vivía el drama desde dentro. Tenía los ojos empañados y estaban a punto de saltársele las lágrimas. Tocó una mano de mamá como si quisiera consolarla y se fue rápido, temiendo poner en evidencia la angustia que sentía. Mamá comentó:

—Un buen chico, pero no sé qué se imagina cuando me ha dicho «madame»...

Mercè Pujades llegaba con una noticia fresca:

—De la estación salen trenes hacia el interior del país. Quien quiera, puede ocuparlos.

Cognac fue un oasis quieto. Un lugar donde no existía calendario, sólo el cielo encapotado y el frío definiendo la estación. Teníamos asegurados pan y cama y, a cambio, no se nos exigía ni que levantáramos un dedo siquiera. No hacíamos nada, parecíamos osos invernando en una cueva, esperando la vuelta de la primavera. Por lo demás, el refugio era un recinto cerrado a cal y canto, donde ni se nos permitía salir a la calle. Sólo nos protegía el único bien del desposeído, la tranquilidad que se respira cuando no se puede perder patrimonio ni hacienda. Lo peor de todo era no tener noticias de papá. Nadie nos informaba de nada, pero supimos que a los hombres los habían internado en campos de concentración.

Por la tarde, a la salida del colegio, venían algunos niños que nos tiraban caramelos, como quien echa cacahuetes a los monos del zoológico. A mí me faltaba destreza o astucia, ¡el caso es que nunca tuve la suerte de pescar ni uno solo!

Y vino la primavera.

En casa, en la pequeña casa al lado del riachuelo, con todo el grupo que la habitábamos, pasábamos ratos amenos.

Un día nos mostró un diario con noticias de nuestro país. En una fotografía se veía al general barrigudo, con nombre de perro, y a su mujer, ocupando un palco en una plaza de toros con el público brazo en alto, como los alemanes. ¡Era una felicidad enorme estar lejos de todo eso!

El vaivén de nuestros días iba unido a los meses del año. No podíamos seguir en el castillo porque a mediados de junio llegaban las colonias infantiles compuestas por los hijos de los aviadores de París.

Mientras tanto, la situación internacional se complicaba. Las noticias, que de manera fraccionada nos llegaban, no eran nada buenas.

Algunas mujeres, presintiendo malos tiempos, cogieron hijos y equipajes y regresaron a la tierra que meses antes habían abandonado pensando que, cerca de la vieja familia, por muy torcidas que anduvieran las cosas, siempre serían más soportables que un mal trago en tierra extranjera.

Papá también había recibido, hacía muy poco, una carta del abuelo Celestí. Decía: «¡Año de la Victoria! Apreciado primo: En mi poder tu muy atenta de fecha 19 de mayo de manos del señor al que tú entregaste la carta y yo, a últimos de mayo, al mismo señor le di la contestación, que supongo habrás recibido. Cumplí el recado de ir a buscar el baúl, pero tuve una decepción muy grande porque casi no había nada. Tu prima me ha dicho que cuando hayas terminado el trabajo que tienes piensas visitar a tu tía Elvireta, me parece que es lo mejor que puedes hacer. Desearía que al recibir la presente se encuentren con la más perfecta salud, la nuestra es buena A.D.G. Recibí de Canet el recado que tú le diste y la visita de Juan Prat, dándome muchos recuerdos tuyos. Darás saludos a las nietas y tú recibirás un abrazo de tus tíos que no te olvidan: Celestino y Ramona... ¡Año de la Victoria! ¡Viva Franco. Franco. Franco! P. D. Te adjunto el recuerdo de la primera comunión de Guzmán. 25-6-1939»... De un escrito inocente en apariencia, se podían deducir muchas cosas: en primer lugar, la vasta represión que sufría el país cuando el abuelo, catalán de nacimiento, republicano de toda la vida y socialista de convicción se sometía, con pulso tembloroso, a los mandatos de rigor y anotaba tres veces seguidas, como si con una sola no bastara, el nombre del dictador. Para el corazón del abuelo la humillación debía de ser más hiriente que la mordedura de una culebra venenosa. Después, llamaba «primo» a papá y «prima» a mamá, prueba de que, si los que mandaban llegaban a saber que tenía un hijo y una nuera en el exilio, eran capaces de tomar represalias contra él y la abuela. También era un hecho seguro que la gente de esa casa de Darníus, donde pasamos una noche, robaron la ropa y los objetos que mamá guardó en el baúl con tanto cuidado. Tal como iban las cosas, era inútil y podía ser, incluso, perjudicial reclamar nada. La referencia a tía Elvireta era otro dato significativo. El abuelo advertía a su hijo sobre la conveniencia de huir de Europa, como las ratas que huyen de la nave antes del naufragio, e intentar ir a América, ya que tía Elvireta, la hermana menor de la abuela Cisa, vivía en Pergamino, en la provincia de Buenos Aires. [...]

—¡Un telegrama, señora! Una orden de embarque para usted y su hija. ¡Rápido, vaya a preparar las maletas!

Un gran letrero con el nombre de la ciudad de Bordeaux, nos recibió cuando oscurecía.

Al cabo de un rato, tres figuras caminando a lo lejos: mamá, el hombre de la estación y papá. ¡Por fin estábamos juntos y nos abrazábamos! Había engordado, tenía buen semblante, se le veía animado. Entonces mencionó a un poeta. Un poeta que lo había ayudado. Neruda.

—Un compañero me dijo que fuera a hablar con él, que lo encontraría en su despacho. Sin perder ni un minuto, redactó un telegrama y me aseguró que el vapor no saldría de puerto sin vosotras. Que durmiera bien tranquilo. Ahora tenemos que ir a decirle que habéis llegado. Es un hombre que pasó la mitad de la Guerra Civil en Madrid...

Dijo: «¡Usted, en Chile, será don Celestino!».

—Y esto de Chile, ¿por dónde para? —preguntó mamá.

—Está en América del Sur —contesté, recordando alguna lección de don José.

La nave era barriguda, negra y brillante como una enorme ballena y llevaba de adorno una línea de pintura roja que la circundaba. A proa, destacaba el nombre: *Winnipeg*.

Era el 4 de agosto cuando el *Winnipeg* zarpó de Trompeloup buscando las aguas del Atlántico. El poeta había conseguido su propósito: que no quedara en tierra ni un solo refugiado de los que habían puesto pie en el puerto con la esperanza de embarcar.

En medio del Atlántico, una iniciativa cobró fuerza y Joan Arnó, en base a sus conocimientos musicales, creó un coro de voces masculinas. Por los altavoces sonaban siempre los mismos discos, tres o cuatro veces al día nos machacaban con «Valencia»... Gracias al coro, el programa varió y pudimos escuchar otras canciones populares que nos llenaban de nostalgia. A muchos se les humedecían los ojos cuando oían los versos que decían:

—«Dolça Catalunya, pàtria del meu cor, quan de tu s'allunya, d'enyorança es mor...»

Era el día 3 de septiembre de 1939. Un domingo de cielo limpio, sin una nube. En el muelle, desde muy temprano, se había congregado un gentío impresionante, algunos habían pasado allí la noche.

El gentío que había venido a recibirnos entonaba canciones de la Guerra Civil, como si la guerra hubiera sido tan suya como nuestra.

Durante el trayecto continuó el mismo fervor en los pueblos y ciudades que atravesábamos. El tren tenía que parar para que pudiéramos recoger un humilde ramo de flores, unas golosinas o el contacto breve de una mano amistosa y desconocida.

Volví la cabeza y pregunté a papá:

—¿Dónde está el campo de concentración?

Él me miró sorprendido. La pregunta no encajaba con el ambiente. Era como de otra historia.

—¡Aquí no hay campos de concentración! ¡Somos libres!

¡Éramos libres! ¡Papá, que lo sabía todo, me lo acababa de decir y nos darían de cenar! ¡Las luces de la calle iban encendiéndose y todo era bonito! ¡El clamor no paraba ni un momento! ¡Qué alegría daba sentirse querido!

Una señora de mediana edad, emocionada, se paró frente a mí, me levantó del suelo, me abrazó y con una exclamación jubilosa, me dijo algo nuevo, algo que yo nunca había oído:

—¡Mi linda!... ¡Mi linda! [...]

En Santander pasé por la aduana con mi flamante pasaporte de ciudadana chilena.

Las carreteras no mejoraban, seguían en un estado deplorable. Por suerte habían quitado los letreros con la calavera que daba cuenta del número de muertos en cada accidente.

De entrada, Madrid causaba buena impresión porque contaba con unos jardines bien cuidados y muchos árboles. La Gran Vía iluminada, con las mesas de los cafés al aire libre y un gentío extrovertido que trataba de sacudirse el calor de encima, abanicándose con gracia y bebiendo refrescos, daba sensación de alegría, pero cuando caminabas por cualquier calle, el alma se te venía abajo. En el año 1955, de haberse hecho una encuesta, la capital de España habría superado un récord nada envidiable: el de la ciudad del mundo con más esputos en las aceras, por metro cuadrado. El nivel de ruido también era notable. Fuimos a dar a un hostal de la calle de las Infantas donde era inútil intentar dormir ya que la actividad no paraba ni de día ni de noche: viandantes chillones, radios con música a tope, alguien que hacía horas extras pedaleando en una máquina de coser. Cuando parecía que aquello iba a calmarse, que a los últimos noctámbulos ebrios y cansados no les quedaba otro camino que irse a la cama, venían los obreros que iban al trabajo discutiendo...

## AMOR DE MADRE

*Josefa Casalé escribió esta carta el 30 de agosto de 1936, la víspera de ser fusilada en Ejea de los Caballeros, no lejos de su pueblo de Uncastillo, al igual que aquél perteneciente a la comarca zaragozana de las Cinco Villas. Josefa enseñaba a leer y a escribir a la gente de su pueblo. Pero era también, y sobre todo, ama de casa y madre de cuatro hijos, el mayor de 14 años, la menor de 3. Gracias a que uno de los que la vigilaban en sus últimos momentos era pariente suyo, su carta pudo llegar clandestinamente a su familia. La única preocupación que parece mover a Josefa es que su función de guía imprescindible del entramado hogareño, cuya complejidad e importancia aparecen en toda su extensión en estas pocas líneas, siga ejerciéndose aún después de que ella haya muerto. Puede también que, concentrándose por última vez en sus tareas, y cómo, Josefa tratara de alejar de su mente el horror de lo que la esperaba. En todo caso, y más allá de su dramatismo, la carta es un monumento a la función y al amor de madre.*

Querido esposo, madre e hijos:

Os escribo desde Ejea para deciros que no os apuréis por nada, que Dios no desampara a nadie. Yo estoy muy conformada, pues bien sabéis lo que he sido.

María, te escribo más a ti que a nadie para encargarte cuides mucho de tus hermanos. Si no puedes no vayas a la escuela y cuida bien de casa y de la abuela, que cuando seas mayor ya aprenderás.

María, en el baúl grande tienes una tela de camisa para tu padre y en el baúl detrás de la puerta hay una camisa de la Sra. Luisa para hacerla para Manolo y la tela que le compré en el balde, para hacerle otra. En el baúl del cuarto oscuro tienes una chaqueta; si le está bien para tu padre y si no, la guardas para el Manolo. Los pantalones de pana que los remienden tus tías y los recogéis al baúl. En los de Manolo que les saquen el doble; en fin, recoged todo bien y en el canasto de arriba habrá pedazos de pana y una chaqueta que hay descosida con unos pantalones la guardáis para hacerle una al Manolo para otro año. Detrás de la puerta del cuarto donde duermes tiene tu padre un pantalón y Manolo otro, y un chanchullo tiene tu padre colgado en el cuarto de masar, y la ropa y los bancales que la lave tu tía Benita y la recogéis.

Si tenéis algo que coser y no pueden tus tías lo llevas a la Felisa y lo pagáis.

Manolo, hijo mío, no faltes a nadie como lo has hecho hasta ahora y cuida de tus hermanos y no riñáis. Sed buenos hermanos.

María, rézale a la Virgen todos los días por tu madre y enséñales a tus hermanicos todas las cosas buenas que yo te he enseñado a ti. Sobre todo lleva a tus hermanos bien limpios y del vestido de lana que hay en el baúl que te hagan un vestido a ti, y todo lo que no te valga a ti guárdalo para tu hermanica. Tenéis muy buen padre y os cuidará mucho.

Llevad trigo al horno de Cortés, pagáis y lleváis de allí el pan.

Os repito que seáis buenos, que sigáis los consejos de vuestra madre, y tú, María, déjate corregir por tus tíos y primos y sé obediente, pues tus tíos se portarán bien con vosotros, pues yo tengo la tranquilidad que no os dejarán solos, y la abuela que no llore, que son cosas que Dios las prepara así y tenemos que tener conformación.

En una caja de la cómoda tenéis cinco pesetas y en la cesta tienes lo de comer.

Recibid, pues, muchos besos y abrazos para vosotros, para la abuela, para los hermanos y para tu padre igual le digo pues como es bueno nada tengo que advertirle. A casa tía Ramona lo que quieran, pues nada les digo.

Quien os quiere mucho.

En el baúl viejo hay dos camisas de tu padre. Si valen las remendáis cuando sea. Muchos recuerdos de Paco, el de la tía Conrada, que está aquí de vigilante.

*La carta nos fue remitida, desde Cubelles, provincia de Barcelona, por la nieta de Josefa, Mercedes Font Ezquerra, quien nos indicó que su hijo, Borja Ferrer, un joven estudiante de periodismo, había entrevistado hacía poco a su abuela, es decir, a la hija de Josefa que aquel 30 de agosto de 1936 tenía cuatro años de edad. En este texto, inédito salvo en las referencias que a él hicimos en la radio, confirma que no todos los jóvenes han vuelto la espalda al pasado. En él, la hija de Jo-sefa retoma el hilo de la historia desde el día en que se quedó sin madre.*

Pregunta: Nace usted en el 32 y casi sin darse cuenta se ve dentro de la Guerra Civil española. ¿Cómo afecta esto a su infancia?

Respuesta: Pues me afecta muy duramente porque como niña me tuve que valer muchas veces por mí sola, sin padre ni madre y con una guerra que en el pueblo fue muy dura. Entraron los nacionales y no sé si hubo 200 muertos o fusilamientos.

P.: Entre ellos el de su madre.

R.: Entre ellos el de mi madre, que destroza a mi familia. Mi madre era la profesora de las personas mayores que trabajaban en el campo; mayores y jóvenes. Les daba clase por las noches. No fue profesora con título pero sí una persona muy capaz. Toda la gente que sabía escribir una carta en aquel pueblo era porque mi madre les había enseñado.

P.: ¿Y su padre?

R.: Mi padre era analfabeto, pero al mismo tiempo responsable de su trabajo en el campo. Su familia fue su gran problema ya que todos eran nacionales, incluso su hermano.

P.: Su madre desaparece, pero recibe una carta suya desde la cárcel.

R.: Es una carta dirigida a mi padre que aún vivía. Pero a mi padre, que era un analfabeto, no le dice nada. Es una carta que una amiga mía profesora enseña en todos los cursos como ejemplo de la Guerra Civil. Además en ella podemos ver cómo mi madre sabía escribir muy bien pese a la época, y cómo se fue con resignación y sin rencor alguno. Era como una despedida de nosotros. Y lo que le pasó fue por ser muy culta y defensora del pueblo, porque ella en la iglesia dijo que era injusto pasear a las hijas de la gente republicana sin pelo por todas las calles del pueblo, y más aún cuando la gente las insultaba. Por esta forma de ser odiaban a mi madre. Ella era algo fuera de lo normal para el nivel de analfabetismo de la época. Leyó mucho y fue muy inteligente.

P.: ¿Tiene algún recuerdo de cuando cogieron a su madre?

R.: Sí que recuerdo esa imagen. Estábamos mi abuela de 92 años, mi hermana de 12 y yo, que tenía 4. Dos guardias picaron a la puerta a las 8 de la noche: «Josefa Casalé, baje usted», dijeron. Mi madre estaba rezando el rosario a una virgen nueva que iban pasando casa por casa. Nos asomamos a la puerta de la cocina. Mi madre bajaba llorando, y un guardia dijo: «Retiren a esas niñas de aquí que les vamos a pegar un tiro». Nos fuimos. No me acuerdo ni de su cara, la única foto de ella que tenemos está de espaldas, pero sí recuerdo algunas frases de ella que aún me motivan mucho. Por ejemplo, en la cocina me decía: «Ay, qué brazos más buenos tienes para masar».

P.: ¿Cómo recibe una niña de cuatro años una carta que dice que van a matar a su madre?

R.: Ya antes de la carta yo sabía que la iban a matar. Primero se la llevaron a Ejea de los Caballeros, donde pasaron una noche, y después a Farasdués, que es donde fusilaron a todos los de Uncastillo. Claro que esto yo le he sabido después, cuando me fui haciendo mayor y fui atando cabos y preguntándome por qué por unas circunstancias y por unas ideas tuve que pasar tantas penas y angustias. Porque en el pueblo, que era de derechas, nos lo echaron en cara. Nos llamaban rojos. A mí me llegaron a preguntar, riéndose, que quien había matado a mi madre. Yo respondía que la Guardia Civil pero si lo hubiera sabido hubiera dicho que fueron los fascistas de ese pueblo. No me llegaba a la cabeza cómo una persona mayor le podía hacer eso a una chica de 4 años. Y tengo grabadas esas vivencias porque son muy duras. Me trataron muy mal. Y no sólo a mí, sino también a mucha gente. A los rojos nos llevaban al colegio en procesión porque decían que estábamos infectados por el piojo verde. Luego nos llevaron al hospital para cortarnos y lavarnos el pelo, nos desinfectaron sólo por ser rojos, para hundirnos y sabiendo que nosotros no teníamos ese piojo verde. Y además, aunque mi madre era republicana era también religiosa. En la iglesia del pueblo había un reclinatorio para ella y al asesinarla lo quitaron de en medio. Así que hasta la misma Iglesia nos intentó hundir, toda esa gente tuvo mucha maldad con mi familia. Por eso yo, y aunque hice la comunión, luego me hice atea. Pero no guardo rencor ya que en Uncastillo ya no queda nadie.

P.: ¿También su padre murió durante la Guerra Civil?

R.: Cuando venía del campo, ya que era época de recolección, tres o cuatro días después de perder a su mujer le dieron unos ataques de dolor de cabeza y dejó de ser padre. El recuerdo de su mujer lo traumatizó y hacía unos juramentos terribles contra los nacionales cuando éstos hacían procesiones. Le debían de oír pero al ver su situación psíquica no le hicieron nada. Le daban ataques y se caía al suelo. Quien llevó a la familia fue mi hermano mayor que puso un poco de autoridad y los medios para que pudiéramos sobrevivir. Y a los dieciocho años me vine aquí a Barcelona, que fue en donde se solucionó mi vida.

P.: ¿Pero antes de eso?

R.: Yo iba a la escuela, y como las maestras eran muy de derechas cada día nos hacían cantar el *Cara al sol* y todas esas cosas. Yo, mis problemas los llevaba muy adentro y me iba por los campos, por los ríos. Me gustaba pescar, me gustaba lavar. Me gustaba todo menos ir a la escuela. Iba por los campos, libre, no tenía necesidad de estar allí metida. En una ocasión una de las maestras dijo: «Mira, por allí viene la holgazana de la Sole, que viene un día y deja veinte». Pero no podía soportar ese ambiente, que quería formar en nosotros unas ideas que sólo ellos tenían. Mi hermana me llevaba hasta la puerta de la escuela y cuando ella se marchaba yo me iba por ahí, y sólo tenía 11 o 12 años. No podía tragar a esa gente.

P.: ¿Cómo se las arreglaron sus hermanos para seguir adelante?

R.: Nosotros teníamos un corral junto con otros socios y unas tierras que heredó mi hermana ya que nosotros renunciamos a la herencia. Y entonces una parte de mis hermanos ayudaron a labrar. Mi hermano mayor cultivaba espigo, y se cuidaba de las praderas.

P.: ¿Y ahora no va usted a su pueblo?

R.: No. Tampoco me queda nada allí. Sólo la casa que ha quedado en beneficio de los hijos de mi hermana. Lo que queda no me llena nada, ni lo hacía antes. Cuando me vine a Barcelona empecé a saber que era una persona. Estuve en una casa en la que, aunque trabajaba de sirvienta, que entonces era lo normal, me trataron muy bien. Y más los hijos que los padres. Me trataban de tú a tú, con un cariño, educación y respeto que me hicieron sentirme persona. Renuncié a mi pueblo porque me explotaban más y me trataban peor. Allí casi se llegaba a la esclavitud por parte de las familias señoriales. Mientras que aquí me encontré mucho más protegida y a gusto como persona. Sin hacer nada que no tuviera que hacer en contra de mi propia voluntad. Más tarde ya empezaría a hacer más vida social con otras sirvientas.

P.: Su marido muere en 1974.

R.: Sí, muere después de caer enfermo en el trabajo. Luego vino la muerte de Franco y nosotros ya con la democracia íbamos a todos los mítines que hablaban de libertad, que hasta entonces estaba prohibido. Muchos años antes, mi hermano mayor, que era muy fuerte, en las fiestas del pueblo bebió dos copas de más y en medio de la plaza dijo: «me cagüen dios», y pasó toda la semana en el calabozo. Hasta que murió Franco tuvimos la mordaza puesta. No abrí las botellas de cava tal como hicieron los catalanes, pero sí que lo celebré mucho. Allí donde estaba la libertad estábamos mi hijos y yo.

P.: ¿Y cómo fue su vida después de la muerte de su marido?

R.: Cuando se murió mi marido estuve cinco años en que sólo salía de casa con familiares. Luego me hice de un club donde encontré muchas actividades. Y me relaciono con mucha gente, tengo nuevas amistades.

P.: Hace vida social para contrarrestar lo que pasó en su infancia.

R.: Sí, claro. Haciendo vida social y pasándolo muy bien. He ido a Canarias con una amiga. A Holanda, con cuatro amigas, y me encantó su mar, su tecnología y su arquitectura. También he estado en Austria y en muchas partes de España.

P.: ¿Hubiera preferido nacer en el 82, que es cuando yo he nacido, en vez de en 1932?

R.: No. La vida no la cambio porque también hay gente que ha nacido en el 82 y lo ha pasado muy mal, se ha encontrado con muchos problemas. En este caso no fueron de las guerras, pero sí las drogas. Todas las épocas son duras, lo único es que me hubiera gustado vivir en democracia. A una amiga mía de Extremadura le pasó el caso contrario, ya que los rojos fusilaron a su padre. Aun así no nos hemos enfadado nunca, porque ni yo tengo culpa de la muerte de su padre ni ella de la de mi madre y hoy por hoy somos muy, pero que muy buenas amigas. El que me quitaran a mi madre de una forma tan cruel y tan dura no se me olvidará mientras tenga uso de razón. Las otras desgracias las he ido superando poco a poco gracias a mi alrededor.

### En el fondo de un baúl

*Estas cartas permanecieron ocultas en el fondo de un baúl durante casi sesenta años. Iban destinadas a una mujer y aparecieron cuando ella murió, hace sólo cuatro años, y sus nietos rebuscaban entre sus cosas. Su abuela nunca les había hablado de ellas. Y hasta 1977, el año de las primeras elecciones democráticas, tampoco les había contado qué había ocurrido con su marido, que es quien las escribió en 1936 desde la cárcel gijonesa de El Coto. Sus nietos sabían que su abuelo había sido minero en Asturias, en donde la familia ya no vivía, y que había muerto joven. Pero no sabían cómo ni por qué. En vísperas de aquellas elecciones la abuela rompió su silencio. «Voy a votar al Partido Socialista aunque me maten por ello», les dijo por entonces la abuela. «Porque por pertenecer a ese partido mataron a mi marido».*

*Éstas son las cartas:*

Querida Flora:

Salud te deseo la mía es buena, por la presente. Querida Flora recibí la tuya y por ella veo que te encuentras bien, de lo que me alegro, y enterado de todo lo que me dices, te diré que recibí la muda y una toalla, la cuchara, las cinco cajetillas y los libritos y todo lo que me mandaste de comer y la manta, es decir todo lo que en tu carta me dices que me mandabas. De lo que me dices que por qué no fui a casa ya te lo diré, de lo que dices de la Epifanía yo nada te digo, puedes hacer lo que quieras, pero como tú puedes comprender una ayuda como ésa no es para despreciarla, porque es la que más puede hacer en esta ocasión, de forma que ya sabes puedes hacer lo que quieras. De lo que me dices de los informes ya tengo los vuestros. Me acordé de lo que tú me dijiste y también pensé en Isidoro Fraile. No me dejaron poner más, pero puedes tú estar con quien te parezca y si van a pedir informes que informen como les parezca más conveniente. Por la ropa que mandaste ya sé que has estado en la Miranda, me dirás qué es de Faustino, pues vinimos juntos a Gijón y él ingresó en el hospital y yo en la cárcel y no he vuelto a saber de él. Sin más por el momento, recuerdos para todos los vecinos y tú recibe el cariño de éste que no te olvida y desea darte pronto un abrazo.

13 de noviembre de 1937

*(En el encabezado de la carta anterior, al igual que en el de la siguiente figura un ¡Viva España! entre varios acentos exclamativos. Protocolo seguramente impuesto por la censura carcelaria.)*

Querida Flora:

Recibí tu tarjeta y por ella veo os encontráis bien por lo que me alegro. Yo bien por la presente. Te participo que con fecha 13 te escribí una carta y con fecha 17 otra y no he tenido contestación a ninguna de las dos. Por otra parte esperaba que hubieras venido el domingo y no tengo noticias de que hayas venido, de forma que el día que vengas me traes algo de comer, si lo tienes, pues yo como no tengo dinero no puedo encargar nada fuera y estoy pasando mucha hambre. Me mandas tabaco y sellos para poderte escribir, todo esto si puedes, si no puedes nada. Y si puedes me mandas también un poco de mecha. Te participo que está aquí en esta cárcel de guardia de prisiones uno de Caborana que se llama Amador y que fue el que me denunció, pero si vienes preguntas por él y él te recogerá lo que traigas y él me lo entrega a mí. Tocante a mi situación no te puedo decir nada, pues no sé nada. A mi modo de ver me parece que estoy bajo las órdenes del Delegado de Orden Público. En fin que en concreto no sabemos nada. En tu tarjeta me dices que acaba de llegar tu padre y que llegó bien del viaje, de lo que me alegro, pero no me dices si ha ocurrido alguna novedad en el pueblo, porque alguna cosa te diría tu padre referente a mis padres. Sin más por ahora, muchos recuerdos para todos los vecinos y en particular a tu padre y tú recibe el cariño de éste que no te olvida un momento.

21 de noviembre de 1937

*(Esta última carta va encabezada por un ¡Arriba España! y un ¡Viva Franco!)*

Querida Flora:

Me alegraré que al recibo de ésta te encuentres bien, la mía es buena por la presente.

Recibí la tuya de fecha 4 del corriente y por ella veo que no sabes nada de mi situación. Pues te diré que te llevo escritas dos cartas en las que te participaba que el día 2 se celebró mi consejo de Guerra en el cual el señor fiscal me pide la pena de muerte, y según mis impresiones he sido condenado a dicha pena. Por lo tanto me despido de ti y de mi hija hasta la eternidad y también me despido de tu padre y de toda tu familia y de todo el que pregunte por mí.

Flora, ya que yo no he podido hacerte feliz te pido que me perdones pues ya sabes que todos mis deseos han sido el buscar tu felicidad, y lo único que te deseo es que de aquí en adelante seas más feliz de lo que lo has sido hasta ahora pues seguramente cuando ésta llegue a tu poder yo ya habré dejado de existir. Pero ten por seguro que moriré pensando en ti y con tu nombre en mis labios, con Flora y la hija hasta la eternidad. Le das un abrazo a mis padres y les dices que les escribiré una carta despidiéndome de ellos. Sin más, muchos recuerdos para todos los que pregunten por mí y para tu padre y toda tu familia. Y tú mi hija recibe mi último suspiro que en él va mi corazón adiós para siempre.

11 de diciembre de 1937

## CUARENTA AÑOS DESPUÉS

*Indicándonos que había tenido dudas en hacerlo, un oyente nos envió la carta que su hermano escribió en 1936 desde León, el día antes de ser fusilado y cuando acababa de cumplir 26 años. También nos contó la peripecia que sufrió ese texto y que tuvo el efecto de recrear aquel episodio dramático cuarenta años después de que tuviera lugar. Porque ese fue el tiempo que tardó la carta en llegar a su destino. Y es que el hombre que iba a ser fusilado tras escribirla se la entregó a un sacerdote que era na-*

*tural de su mismo pueblo y que fue quien le acompañó en sus últimos momentos. Éste, a su vez, y añadiendo un texto escrito por él mismo, se la hizo llegar a sus propias hermanas, que vivían cerca de la madre del difunto, y éstas, en lugar de entregarla a su destinataria, prefirieron dársela a una tía del fusilado, la cual, por temor o por otro motivo, decidió que era mejor que su hermana no la viera. Y guardó la carta, junto con la del cura, dentro de un libro, del que no salió hasta la muerte de esa mujer. Es decir, cuarenta años después. Allí la encontraron sus hijos. Éstos tardaron un tiempo en localizar a nuestro remitente, el único de los hermanos de Antonio que seguía vivo. Finalmente, se la hicieron llegar a Barcelona, que es donde éste reside.*

*Ésta es la carta:*

Queridos padres y hermanos

Estas líneas son las últimas que recibiréis de mis manos. Cuando estén en las vuestras habré dejado de existir. Muero inocente, nunca hice mal a nadie, pero el tener ideales se paga caro en la vida. Yo lo único que pido al que rige los destinos de los hombres es que se apague el incendio que hoy asola nuestra patria y que no se derrame ni una gota de sangre más. Que seáis todos muy felices y os acordéis de mí. Mi último pensamiento para vosotros será. Hermanos, sed siempre buenos y no deis ningún disgusto a nuestros padres. Cuando sean viejos cuidad de que no les falte nada. Quiero que cuando las circunstancias lo permitan trasladéis mis restos a Valencia de Don Juan. Padres, tened resignación y vosotros igual, hermanos. Adiós queridos de mi alma. Hasta la eternidad.

Os abraza con toda el alma,

Antonio

*Y esto es lo que el sacerdote escribió a sus hermanas:*

Queridísimas hermanas:

Os escribo para deciros que estoy bien gracias a Dios después de unos cuantos días que no os escribo por mis ocupaciones que sabéis son muchas.

Esta mañana he pasado por el amarguísimo trance de tener que acompañar en la capilla de la cárcel a nuestro vecino, el hijo de Manuela. Cuando yo llegué a la cárcel en unión de otros sacerdotes ya me había llamado él. Me presenté enseguida y me dijo que quería confesarse luego y que había de ser conmigo precisamente. A las cinco y media de la mañana fui con el coche de los sacerdotes a casa de Aquilina —cuñada de mi madre— y por mí fueron a verle pues no siendo hermanos, padres o hijos no consienten que vaya nadie. Recibió la sagrada comunión con gran fervor y a las siete salimos para el campo de tiro donde le acompañé hasta el último momento. Le dije que si quería que me retirase de su lado y me dijo que no, que le estuviera mirando hasta el momento de la descarga. Murió sin sufrir y sin necesitar tiro de gracia. Le administré la Extrema-Unción (como a todos los que se confiesan), y sobre su cadáver recé unos responsos. Como podéis imaginaros ha sido el peor día que he pasado en toda esta larga temporada, pues, aunque muy distantes en ideales políticos, no dejaba de ser un vecino de toda la vida y uno del pueblo. Dios le haya cogido en su gloria. Al tiempo de separarme me dio un beso y dijo que hiciera presente a sus padres todo esto y que les diera una carta, pero antes tengo que entregársela al Sr. Juez.

*Nuestro remitente nos añadía que ningún miembro de su familia ha vuelto por su pueblo natal desde hace más de cin-*

195

*cuenta años. Y que no pudieron cumplir la última voluntad de su hermano, la de que le enterraran en su cementerio, porque no pudieron hallar su cuerpo.*

## La herencia

*Esta carta la escribió, desde una cárcel de la provincia de Córdoba, Félix Castillejos Ruiz, un cabrero de Cardeñosa de Fuenteovejuna. Sabía que habían de fusilarlo en breve, pero desconocía si sería en la mañana siguiente cuando «saldría de viaje», tal y como Félix escribe al final de la misiva. Por pudor o por temor a que la carta no llegara a su mujer si era más explícito. Junto a Félix, el mismo día, fusilaron a su hermano.*

Dolores:
El carcelero tiene dos paquetes de cuchillas de afeitar que son míos, mi cinturón y mi faja y el cinto de mi hermano. Que te bajes a vivir con mi madre y no la desampares. Por Dios, cuídala como si fuera tu madre y mira por mis hijitos y lo que sea de unos, que sea de los otros. Que te mudes con mi madre si pudiera ser mañana mismo y que mis hijitos consuelen a mi madre.
Cabras hay 29, mi hermano tiene 7 grandes y mi madre 30. Los barbechos, si mi primo Antonio los quiere tomar a medias se los dais y las bestias las juntáis para que sean de ellos y de vosotros. Os quedáis con la yegua y la burra. Y sin más, besos para los niños y para toda la familia. Yo no sé si saldré mañana de viaje.

*Félix tenía tres hijos, de 10, 8 y 5 años. La mayor, Carmen, que emigró a Madrid hace muchos años y que es quien* nos mandó la carta de su padre, nos contó dos cosas: una, que ninguno de los deseos de su padre, que efectivamente fue fusilado al día siguiente, pudo cumplirse, pues les quitaron todo cuanto poseían. Y, dos, que buena parte de sus hijos y de sus nietos, tal vez todos, son de izquierdas.

## PERDÓN CRISTIANO

*Arsenio Melero no era un bracero del campo, como lo eran tantas de las víctimas de la represión franquista, sino un propietario agrario y, además, de grandes extensiones de tierra, en la provincia de Palencia. Un rico, por tanto, y además ferviente creyente. Sin embargo, al tiempo, era un hombre de izquierdas. Por eso lo fusilaron, junto a su hermano Mariano, en septiembre de 1936, en Dueñas. Poco antes mandó esta carta a su familia. Dos testigos anónimos de la ejecución añaden unas palabras al final del texto. Fue la menor de las hijas de Arsenio, Angelita, quien mandó la carta a la radio, añadiendo lo siguiente: «Esta carta ha sido y sigue siendo la guía de mi vida. Me ha hecho perdonar cosas muy graves que me han sucedido y que de no haber existido este testimonio de mi queridísimo padre, perdonando a los que le iban a fusilar, yo no habría podido perdonar nunca».*

*Así dice la carta:*

Mis queridos esposa Casimira, hijos Fortunata, Saturnino, Arsenio, Jesús y Angelita: En los últimos momentos de mi vida después de confesarme cono cristiano que siempre fui os dedico mis últimas cuatro letras para, después de confesado, confesarme con vosotros ya que no he podido hacerlo ante los tribunales de la Justicia de este mundo.

Confieso ante vosotros que mi vida solamente la he gastado en hacer el bien por el bien sin regatear ningún gasto, tal vez en perjuicio de nuestros intereses, pero como en nuestra doctrina nos lo enseña fui fiel cumplidor.

A mis queridas hermanas Sor Encarnación y Sor Purificación como a Emiliana y Luisa y Juan Mª como a todos los sobrinos. Muero en Dueñas. Póngase una Cruz en mi sepultura.

Muero pidiendo al Señor que les perdone a los que me ofendieron como yo les perdono.

Mi último saludo a todos mis hijos, esposa y todos en general.

Arsenio Melero Betegón

Testigo 1: «Perdonen para que Dios le perdone y mil perdones».

Testigo 2: «Están los dos hermanos juntos. Su última voluntad fue que les pusieran una cruz. Yo recibí su último abrazo y su último beso. Me besó como si besara a sus hijos. ¡Viva Jesús crucificado!».

### «SOY INOCENTE»

*Severiano Núñez había nacido en Barrado y era maestro nacional en Jaraiz de la Vera, también localidad de la provincia de Cáceres, cuando fue detenido por los franquistas. Escribió esta carta en Plasencia el 15 de octubre de 1936, poco antes de ser fusilado.*

Querida Julia:
Como supongo que cuando vengas no tendré ánimo para poder hablarte con la suficiente serenidad, te

escribo esta carta, que no sé si llegará a tus manos, para decirte solamente una cosa: «Yo soy inocente». En estos momentos solemnes en que no se miente, porque la mentira es inútil, yo deseo y quiero llevar a tu ánimo, mejor dicho al vuestro, al de la familia, la idea que dejo expresada y en la convicción de conseguirlo muero tranquilo.

Si te conceden la pensión de viudedad procura ayudar a Obdulia: ya sabes la preferencia que yo siempre he tenido por ella. No te recomiendo a Ramona por esperar que Sofía se encargará de su carrera.

Adiós. Mi último pensamiento será para la familia y de un modo especial para ti.

*Severiano no tenía hijos. Según cuentan sus sobrinos, Julia, su esposa, «vivió inválida el resto de sus días, con el sufrimiento de no haber podido hacer nada por él».*

## «PARA MI VIUDA»

*Marina tenía 35 años cuando su marido José Caldas le escribió esta carta, fechada el 12 de mayo de 1937 en una cárcel de Vigo. José era maestro de la Escuela Elemental de Trabajo y concejal en el Ayuntamiento de esa ciudad. Por eso, seguramente, lo fusilaron. Su hija nos ha contado que podía haber huido a Portugal, que sus amigos se lo aconsejaron. Pero él les contestó que no tenía por qué huir, que no había hecho nada malo y que nada iba a pasarle. Murió fusilado diez meses después del golpe militar que en pocos días controló Vigo. No habla de política en la carta. Sólo denuncia la injusticia de la que es víctima y que de golpe truncó una vida llena de proyectos largamente preparados. Sobre todo pensando en el porvenir de sus hijos. En un acto de sobrecogedora precisión formal y temporal, José dirige la carta, y así lo escribe en el sobre, a la «Señora Doña Marina Vázquez, viuda de Caldas».*

Mi muy querida Marina:

En las últimas horas de mi vida te escribo estas letras de despedida. Quiere la fatalidad del destino que la felicidad de que veníamos gozando desde hace catorce años quede rota así, de una manera tan trágica, cuando más nos era necesaria la vida para el bien de nuestros queridos hijitos; y para mayor sarcasmo, por ironía del destino esto se cumple el mismo día que nuestro querido hijo Manolito cumple años de su nacimiento. Pero la vida es así y nada podemos hacer contra ello. Tenéis que conformaros. Yo sé lo dura que la vida se os hará para ti y para los niños; ¡quién sabe lo que estas pobres criaturas tendrán necesidad de llegar a ser algún día! Los que entonces los enjuicien no pensarán que la culpa no es de ellos, sino de quien ha truncado su porvenir y su vida al apagar la de su padre.

Te quiero recordar la situación de la casa. Ya sabes que te corresponde pagar al morir yo la mitad del alquiler, o sea, veintiséis pesetas y media. Como en la Caja domina un espíritu de usura, pudiera ser que te pusieran algún inconveniente fundándose en la anormalidad de las compañías de seguros debido a la actual situación. En tal caso consulta todo con don Juan y le dices que el seguro a nosotros nos lo cobraba la Caja y ella lo pagaba a la Compañía como demuestran los recibos.

También en el Retiro Obrero tienes unas perras. Son pocas, pero te han de venir bien, sobre todo en estos primeros momentos de desorientación, para encontrar el rumbo de la vida. Yo estaba reuniendo allí cinco pesetas mensuales que empecé a pagar el mes de febrero de 1931 y creo que pagué hasta mayo o junio de 1936. Esto con los intereses y las aportaciones del Estado te lo entregarán allí y te informarán de qué tenéis que hacer para recogerlo.

Por último te pido mucho que nuestros hijos se eduquen lo mejor que te sea posible, ya que nuestros proyectos sobre ellos se vienen abajo. Siquiera, por lo menos, que lleguen a ser útiles para ellos y para ti. Les explicarás mi muerte y el motivo de ella, que si bien siento abandonaros no tenéis por qué sonrojaros, que tú bien sabes que nunca he hecho daño a nadie, que es una injusticia lo que conmigo se comete, que yo no puedo evitar.

Me amarga mucho dejar este mundo quedando vosotros en él. Sois mi único pensamiento. Me sentía dichoso a tu lado y rodeado del fruto de nuestra felicidad. Le das un fuerte abrazo de despedida a tu madre, la querida compañera de nuestra vida, y a los niños les das muchos besos. Diles que muero pensando en ellos, que sean buenos, que aprendan mucho y que te ayuden mucho a ti, que eres lo único que les queda en el mundo.

A mi madre y hermanos dales muchos besos, que no se aflijan, que esto es lo que llaman justicia, que quiere una víctima. Pero yo no he hecho daño ni delito alguno. Les pido en estos últimos momentos que no abandonen a mis hijitos, que te ayuden a criarlos en lo que puedan, para que la miseria no los haga unos seres desgraciados.

Y tú, ¿qué quieres que te diga, Mariniña? Recibe mi último abrazo de que es capaz mi corazón dolido y que sabes que siempre te ha querido.

¡¡Adiós todos!! ¡¡Adiós!!

*«Mi padre estaría muy orgulloso de mi madre», nos dijo la hija de José en la nota que acompañaba a la carta. «Porque trabajó y luchó muchísimo para que tuviéramos una posición digna».*

## DOS LÁGRIMAS IMBORRABLES

*Un hombre encarcelado y condenado a muerte escribió esta carta en enero de 1943. Y aunque Pepita, la destinataria, figure como su hija, en realidad era su hermana. Gabriel Pérez Ruedas tuvo que recurrir a esa estratagema para comunicarse con ella, pues a los presos sólo se les permitía escribir a sus padres, a sus hijos y a su esposa. Fue Marisa López, sobrina de Gabriel e hija de Pepita, quien nos envió el texto, aclarándonos que los dos manchones que había en el original y que emborronaban en ese sitio el texto eran el rastro de las lágrimas que su madre virtió al leer la carta.*

Querida hija Pepita:

Deseo que te halles bien; yo de salud lo estoy (a Dios gracias) y en lo que a lo demás se refiere ya te puedes hacer una idea. Te pongo estas letras con el deseo de que tomes las cosas con la resignación y la entereza que siempre tuviste para sobrellevar las adversidades y desgracias de la vida. No quería haberte dicho nada, pero como supongo que recibirías mi anterior carta y en ella ya te ponía en antecedentes de lo que ocurría, no he querido silenciarlo por más tiempo y te comunico que el día 7 del corriente fui a Consejo y me han condenado a muerte; como comprenderás no quiero hacer comentarios. Tú, hija mía, me conoces bien y pensarás que no soy merecedor de esto. Pero Dios lo quiere así y debemos acatar su voluntad, así que espero que tengas resignación y que esto no sea motivo de males que empeorarían tu situación y en nada mejorarían la mía. Tu madre y hermanos están haciendo cuanto pueden por mí, como igualmente tío Luis. Creo que la señorita Angelita también se está tomando algún interés: tú podrías escribirle una carta recomendándola que hiciera cuanto pudiera. Yo no puedo escribir más que a padres, hijos y esposa, por eso no la he escrito ya. Supongo que aunque estés ahí harás cuanto puedas y desde luego espero que me escribas a vuelta de correo, pues tengo gran deseo de saber de vosotros además de que ya te puedes figurar lo que significará para mí en estos tristes momentos recibir el cariño de los que tanto se quiere. En casa, fuera del natural disgusto, están todos bien. Yo los veo los lunes y los pobres no hacen más que darme buenas esperanzas, pero con lágrimas en los ojos, ¿qué animos pueden darme? (19-1-1943).

*En la posdata de su carta Marisa nos contaba que a su tío le conmutaron la pena de muerte. «Pero murió en la cárcel lleno de golpes y tuberculoso», añadía nuestra remitente. También Manuel, hermano de Gabriel, murió en la cárcel. Ambos eran obreros.*

## «FALLECIÓ»

*Un drama trasciende de las pocas líneas de esta carta. La escribió una mujer, Piedad, a su marido, Indalecio Palacios, en junio de 1941. Ambos fueron encarcelados a comienzos de abril de 1939, al final de la Guerra Civil, en Madrid, en donde el matrimonio vivía con sus cuatro hijos, el mayor de 15 y la menor de 10 años. Cuando escribe la carta Piedad estaba presa en la cárcel de la playa de Saturrarán, en Motrico (Guipúzcoa). Su hija Bella, que es quien nos mandó la carta, nos contaba que ella fue a despedirla a la madrileña estación del Norte el día en que salió hacia allí «en un vagón de ganado».*

*Su marido estaba en la cárcel de la isla de San Simón, en Pontevedra. A Piedad le habían llegado noticias de que había estado enfermo. Y temía que se viniera abajo. Debía de saber, seguramente porque lo había comprobado más de una vez en sus dos años de cautiverio, que ése era uno de los mayores riesgos que corría un preso. Y por eso en la carta le animaba a superar el mal momento que, a la distancia, ella imaginaba que su hombre estaba pasando. Y lo hacía con la entereza que algunas mujeres saben mostrar en las situaciones difíciles. Al tiempo que, con rápidas citas e indicaciones, trataba de resituarle en el mundo de las gentes que él y ella conocían, en el mundo de los amigos. Que, sin embargo, por la carta se comprende que en buena parte estaban también presos o viviendo en condiciones muy complicadas.*

*Con todo, lo más terrible es el epílogo de la historia. Porque en el anverso de la tarjeta postal oficial en la que Piedad escribió a su marido, y justo encima del águila franquista que hay impresa en ella, alguien había escrito a mano esta palabra: «Falleció». Indalecio ya había muerto cuando la carta llegó a Pontevedra. Y así, sin añadir una línea, los carceleros se lo comunicaron a su esposa. «Los cuatro hermanos nos quedamos a la ventura», nos decía Bella, la hija, que con 15 años «se había puesto a servir». «Fueron años tan penosos que nunca se pueden olvidar», añadía nuestra remitente.*

Saturrarán, 8-6-1941

Querido esposo:

Me alegraré de que te encuentres bien. Yo quedo bien. Indalecio, por el marido de una compañera que le escribió y se lo decía, me he enterado de que has estado bastante malo. Espero que en la tuya próxima me expliques si estás ya totalmente bien y qué es lo que has tenido. Tú no te acobardes ni pierdas el ánimo, haz por vivir sea como sea que yo creo que no tardaremos en reunirnos con nuestros hijos. Y, si no, fíjate en mí que solamente ese pensamiento me da fuerza para sobrellevarlo todo con paciencia. Pensar que pronto os volveré a abrazar a todos me hace vivir a costa de todo. De mis hermanas hace ya cuatro meses que no sé nada, no sé a qué será debido, si se las habrá tragado la tierra. Tú escríbeme a casa, que ellos me la mandarán aquí en su carta. El señor Evaristo siempre que escribe a su mujer pregunta por ti. Creo que su mujer saldrá de un día a otro pues ya tiene la libertad. Dime si tú te escribes con el señor Evaristo. También me dirás si sabes algo de Serafín, que me tiene muy preocupada pues hace bastante que no sé de él. Da muchos recuerdos a tu compañero Alejandro de parte de su mujer, a la que le ocurre lo mismo que a mí y que a la mayoría, que estamos muy decaídas físicamente. Sé que Julio, Bella y Delfina están bien. Bella se ha tenido que poner a servir. Aunque todavía no sé nada, dime si en el caso de que saliéramos y tuviéramos que ir desterrados si tienes pensado adónde ir. Sin más por hoy a pesar de que te contaría tantas cosas, las dejo para hacerlo de palabra cuando estemos juntos.

Piedad.

## EN CAPILLA

*Victoriano Fernández era asturiano. Nació en Luarca, pero creció, vivió y luchó por sus ideas cenetistas en La Felguera.*

*Además era albañil. Aunque leyendo el diario del que publicamos amplios extractos cualquiera diría que era un hombre de letras o, cuando menos, que había recibido una larga formación académica. Victoriano escribió estas notas entre abril y noviembre de 1939 en la prisión gijonesa de El Coto. Del texto se desprende que las fue redactando día a día, al hilo mismo de los acontecimientos que relata o que le llevan a hacer reflexiones que denotan una mente vivaz y rica en resortes y registros. Y también un sólido equilibrio personal. Porque hasta el 26 de agosto, fecha en que recibe el indulto, y desde hacía más de un año y medio, Victoriano fue un condenado a muerte que, día tras día, esperó que una noche, sin preaviso alguno, le comunicaran que iba a ser fusilado pocas horas después, al amanecer. Así funcionaban las «sacas» que en aquellos años llevaron a decenas de miles de españoles a la tumba. La narración de esas situaciones que se repiten día tras día son momentos muy intensos de ese diario. Pero, a pesar de esa amenaza permanente, los condenados eran capaces de seguir viviendo y sintiendo. Victoriano murió en la cárcel en 1941, víctima de las privaciones que sufrió. Los textos fueron sacados clandestinamente de la prisión, escondidos en la ropa.*

*9 de abril de 1939.* Domingo de Resurrección. Misa. Confesaron muchos más compañeros. Tiene ello una explicación: hace tiempo cesó como capellán de la prisión el jesuita padre Campos. Éste inició entre los penados una especie de lecciones sobre catecismo. Ese padre Campos era infantil en extremo; sólo así se explica que quisiera empollarnos el doctrinario como si fuéramos niños de siete años, olvidando que todos somos mayores de edad, ancianos muchos, y la mayoría con profesiones universitarias, médicos, ingenieros, catedráticos, maestros de escuela, periodistas, odontólogos, facultativos de minas, y muchos otros que, sin poseer carrera, están bien familiarizados con los libros. Por eso a todos les parecía que el profesor no estaba a la altura de los discípulos. Y aunque el auditorio era numeroso, bien sabe Dios que nadie acudía allí para ser examinado de catecismo, sino para pasarse una hora fuera de la celda. Así las palabras del padre, tan llenas de candor e infantilidad, más movían a nuestra hilaridad que conmovían los sentimientos. No era él quien haría despertar el sentimiento religioso dormido, según él, por habérnoslo inculcado nuestros padres en la niñez.

Poco tiempo después, la plaza de capellán fue ocupada por un sacerdote, y éste se ayudó para cumplir su misión catequista de los padres del Inmaculado Corazón de María, que hace muchos meses vienen haciendo muchos favores a los condenados a muerte. Visitan la celda de innumerables presos en cuanto llegan a la prisión, para dejar en ella encargos que les envían sus familiares, y, acto seguido, se cuelan en otras de donde recibieron aviso. Lo que no puede conseguirse por la «vía oficial», estos padres se encargan de proporcionarlo. Llevan también piedras de mecheros siempre dispuestas y hasta un frasquito de bencina para llenar el mechero de algún penado. Los condenados a muerte, en su mayoría, hablan bien de estos hombres.

También tiene otra explicación la extraordinaria concurrencia a las confesiones: el periódico *Redención*, hecho sólo para los penados, publica artículos en los que se hace resaltar la necesidad de que los condenados comiencen a redimirse de sus culpas, empezando por el espíritu. La gente cree que el espíritu se regenera haciendo una confesión, más o menos sincera, y allá van con prisa de ponerse en condiciones de ser libertados. ¡Qué afán de vida y de libertad! Por él se han realizado miles de cosas que jamás hubiéramos hecho de ser otra la atmósfera que se respirara. La que nos rodea no es la más a propósito para la serena reflexión, para el análisis minucioso de los más íntimos detalles de nuestra vida. Los hechos que a diario se suceden en esta casa no permiten otra cosa que un aplanamiento total del espíritu y una pérdida absoluta del dominio sobre nuestra voluntad.

Los hechos más nobles de nuestra vida nos parecen punibles. Es como si todas las reglas morales se trastocaran, volviéndose vicio la virtud, desinterés el egoísmo, heroísmo la cobardía.

*Domingo 16 de abril.* Y es que me resisto a penetrar en la atmósfera de que pretenden rodearnos. Nos tratan como a grandes malhechores que tuvieran que expiar gravísimos males causados a los hombres en particular y a la patria por consecuencia. No. No, no quiero aceptar este concepto. Me creo tan digno como el mejor de mis enemigos y mil codos por encima del resto.

Así, cuando veo arrodillarse en el momento de elevar el sacerdote el cáliz, siento ganas de erguirme y decir: ¡Eh!, ciudadanos, de nada me acusa mi conciencia. No he causado daño a nadie y menos privé de la vida. Por mi culpa no llora ningún niño, ni ninguna madre, ni ninguna esposa. Simplemente cumplí con mi deber.

*Jueves 20 de abril.* No sé a lo que los condenados a muerte tenemos derecho. Pocos deben de ser. Hasta hace poco, cuando desfilábamos de las celdas a los patios, y mucho más, cuando salíamos al rancho, los pocos compañeros que por ocupar destinos podían mirarnos, lo hacían a hurtadillas, temerosos de que el oficial les sorprendiera con la vista fija en nosotros.

Temían acercársenos y cuando lo hacían por gran necesidad tomaban toda clase de precauciones. ¡Hasta se llegó a suministrarnos la comida por el ventanillo! Hoy los oficiales pasean por el patio mezclados con nosotros. ¡Ya no nos temen ni nos tratan como apestados o leprosos! ¡Con qué poco nos contentamos! Una mirada que no sea de odio, un ademán que no sea de reto, unas palabras que no sean de injuria o maldición, ponen en nuestro ánimo el contento de un niño a quien se le entrega el deseado juguete.

*5 de mayo*. El actual Jefe de Servicios de esta prisión ha hecho en el día de ayer un acto que le acredita de buena persona. Ocurrió que desde primero de mayo se permite a las familias que puedan suministrar a los reclusos la comida de cada día. Este servicio venía verificándose normalmente aunque algunos destinatarios de cestas habían notado la falta de artículos ya condimentados, como tortillas, huevos duros, y otros como frutas, chocolate y algo más. Este Jefe tomó sus medidas que pronto dieron con el «pez» que hacía las sustracciones.

Con todo género de pruebas en su contra, el culpable fue llevado a las aglomeraciones y exhibido en el patio ante todos los reclusos. En pocas palabras, el Jefe de Servicios le dio una lección de hombría de bien. «Es este», dijo, «el que sustraía de las cestas comestibles, y el que se quedaba con las mejores prendas de ropa que caían en sus manos. No es ningún empleado de la prisión, sino un compañero de ustedes».

No he visto al aprovechado «compañero», pero le tuve lástima y convine con mi conciencia en esta declaración: pesa menos, y hace menos daño a mi ánimo la pena de muerte a que estoy condenado que el desprecio de 2.000 hombres a los que fue presentado como modelo de desleal y canalla.

Cuando la gente se retiró después de la presentación que de él hizo el Jefe de Servicios, se supo que el tal sujeto no pertenecía, ni perteneció, a los que han dado en denominar «rojos».

*10 de mayo.* Quiero anotar la impresión recibida con motivo de una visita extraoficial que nos hizo uno de los oficiales de la prisión, acompañado de un recluso que ocupa destino. El oficial se llama Higinio Marqués. Le apodaron los reclusos «Alma negra». No sé el porqué de tal apodo, ya que no responde a la conducta que con nosotros observa. Por el contrario, nos trata con mayor consideración que ningún otro empleado y, a la hora del reparto del rancho, se nota en él contrariedad si éste es malo o escaso. Es también el que más veces nos saca al patio y hasta se dice que, por mostrarse diligente en esto, sufrió una reprimenda del Jefe de Servicios.

Entró en la celda. Nos levantamos respetuosamente. Siéntense, nos dijo. Pero continuamos de pie. Traía un papel en la mano. «Se trata», balbuceó «de adquirir por suscripción entre los reclusos un órgano para los muchachos que forman el coro». Nadie contestó. «No es preciso que den ahora el dinero. Basta con anotar la cantidad con la que contribuirán». Siguió el silencio. El oficial, ante tal mutismo, dijo que «si no se podía, tan amigos». Salió sin llevarse ninguna suscripción y se despidió con un «buenas tardes». Respiramos a pulmón lleno. El momento fue violentísimo para todos. Los trece hubiéramos querido que la misión fuera desempeñada por Ramonín, otro oficial que no para de humillarnos.

*18 de mayo.* Para el día de hoy, y el de mañana, se anuncian grandes acontecimientos que beneficiarán nuestra situación. Hora era de que esta fiesta se celebrara. La de hoy es religiosa y habrá desfile militar en las provincias en las que aún no lo hubo. Mañana será la entrada del Caudillo en Madrid, con cuyo motivo se anuncian los grandes acontecimientos de que más arriba hablo. De ocurrir lo que se dice, pronto estaremos todos en la calle. No me las prometo yo tan felices y no diría nada de más si dijera que no espero nada que mejore mi situación. No obstante, la esperanza que me sostiene hace muy cerca de veinte meses no me abandona. Mientras escribo estas rápidas impresiones se está celebrando otra misa y de la calle llegan a nuestro oído estampidos de voladores y ruidos de campanas. Es el júbilo oficial ordenado por los grupos triunfadores. Pero la alegría no es contagiosa. Si estamos tristes nos ofende la alegría de los demás y, sobre todo, si los que ríen fueron la causa de nuestro dolor. No. No habrá gran algaraza en el pueblo.

*5 de julio.* Las tres de la mañana. El día anterior, bien de mañana, el patio de condenados a muerte estaba bajo la influencia desastrosa de un bulo fatídico que hacían circular con pelos y señales, con conversaciones confirmatorias o poco menos de que se preparaba una «saca» para el día anterior. No sé por qué, que nada tengo de valiente, hice poco caso a los «augures» y me quedé dormido. A las tres de la mañana me desperté. Mejor dicho, me despertaron mis compañeros. Media celda estaba en pie, y somos quince, y se alumbraban con una vela. Motivó esta actitud el hecho de que cerraran el ventanillo de la celda, medida que, sabemos por experiencia, precede a toda «saca». Esto unido a ruidos de llaves y rumor de personas que hablan, nos hizo adquirir la convicción de que así era.

Siempre estoy preparado para ese momento fatal. Nada tengo de qué arrepentirme. Creo que esta noble

211

conducta mía ha sido así reconocida por cuanto no se me acusa de nada repugnante: «Hombre de izquierda; viejo sindicalista; perteneció al Comité de Defensa y de Guerra en Octubre del 34 y también en el 36, ordenando robos y violencias; tomó parte en actos públicos en Sama y La Felguera y escribió artículos contra el glorioso movimiento». Ni una palabra más ni una palabra menos. Ya sé yo que el ser sindicalista es poco, como lo es el pertenecer a un Comité que no causó ni una sola víctima; ni los escritos que publiqué en CNT.

*6 de julio.* Los fusilados ayer hubieron de estar preparados desde las dos y media, hora en que les sacaron de las celdas, hasta muy cerca de las ocho, que salieron escoltados por soldados de marina. Eran ocho. En fila los exhortó el capellán a que, en tan supremo momento, prepararan sus almas para el viaje eterno. Creo que fueron tres o cuatro los que así lo hicieron. Entre los que se negaron había un limpiabotas que trataba de justificar su negativa. Confesados los que así les plugo, comenzó la misa, que todos escucharon. Y salieron. En el lugar de la ejecución, el capellán volvió a exhortarles a que pensaran en Dios. Luego dirigiose al más contumaz, al limpiabotas: «Piense usted en mí cuando esté preparado; y sería una gran satisfacción si, como testimonio de ello, al caer en tierra levanta usted el brazo con la mano extendida».

Salieron a formar por última vez. Los soldados apuntan y suena la descarga desplomándose todos. El limpiabotas apareció en tierra con el brazo en alto, dice el capellán, refiriendo la anécdota, pero con el puño cerrado.

*10 de julio.* Noche toledana. Se acercan a nuestra galería. Abren el ventanillo de la celda número uno, después el de la nuestra. «Vístanse todos», dice el oficial.

Nuestra suerte está echada. Dentro de pocos minutos vendrán a elegir la víctima... o víctimas. Vestidos ya todos, cada uno comienza a poner en orden sus cosas para el caso de que les toque la «negra». Otros comienzan a escribir sobre los blocs unas líneas de despedida para los familiares. Otros hacen encargos y dejan las señas para que se envíen sus ropas. Nadie se cree seguro; quien más quien menos, todos se consideran incluidos en la lista que pronto escucharemos leer. Por fin se abre la puerta. No sé lo que habrá ocurrido en el corazón de cada uno de nosotros. El oficial pronuncia un nombre. Es de notar que aun los más acusados, justa o injustamente, abrigamos la esperanza de que acaso no nos toque la racha. Pero al sentir pronunciar nuestro nombre, ya toda esperanza se ha perdido. Cuando me fijé en el compañero, ya éste salía despidiéndose de todos en conjunto.

¡Qué momentos! ¿Qué habrá ocurrido en mi corazón en el lapsus de tiempo, cuya duración no puede precisarse, que media entre un nombre a otro? Con ser tan efímero, creo que a mi alma le habrá parecido una eternidad. Un solo nombre ha pronunciado el oficial.

¿Qué espera que no sigue leyendo? ¿Hay en la galería poca luz y duda el oficial? ¿Es que ha terminado en nuestra celda? Si a mí me ordenaran calcular el infinito a través del tiempo, contestaría que era el segundo que acabo de vivir. Creo que durante el tiempo transcurrido en lo que he tratado de describir yo he estado en una semiinconsciencia. El peligro continúa y bien quisiera que el corazón me acompañara a ser fuerte si el momento me llega.

*12 de julio*. También hubo «saca» esta madrugada, en número de diez.

*13 de julio.* Esta madrugada tuvo nuestra celda participación en la «saca» habida. Manolín Suárez, de Ciaño, fue la víctima. Al saber que uno de la celda anterior saldría, nuestro compañero infortunado adquirió la certeza de que también él saldría ya que su causa se había visto en el mismo consejo. Hubo lucha para convencerle de que sus temores eran infundados, ya que las noticias recibidas hablaban en contrario. Por fin el compañero estaba en lo cierto. A poco de la señal del ventanillo se lo llevan. Marchaba un poco pálido, pero con gran serenidad. Volvió más tarde a buscar el tabaco y los que lo vieron afirman que ya su rostro no palidecía tanto. Se le recordó un momento y como nada teníamos ya que hacer en vela, volvimos a tendernos hasta la hora de retreta.

Cómo abaten las «sacas». Producen más estragos en los que quedamos que en los que marchan. Es tan notable en cada uno de nosotros, que merman de carne y de estatura a ojos vista. Llevamos cuatro días pero ya, al segundo día, le dije a Antonín: «parece que andas agachado, ¿estás enfermo?».

A las once de la mañana han leído veintiún indultos. Dos son de los rollos que acaban de liquidar, el resto pertenece a compañeros que ya están «pasados». Para colmar la medida de nuestra desgracia en esta triste semana, han suprimido a los penados la cesta de la comida que les enviaban sus familiares.

*14 de julio.* Hoy nos habló el magistral de la catedral de Oviedo. Discurso florido, bello de forma y de léxico y rico en imágenes. El contenido vacío completamente. Argumentos todos ellos a la altura del más modesto cura de aldea. Con esta conducta, el efecto que desean se convierte en defecto.

Quinto día de «saca». Son éstas como descargas eléc-
tricas sobre nuestros nervios. Creía yo, iluso de mí, que
con la victoria se aplacaría un tanto el furor de los victo-
riosos. Como los creo imbuidos de un espíritu cristiano,
pues no en vano van en su compañía todos los sacerdotes
y órdenes monásticas, creía que para los vencidos habría,
si no un perdón absoluto, siquiera el respeto de sus vidas,
de las que, según el mandato divino, sólo puede disponer
el Creador. Pero advierto mi absoluta equivocación.

Para probar que todo era dolor en estos cinco días,
diremos que los empleados estaban tan aplanados y tran-
sidos como nosotros. Hubo alguno a quien se le vio lim-
piarse los ojos.

*16 de julio.* Hoy, domingo, misa cantada. Nada notable
hay que anotar, como no sea la falta de cincuenta y dos
compañeros en quienes se cumplió la sentencia. En la ho-
ja del viernes se me olvidó consignar que el capellán vino
a decirnos que las «sacas» habían terminado. «¿Hasta
cuándo?», le dijimos. «Quién lo sabe», contestó. «Pudieran continuar dentro de unos meses; terminar definitivamente», añadió.

*19 de julio.* Ayer fue día de comunicación. Después
de los cinco días de fusilamientos, era natural que se des-
colgara sobre la cárcel el noventa por ciento de las familias que tienen en ella condenados a muerte. Edelmira,
como siempre, nada cuenta de sus sufrimientos, pero se
los adivino. Según me afirma mientras yo le hablo, ella
sabe que los que han sido fusilados últimamente eran acusados de sangre y que a mí no se me acusa de nada de eso.

*19 de agosto.* Siete de la tarde. Por fin fue indultado
mi amigo Zamora. ¡Qué egoístas somos! Me alegra en el
alma su indulto y me entristece el saber que se marcha
un amigo con el que he paseado a diario. Zamora em-

pieza a ser feliz desde el momento en que ha firmado. «Tres cosas», me decía, «estoy deseando con todo anhelo de mi alma: que me indulten, casarme y que estalle la guerra europea». Bien seguro estás de las dos primeras, la tercera la tendrás no tardando muchos días.

*22 de agosto.* Ayer, 21, comenzaron de nuevo las ejecuciones. Se llevaron a quince. A la hora de costumbre, de madrugada, ciérrase el ventanillo. Encendemos la vela, nos sentamos desnudos en los petates y esperamos. Media hora habría transcurrido cuando se enciende la luz y abren la puerta. «Ramón Hevia Rato», dice el oficial. «Bueno, compañeros, me toca a mí hoy; me alegro de ello. Esta vida se me hace imposible. Ya todo se acabó. Os repito que me alegro». Púsose al cuello un pañuelo blanco y salió. Se le olvidó ponerse un pantalón hermano de la chaqueta. Quería ir curiosamente vestido porque sabía que su familia iría a verle.

*24 de agosto.* Hoy le tocó la negra al amigo Manolín Fernández Álvarez, amigo querido de todos. Once meses juntos de celda y nunca hubo con él una regañina. A mí me distinguía mucho. Me obsequiaba a diario con plátanos, o trozos de queso, o alguna sardina de lata. Ayer, precisamente, fue indultado Canella, su amigo del alma. Cuando le vio salir de la celda, hizo como que no hacía aprecio, pero tras él se fueron sus ojos; luego se tumbó sobre el petate y apretó la cabeza con las manos. Acaso llorara.

A las dos de la mañana se cierra el ventanillo. Mirando al relato de lo que a cada uno se acusaba, me creía yo el más «cargado», aunque no de sangre, y me vestí, y lavé y puse mis mejores zapatos. Garrido me decía: «No se vista, Victoriano, soy yo el que salgo». Manolín también reclama el puesto. Como tenemos pitillos ya liados de antemano, no hacemos más que fumar cigarrillo tras cigarrillo. Llegan por fin a nuestra celda; se enciende la luz. La llave penetra en la cerradura, funciona ésta, luego el cerrojo. Se abre la puerta y aparece don Francisco con un papel en la mano. Automáticamente nos ponemos en pie los tres: «Manuel Álvarez Fernández». «Yo soy», dice Manolín.

*25 de agosto.* Hoy se llevaron de la celda a Antonio Garrido, un buen muchacho de Tineo. Estuvo en nuestra compañía algunos meses. Era un gran narrador de cuentos en los cuales siempre había un sacerdote por el medio.

*26 de agosto.* Hoy he sido indultado. Continuó la «saca» en la mañana y bien temprano, Plácido, el compañero de celda que asomado al ventanillo preguntaba a todos quiénes habían salido, al oír mi nombre casi palmoteó de contento, y abandonando a toda prisa el sitio de escucha me dice: «Estás indultado, Víctor; sacaron a Lamar». No he de ocultar que sentí satisfacción. El pobre Lamar era compañero de juicio mío en unión de otro compañero, Varas; a éste sólo se le acusaba de ser teniente. A las cinco me llamaron a firmar. ¿Cómo despedirme de los compañeros? En silencio preparé mis cosas y salí como alma que lleva el diablo. Todos notaron mi turbación.

*30 de agosto.* Esta mañana hubo una novedad en el parte diario con que la aglomeración se viene desayunando desde hace muchos días. La de que sólo fueron siete los compañeros que sacaron para ejecución. De uno de ellos he tenido fugaz conocimiento. Se apellidaba Ania, era de Mieres, ferroviario. Era hombre de edad y muy rubio el pelo, barba y cejas y pestañas; por ello, al mirar, dejaba los ojos semiabiertos. Me había presentado a él el día de mi indulto. «Es hermano de Juanín», le dijeron, y me estrechó la mano.

*31 de agosto.* Hoy volví al patio de penados. Íbamos a comprar al economato. Como es natural, ellos, los penados que aún existen, no estaban allí, los hacen salir al patio de la tercera. Es ésta una medida incomprensible, inconscientemente cruel. Cuando éramos cuatrocientos, permitían que allí nos apretujáramos unos contra otros. Ahora que el número no pasa de cincuenta los meten en el grande con lo cual se darán más perfecta cuenta de los claros que va dejando cada «saca» seguida de indultos casi en el mismo número.

Me enteré de que en la última «saca» se fue Juanín el de Ciaño, tallista, dejando sin terminar un crucifijo que estaba tallando para la prisión. Después de la caída del Norte, había estado trabajando en un taller, tallando retratos en madera para algunos oficiales. Como esto no resolvía su problema económico, decidió cerrar el taller. Fue detenido y traído a Gijón. No sé de qué le acusaron. Estas noticias me las da un hijo de Sandalio, el mampostero del Ayuntamiento. Graves debieron de ser que provocaron su fusilamiento.

*1 de septiembre.* Con el mes comienzan de nuevo a darnos unas horas de patio por la mañana y por la tarde. Bien pocos hay sentados que no hagan algo. La teoría de la ociosidad tiene pocos adeptos. El que «cansado de hacer piernas» se sienta, es para escribir sobre una tabla que, colocada sobre las rodillas, hace de pupitre, o para dibujar o sacar copias de fotografías por el procedimiento de los cuadros, o para trabajar estuches de cartón y papel de barba. Otros aprenden francés o inglés, matemáticas o álgebra. Algunos hay más atrasados que empiezan ahora a leer o a sumar. Por lo general, estos principiantes son gente ya madura, casados.

*10 de septiembre*. Desde que fui indultado, el 25 del pasado, tres misas hubo, y sólo asistí a la del primer domingo, tres días después del indulto. Por cierto, que la música que escuché no tenía nada de la pesada, triste y sin sentido que advertí en la primera cantada que se llevó a cabo en la prisión. ¿Era más alegre en realidad o simplemente una refracción de mi espíritu?

*12 de septiembre*. Irrumpe en el patio llamado de comunicaciones gran algarabía de voces de bien distinto timbre y tonalidad, aunque todas ellas son de mujer. Son las detenidas «rojas» que acuden, como todos los días, a los lavaderos instalados en dicho patio para lavar la ropa de los reclusos. Hay dos o tres niños, hijos de detenidas, que debieron de nacer en la cárcel. No llegarán a los dos años. Estos niños están magníficamente atendidos; hay verdaderas luchas entre las muchachas por hacerles callar cuando les da un berrinche.

*13 de septiembre*. El patio está diferente a otros días. No pasea la gente, sino que se reúne en corrillos y mira de soslayo hacia los urinarios, porque allí está «Talín», un pescador de Gijón que hace cinco días entró en la cárcel. Según dicen, se trata de un hombre que ha «checado» a cientos de compañeros a partir de la entrada de los nacionales en Gijón. Es del barrio de Cimadevilla. Paseé a su lado y, discretamente, me paré a contemplarle. Su aspecto es normal. Viste traje negro, de cazadora. Menudo, cara angulosa, sin gran pronunciamiento y alargada. Nota que es objeto de todas las miradas y está acobardado. Cuando llegó venía luciendo unas grandes flechas en la cazadora. Parece que por ello fue destinado a una celda donde colocan a los que son falangistas, pero éstos fueron inmediatamente en queja y fueron echados de allí. No creo que existan hombres capaces de matar por matar. Para mí, esos seres de quienes se dice que nacen con instintos criminales, no existen, los forja el ambiente. Y la ocasión hace todo lo demás.

*24 de septiembre.* Hoy es la fiesta de la Patrona de los Penados: Nuestra Señora de la Merced. La mayoría de los reclusos esperaban este día con verdadera ansiedad, aunque en ello no entrara fervor religioso alguno. El motivo de la impaciencia era que en el Decreto del Estado creando esta fiesta, se hacía constar que en dicho día, los reclusos disfrutarían de una comunicación extraordinaria y de un rancho especial. Ni una ni otro hubo. Fuera de lo normal, sólo hubo una misa de mayor duración, oficiada por tres sacerdotes y un aumento de «medio chusco» en la ración del pan. Anotemos también que en el rancho se vio alguna rajita de chorizo que no se ve otros días.

Los reclusos se desilusionaron. Esperábamos resarcirnos del hambre que pasamos a diario, y nos llevamos gran chasco. Por no haber ni abundancia de rancho hubo, pues a la mitad del reparto que se estaba haciendo como de ordinario, llegó el jefe del reparto diciendo que no alcanzaba, con lo cual invitaba a los repartidores a que echaran a medio llenar la garfilla.

*28 de septiembre.* Dos compañeros han ido de madrugada, por su propio pie, hasta el lugar donde quedarán para siempre sus cuerpos sepultados. Luis Cuesta era conocido de antiguo porque nació en Gijón, y aquí vivió toda la vida. Muchacho inteligente, muy aficionado a la fotografía y a las excursiones. Por su odio al salario, se empeñaba en buscarse trabajos donde pudiera ganar el pan sin necesidad de patrono. Muchas veces, a lo largo de los años que nos conocimos, le encontré con su Kodak colgada del hombro y un niño de la mano. Era virtuoso de costumbres y muy cariñoso para todos. Decíase socialista, pero no eran muy arraigadas sus convicciones. Creo que le sentaba muy bien su espíritu pequeñoburgués que yo le achacaba. Para huir del «barreno» fomentaba en el patio la caricatura. Logró acertar en los rasgos de algunos penados. Fracasó en mí. Formó parte del Tribunal Popular y creo haya sido ésa su mayor acusación.

*29 de septiembre*. A las primeras horas de la madrugada de hoy, pasaron a mejor vida nueve compañeros.

*3 de octubre*. Como hubo hoy comunicación con el exterior, que había estado suspendida por espacio de mes y medio largo, han venido a visitarme Edelmira, Josefina y Luz. Desde que me indultaron no me habían visto. Ya no me miraban de hurtadillas. Antes tenían, a lo que se ve, miedo de mirarme. Acaso se fueran preparando a sentirse sin padre, o sintieran la lástima que nos causa contemplar a un hombre que cualquier día desaparece para siempre.

A Josefina la encontré muy buena. Luz está, como siempre, muy guapa y muy viva. Edelmira, tan delgada como la vi la última vez, no ha mejorado nada, y tiene razón para ello. A su situación, en la que le es tan difícil alimentarse, se agregan las fatigas que le ocasiona ganarse algunas pesetas lavando ropa para poder agregar alguna vianda a la comida que les dan en Auxilio Social. No he sido nunca partidario de que la mujer hiciera otra cosa que cuidar de la casa y de los hijos. Esta maldita guerra, además de los dolores físicos y morales que nos ha proporcionado a todos, me hace tragar este nuevo cáliz. Como sé que el tabaco que fumo es adquirido con tanta fatiga como le supone lavar ropa en estos crudos días, empieza a saberme mal. No obstante no puedo dejar de hacerlo.

Venía muy curiosa vestida Edelmira. Traía un vestido de sastre que, según me dijo, se había hecho en Barcelona. Tiene el pecho demasiado liso. Cuando noté su traje, se echó para atrás al momento para que la viera todo el cuerpo. Creo que agradeció el interés que en ello puse. ¡No había de ponerlo! Viéndola cargada de dificultades y mal comida se me hace más dura la prisión. Pero hay que tener paciencia.

*8 de octubre.* Mientras se celebra la misa de hoy domingo, mi vecino de cama, Turienzos, me cuenta enternecido cuánto estará sufriendo su pobre compañera. Turienzos es católico, de Vitoria. Lleva al cuello un corazón y una cruz de hueso, hechas por su mano a fuerza de lija y paciencia. En el corazón dos nombres grabados. Cada mañana, a la hora de la ablución, pone sus labios sobre aquella pequeña lámina. «También ella es católica», me dice, «y aunque sus dos hermanos son falangistas, y mi padrino jefe de Falange del pueblo, no sé qué habrá pasado en la conciencia de mi pobre mujer para que un día que fue a visitarme a la cárcel de Llanes me preguntara, después de informarse de cuánto llevaba sufrido: "¿Has cambiado por ello?". De pronto no supe qué contestarla. Insistió y ya entonces tuve que decirle: "¿De qué habría de cambiar?, ¿qué mal hice a nadie?, ¿qué quejas tienes tú de mí?, no hice más que cumplir con mi deber". Y como si se quitara un peso de encima, respiró fuerte».

¿Cuántas lloran en silencio, impotentes contra el mal que se cebó en el ser querido? De cien que conozco, señalaré este caso por ser el que más afectó mi alma. Una pobre muchacha que ejercía la prostitución, muy agraciada por cierto, huérfana de padre y madre. Se conservaba en buen estado porque un señorón la había hecho su querida. Muerto éste, hubo de volver a ser de todos, porque no tuvo, la pobre, la previsión de hacerse dotar. En el prostíbulo de postín conoció a este muchacho, el cual vio en la chica materia digna de ser elevada. Vivieron juntos tres

años. Ella entregada a él en cuerpo y alma, y él encariña-
do con ella. Eran felices. Surgió este movimiento y él da
con sus huesos en la cárcel, y condenado a muerte. Ella no
sabe sino llorar. ¿Cómo ha de creer que el hombre que la
volvió de la deshonra sea el mismo al que tan graves acusaciones dirigen? Lo cree tan inocente como a Jesús de
Nazaret, y en sus cartas le dice: «pero yo no sé qué hacer
para ayudarte. Dime tú qué hago, a quién me presento; dí-
melo pronto». Pero él nada. «No pases falta de nada, le
decía a ella. Ahí te va un giro». «No mandes nada, que no
lo recibiré. Defiéndete tú que con ello harás bastante, a mí
nada me falta, y le faltaba de todo. Acuérdate de lo que tenemos hablado; no olvides nuestra casita y el puesto que
yo ocupaba en ella. Si yo te faltara algún día, acuérdate de
lo que fuiste, de los vejámenes que en aquella vida sufris-
te, para resistir a toda fácil solución de tu modo de vivir.
Continúa siempre digna y que no tengas que abatir la
cabeza ante nadie». Este buen consejero fue fusilado.

*9 de octubre*. Ayer, en el registro de bolsas procedentes del lavado de mudas que las detenidas hacen semanalmente, se halló un tosco dibujo alusivo al rancho que
nos suministran. El tal dibujo representaba a las mujeres
en traje de baño formando cola tras de una olla en la que
se leía «piscina». En verdad que el dibujo estaba exac-
to; el agua caliente es lo que a diario se nos sirve a cada
comida; agua caliente con unos fideos nadando muy hol-
gadamente. Así no es extraño que cada domingo se cai-
ga, oyendo misa, algún compañero.

*14 de octubre*. A cada momento se ven compañeros pidiendo pan en las aglomeraciones y celdas que ocupan los
compañeros de cesta; y aún después de silencio, y a altas
horas de la noche, muchos compañeros están comiendo
en frío patatas guisadas, garbanzos o sobras de rancho.

Antiguamente daba vergüenza verse con hambre o piojado; actualmente, ver correr piojos por una americana no produce extrañeza, como tampoco la produce ver comer las mondas del plátano. Si siguiera escribiendo sobre esto, llenaría algunas cuartillas y aumentaría el mal humor que hoy tengo. Termino deseando que se confirmen las buenas noticias que sobre nuestra situación corren.

*28 de octubre.* Hoy fue día de «saca». Seis compañeros han caído. Dos de ellos de La Felguera. Vivía uno en Barros. El otro es Etelvino Vallina, el Fute que le dicen de apodo.

## «¿Habéis sembrado los melones?»

*Tomasa Cabrero Alarcón nos mandó estos textos tras haber acordado con su madre y sus cinco hermanos que debían salir a la luz. Fueron escritos por su padre en 1941. Figuran en el reverso las tarjetas postales oficiales que, en muchos casos, eran el único formato que el sistema carcelario franquista autorizaba para las comunicaciones de los presos con sus familias. Sus reducidas dimensiones obligaban a achicar la letra hasta donde cada uno podía y entre los presos hubo verdaderos maestros en el arte de la miniatura. El padre de Tomasa, Simón Cabrero, era de Lupión, un pueblo de Jaén, y estaba preso en la capital de la provincia, junto a su hermano Ignacio. Otros dos hermanos, José y Antonio, seguían huidos en Francia. Las tres primeras cartas están dirigidas a sus padres. Éstos son algunos párrafos de las mismas:*

Nos alegramos de que hayáis tenido noticias de José y de que se encuentre bien. Madre, respecto de lo que nos dices de que la facturación va mal, os pido que no hagáis más esfuerzos de los que podáis hacer, que nosotros nos hacemos cargo de cómo está la vida y que vosotros estáis antes que nadie y nosotros lo mismo que hemos pasado este invierno, pasaremos los dos o tres meses que nos quedan. Y cuando salgamos ajustaremos todas las cuentas, que a mí no se me va ni una sílaba, aunque no lo parezca. Por eso mi deseo sería salir hoy mismo. Pero al mismo tiempo tengo paciencia y estoy orgulloso de estar aprendiendo, porque las cárceles sirven para eso, para aprender, de aquí y de allí, lo que no es poco. Mamá: le mandaré los pantalones caqui de Ignacio y yo me pondré los de pana. Mándenos un poco de jabón de lavar para cuando vayamos a la ducha y le dice a Antonia que me traiga una toalla.

(11-3-1941)

Os escribimos estas cuatro letras para que nos cuenten el porqué de vuestra tardanza en escribirnos, que nos extraña mucho. Nos dirán si saben algo de José y de Antonio y también si habéis sembrado los melones y también con quién vais a segar. No hemos girado la ropa creyendo que vendríais. La sacaremos fuera este martes por si venís. Si venís nos traéis tarjetas de papel de fumar, cordón para los chisqueros y para Ignacio una pipita de fumar, a ver si hay alguna por casa. Y también la gramática y la ortografía, que papá sabe dónde están.

(30-5-1941)

El mayor disgusto que me dio vuestra carta fue saber que Catalina estaba en casa de Manuel. Si yo llego a estar ahí eso no pasa. Pero cada día tengo más paciencia. También os digo que aunque sea cada 15 días

225

que nos escribáis y no ahorréis papel, que ya teníamos disgusto de que no llegaban cartas vuestras y no sabíamos a qué achacarlo. Me alegro de que papá no trabaje mucho, que con que gane para que comáis, es de sobra. Que además José y Antonio van a estar pronto con vosotros. Que os arregléis bien con los melones y que haya muchos para cuando lleguemos. Además pronto habrá trigo nuevo.

(6-7-1941)

*La última de las tarjetas que nos mandó Tomasa contiene, escritos en letra aún más pequeña que en las anteriores, mensajes de amor hacia ella misma, que entonces era una niña de dos años, y hacia su madre. Y también un lamento por estar encarcelado:*

Para ti, Tomasa, humildad; hija del alma querida, de mi amor flor bendecida, te dirige estas palabras quien en prisión se queda; habiéndote visto entre rejas y no poderte besar, que es ese el dolor que me queda: tu padre que no te olvida.

Entre perfumes de flores, entre arrullos de jilgueros, sin conocer sinsabores, así, esposa mía, quiero extasiarme en tus amores y en tu cariño sincero.

Con santa resignación y con el alma transida por la angustia y la aflicción se va extinguiendo la vida del cautivo en la prisión. Cuando el bullicioso día con su luz desaparece, la pena, cual lluvia fría, su corazón entumece y llena de melancolía. Piensa en sus seres amados y en los amigos queridos de quienes vive apartado y le echaron en olvido apenas fue encarcelado. De manera irreverente al olvido le echaron sus amigos y parientes, los que su nombre borraron para siempre de su mente. Soportando va sin regaños de su destino el rigor y soportando sus daños ve desfilar con rigor las semanas, los meses y los años.

## «CUIDAD DE MIS NIÑAS»

*Esta carta salió de la madrileña cárcel de Las Ventas escondida en una maceta. Su autora fue fusilada pocas horas después de escribirla. Una de sus hijas, de 16 meses de edad, había muerto poco antes en la prisión. El marido de Teresa, Francisco Forjas, miembro de la ejecutiva socialista del Puente de Toledo, había sido fusilado en 1940. «Contadle al mundo lo que me está pasando, que me están matando a palos», había escrito Francisco en una misiva que llegó a su familia. Su hermano Luis y un hermano de Teresa, Luis Trullenque, también murieron en el paredón. Todos eran socialistas madrileños. Pero Teresa confía a la Virgen la suerte de sus hijas huérfanas.*

*La carta nos fue enviada por una de ellas, Teresa. «Teníamos 5 y 7 años cuando murió mi madre», nos decía en la carta que acompañaba a este texto. «La obligaron a confesarse para que se pudiera despedir de nosotros. Ahora que todo se puede contar, tendré la alegría de que la gente sepa el dolor con que mi madre se fue de este mundo».*

*Fue un hijo de Teresa quien nos contó lo que le ocurrió a sus abuelos cuando terminó la Guerra Civil. Y nos añadió un detalle que confirma que, cuarenta años después, aquel drama seguía teniendo aherrojada a su familia: «Cuando en 1980 decidí, por mi cuenta, ingresar en las Juventudes Socialistas, mis padres me armaron el mayor follón de mi vida y a punto estuvieron de que me echara para atrás». No es que hubieran cambiado de ideas políticas. Es que seguían teniendo miedo.*

Las Ventas, 28 de diciembre de 1941

En capilla, a la una de madrugada, es la última carta que os escribo, queridas hermanas Concha y Paca. Mis hijas se quedan huérfanas. No os pido más que las miréis como si fueran vuestras hijas. Muero inocente y con la conciencia muy tranquila. Dad muchos besos a mis queridas niñas que las llevo clavadas en el corazón y lo mismo a las vuestras y a la abuela. Siento mucho todo lo que os habéis molestado, que ha sido inútil. Ese señor ha servido mal, pero, en fin, qué le vamos a hacer, paciencia. Os pido que llevéis a mis niñas por buen camino, que sean buenas, que salgan dos mujeres honradas como su madre, que nunca nadie ha tenido que decir nada de mí y que pidan mucho a la Virgen.

Muchos besos para sobrinas y para la abuela y para Vidal. Dejo de madre de mis hijas a la Virgen Santísima, que ella las protegerá y defenderá de todos los peligros. Muchos besos. Hasta la eternidad.

Teresa Trullenque Martín

## «QUIERO BESAR A MI HIJO»

*El padre de nuestro remitente, Salvador Duque de la Torre, escribió esta carta desde la cárcel de Alcalá de Henares en octubre de 1939. No dice cuánto tiempo estuvo preso su padre, pero sí que la carta apareció pocos días antes de que nos la enviara. Estaba en el cajón en el que su madre, que acababa de fallecer, guardaba las fotografías. Salvador nos aclaraba además que esos dos hombres, Enrique y Gregorio, por los que se interesaba su padre, eran sus dos hermanos, que en aquellos momentos estaban condenados a muerte por haber sido, al igual que su progenitor, oficiales del ejército republicano. Finalmente no fueron ejecutados. Salvador tenía 20 meses de edad el día que su padre escribió la carta:*

Querida Petruja y Salvita:

He recibido la tuya de fecha 5, lo que me causa gran alegría al saber que os encontráis todos bien, que es lo que os deseo. Yo quedo bien.

Petra, no te puedes dar una idea de lo que me gusta que me digas cosas del niño, pues tú bien sabes que para mí no hay nada más grande que tú y él, así que fíjate los deseos que tengo de poder estar ya junto a vosotros; pero todo es cosa de paciencia y esperar a que me toque el turno de salir pronto a juicio.

No quiero que me traigas al niño porque comprenderás el dolor que será para mí el verlo y no poder besarlo, pues cuando tú te marches ya puedes figurar cómo quedaré y ya te habrás dado cuenta de que la mayoría de las veces no acierto a decirte todo lo que quisiera, así que comprenderás que no quiero que lo traigas a no ser que lo viera de vis a vis y poder tenerlo en mis brazos aunque no fuera más que unos minutos. Cuando venga la vieja vienes tú con ella y el niño, pero con la condición de que tiene que ser como la otra vez y así podré besaros.

Ya me dirás qué te parece la foto mía, pues mi gusto hubiera sido hacerla mejor pero no he podido porque me faltan pinturas. Los dibujos del niño espero que le gustarán y a ti también. Ya me dirás qué te parece lo que he pintado detrás de esta carta, pues me figuro lo que pensarás cuando la veas. Para la próxima vez que vengas tendrás hecha la foto de los tres juntos, pues yo sé que estás deseando que la haga.

Dime si han juzgado a Enrique y qué se sabe de Gregorio, pues mi madre me dice que no sabe de él ya hace días. ¿Cómo se encuentran Felisa y el niño? No me dices nada de ellos.

Muchos recuerdos y besos a mi madre y hermanos y los mismos para tus padres y hermanos y la Maruja y dime si está muy parlanchina.

Besos para mi Salvita y muchos para ti de quien no os olvida un momento».

*En el reverso de la carta hay un dibujo bastante logrado, y con las formas de los cómics de la época. Se trata de una pareja posando para la foto de boda. Son dos niños. Él va vestido de chaqué, ella con falda muy cortita. Un lema —«¿te acuerdas?»— figura junto a la imagen. Y debajo, una fecha: 27 de marzo de 1937. Salvador y Petra se casaron en plena guerra en Madrid.*

## «¡QUÉ DURO ES EL RECUERDO!»

*Gregoria Casero nació en 1938 en Piedrabuena, provincia de Ciudad Real, y allí sigue viviendo. «Sólo soy una madre que tiene nueve hijos, dieciséis nietos, nueve yernos y nueras y espero tener bisnietos», nos decía en su carta. No nos mandó ningún testimonio escrito en el pasado, sino la memoria de sus propios sentimientos. En forma de un poema titulado «Recuerdos y dolor» y que, según nos contaba Gregoria, nació de lo que le inspiró la lectura de un poeta de su pueblo, Nicolás del Hierro. Éste es el poema.*

*Leyendo a Nicolás*
*arde la llama*
*la leña se hace lumbre*

*el río está tan limpio*
*mi baño de la cava*
*la pequeña se baña*
*todo era tan normal*
*¿porque nada extrañaba?*
*Yo era tan feliz jugando a cualquier cosa,*
*el padre detenido, la madre trabajaba,*
*éramos cuatro hermanos,*
*la abuela nos cuidaba,*
*la comida escasea,*
*pero no pasa nada, estás acostumbrada,*
*no hay cuarto de aseo, sólo una cuadra,*
*esto no hay que olvidarlo,*
*a mí se me olvidaba.*
*Por la falta del padre de pequeña lloraba,*
*cuando le conocí, ¡qué desencanto!*
*Esa persona no era la que yo deseaba,*
*era un hombre mayor, gruñón,*
*con la cara arrugada,*
*nunca nos entendimos.*
*Y sin embargo hoy comprendo tantas cosas,*
*leyendo a Nicolás he visto*
*de la guerra la otra cara*
*Leyendo a Nicolás*
*se rasgan las cortinas del olvido,*
*la niebla se hace sol,*
*la herida sangra como recién hecha,*
*el jergón de aquel lecho se acerca*
*hasta mi cuerpo.*
*Echo en falta a los padres,*
*el detenido tras aquella reja,*
*me llevan hasta él, yo me acerco*
*con miedo.*

*La madre trabajando de sol a sol*
*arrastrando su cuerpo,*
*el hambre, qué duro es el recuerdo.*
*La pobre abuela*
*cuidando de los nietos, toda de negro,*
*de luto por los hombres muertos.*
*Dios, cuánto dolor causó la guerra,*
*cuánta angustia, cuánto muerto.*

«*Sólo se sabe una versión de todo aquello*», escribía Gregoria al final de su carta. «*Tenemos que sacar la otra cara, la cara oculta, todo lo que sufrieron los perdedores, los machacados*». Y en un homenaje a ese padre que la decepcionó cuando salió de la cárcel, añadía: «*El día que fue elegido Felipe González lloré amargamente recordándole amargamente porque él ya había fallecido*».

## Coña andaluza entre rejas

*El gaditano M. P. fue encarcelado en Tarifa por haber combatido con la República. Desde allí escribió a su esposa estas cartas en las que un andalucísimo sentido del humor disfrazaba, hasta hacerlo casi irreconocible, el drama que vivía la pareja. Por correspondencia, el hombre la regaña, se ríe de ella, la toma el pelo. Y, a la vista de las respuestas que M. tiene que darle, la mujer entraba al trapo, no se quedaba atrás. Incluso le transmitía sus celos, que debía de saber que su marido era muy fogoso y, por si se le había olvidado, él se lo recuerda diciéndole cuánto añora sus «bromitas nocturnas». En ese tono de guasa, pero también con mucho amor, por las cartas desfilan los problemas familiares, las difíciles circunstancias que unos y otros*

*están pasando y, cómo no, el hambre que asolaba a buena par-
te de la España de la época. Aunque M. prefería referirse a
ella diciendo que todos «estamos engordando» y confiar en que
«pronto vendrán las cosechas y se podrá comer». Era un preso
que no se sentía dominado por su condición y que quería seguir
viviendo, al detalle, lo que está ocurriendo fuera. Pero, sobre
todo, no se sentía acabado y quería salir. Porque aún tenía muchas cosas que hacer. Frente a otros testimonios de derrota sin
paliativos, éste contiene mucha esperanza. A veces, la coña sirve para mucho.*

Tarifa, 25 de febrero de 1940

A.:

He recibido tu carta y por ella quedo enterado de
que has recibido las mías y de lo que me dices que no
me preocupe por ti, te digo que entonces me preocu-
paré por la muchacha del padre y no por el padre de la
muchacha, pues ya sabes que lo único que me preocupa eres tú y nada de lo demás me interesa. Lo que sí me
preocupa es que me escribes poco, pues con cuatro palabras coges toda la carta y buenas noches, que siempre
compras papel de la misma tienda y la tendera te los da
de los más pequeños y así terminarás por escribirme solamente esquelas.

De tus padres también quedo enterado y eso son cosas de viejo y, además, tu padre no se pone bien hasta que
no cobre el retiro y mientras tanto tu madre sufre las consecuencias. Quedo enterado de que el aguardiente está
muy caro y que sólo lo compras cuando las muelas fas-
tidian, que en casa hay muchas muelas picadas y con el
frío corren peligro. Me dices que me tendrás un poquito guardado y yo te digo que no te preocupes, que yo con

un cubo tengo bastante. De V. nada me preocupo pues ellos se entienden solos y su hija R. le ha mandado diez pesetas.

Hace unos días tuve carta de mi hermano en la cual me decía que había dejado la calesa y que se metía en otros trabajos, pues me había dicho que no ganaba nada y que la vida se le hacía imposible y yo le aconsejé que dejara esos quebraderos de cabeza. No sé si te dije que le había escrito a mi prima N. y estoy esperando la suya pues creo que no echará en olvido a tu hermano. Nunca me dices nada de él, ni si estás disgustada. Tampoco me pone cuatro letras M., que supongo que estará hecho un maestro en su carpintería, pues cuando estaba yo ahí le veía todos los días trasladando tablas para el taller.

Le dices a E. que a ver cuándo termina de ponerse buena porque hace dieciséis años que la conozco y siempre dice que está regular. Pues no sé qué clase de enfermedad será ésa, que este verano pasado estaba como un sol y más colorada que un tomate. Y también me dirás si F. está mal de la cabeza, pues si hace compras y ventas tampoco estará tan mal. El día 22 recibí las diez pesetas que me mandó J. y tampoco me dices si está mejor o si sigue igual. Yo le doy las gracias por desear mi mejoría.

Recibe un fuerte abrazo de este tu esposo que te quiere.

Tarifa, 11 de marzo de 1940
A.:
He recibido tu deseada carta que me sirvió de mucha alegría por saber que todos estáis mejorando, aunque no sé si lo dices para que me conforme: si así es, está mal.

De lo que me dices que te digo que en tus cartas no me pones más que tonterías, te tengo que decir que siempre te enteras mal. Lo único que quería decirte es que prefería que me hablaras de cine más que de enfermedades, pues yo desearía que en el momento en que alguno cayera enfermo me lo notificara él mismo. Y no creas que me ha sabido bien que me digas que en las cartas sólo me pondrás lo más preciso, pues la broma no era para tanta molestia. Además, cuando se lee un renglón hay que saber lo que dice, que con leerlo no basta. Y de lo que me dices que tengo mucha guasa te digo que no lo creas, pues tú sabes que me gusta hacer pocas bromas, y que mis favoritas son sólo las nocturnas, pero eso no creo que sea necesario decírtelo.

De lo que me dices de que como estoy cerca del mar comeré mucho pescado, te digo que alguno, pues tú sabes que yo soy muy pescador y que del plato no se me va ni uno y si son arenques sólo los pide el vino. De salir nada puedo decirte, pero no te disgustes que algún día también me tocará a mí. El paisano M. V. parece que ha marchado a Burgos con los inválidos y tengo entendido que ya no va a volver al batallón.

A., no vuelvas a mandarme más cartas en blanco, pues como ves aquí hay papel y no necesito el respaldo de tus cartas para escribirte. Te vuelvo a decir que no se gastan dos reales para poner diez renglones, que estoy todos los días esperando carta tuya para saber de vosotros y al mismo tiempo con eso me distraigo y no que cuando llega me encuentro con que la mitad viene en blanco. Pero creo que ya no harás más eso.

Hace unos días tuve carta de mis hermanos en la que me decían que mi padre ganaba mucho dinero y que le escribiera pidiéndole 25 pesetas. Yo les he contestado que nada tengo que pedirle, que él verá si puede mandarme dinero o no, que yo me sobro con mis sobras y mis faltas y no pido nada.

Nada me dices de mi nueva sobrina, que si también es sietemesina como la otra. Supongo que iréis todos los días a la viña y todo estará florido como los cerezos y demás frutales. El trigo lo estaréis escardando y si yo estuviera ahí estaría limpiando el olivar.

Tu esposo que te quiere y no te olvida ni un momento.

Tarifa, 20 de abril de 1940

Mi querida esposa:

He recibido tus cartas del 15 y del 16 y en ellas me dices que parece mentira que te escriba tan poco. Pues no tengo por menos que hacerlo así, pues ya estaba harto de decirte que me escribieras todo el pliego de papel y tú cada vez lo hacías peor, pero parece que ya estás convencida. Ya te dije que por las fechas puedes ver que no tardo en escribirte pues me preocupa saber de ti y que tú sepas de mí y quisiera que me escribieras todos los días, pero no medias cartas como tú acostumbras. Pero no te disgustes por nada que te escribiré cuanto tú quieras y si no tienes bastante con una carta por semana, te escribiré dos.

He recibido el giro. También quedo enterado que tu padre y tu hermano están con gripe y aunque eso está por todas partes, a tu padre sólo le hacía falta ponerse malo. Le deseo que se ponga pronto bueno y que se tome unos vasillos de vino y si es una arroba, mejor, pues esa es la mejor medicina para curar las pulmonías.

De lo que me dices que si tengo buenas relaciones con la lavandera, te digo que por eso puedes estar tranquila, que yo soy el que lava, friega, cose y también me hago la cama. El planchado lo hacen los huesos y mi pies sólo me los calientan las pulgas.

También quedo enterado de que os estáis poniendo demasiado gruesos y te digo que todos estamos engordando, pero los tiempos hay que tomarlos tal y como vienen y que esto son dos meses y que pasándolos se recogerá la cosecha y lo pasaréis mejor. También quedo enterado de que mi hermana ha cristianado al niño y que está disgustada porque no has podido ir. No son motivos para eso, pero supongo que le durará poco el enfado.

De lo que me dices que si voy pronto, te diré que no sé nada, pero no te disgustes que algún día llegará mi licencia y te podré abrazar como deseo. Quedo enterado de que tu cuñado J. se ha metido a platero y al cabo de sus 34 años ha encontrado su felicidad con los anillos y supongo que C. presumirá de buenas sortijas. Yo también hago algunos anillos. Tengo hecho uno para ti, otro para P. y otro para H. Cada uno conocerá el suyo porque están grabados con vuestro nombre.

También te mandaré un corazón, pero no creas que es el mío, pues el mío es más grande de lo que parece y ya sabes que algunas veces se me dilata, que eso es lo que me pasaba cuando tú me dabas algunas bromitas de las tuyas.

## No eran maleantes sino políticos

*«Tengo 56 años. Y llevo muchos de ellos tratando de reconstruir la historia de mi familia». Eso nos decía Pedro Rabanillo, que nos escribía desde Valladolid. No nos mandaba cartas ni testimonios directos del pasado, sino únicamente parte del*

*fruto de su esfuerzo por recuperar la memoria en forma de un breve relato de lo que les había ocurrido a los suyos en la Guerra Civil y, sobre todo, después. Porque en Valladolid los enfrentamientos duraron muy poco, un par de días a lo sumo, puesto que los militares sublevados apenas encontraron resistencia. Sin embargo, la represión que siguió a esa victoria fue larga y dura. Al padre de nuestro remitente, lo detuvieron enseguida. «Algunos días después», cuenta Pedro, «le sacaron de su celda para darle el paseo. Luego le dijeron que se habían equivocado y lo volvieron a encerrar, junto a otros a los que les habían hecho lo mismo. Mi padre fue el único de ellos que no lloró. Pero el susto que se llevó hizo que al poco el cuerpo se le llenara de granos».*

*«La posguerra fue peor para él. Porque no sólo estuvo mucho tiempo preso, sino que cuando lo soltaron no le dieron el carné y durante diez años no pudo ejercer su oficio de panadero».*

*A su tío Baltasar, hermano de su padre, también lo detuvieron en aquellos primeros días y asimismo en Valladolid. «Lo cogieron en la Casa del Pueblo, en la que se habían encerrado cientos de trabajadores para resistir, siguiendo las consignas que Largo Caballero había dado por la radio desde Madrid». De Valladolid lo trasladaron al fuerte de San Cristóbal, en las cercanías de Pamplona. En aquel reducido recinto parece que llegaron a juntarse cerca de 2.000 presos, según cuenta un libro que Pedro leyó hace poco y que le sirvió para conocer, finalmente, la suerte que corrió su familiar. «Más que un campo de concentración, San Cristóbal era un centro de exterminio», decía Pedro en su carta.*

*Esas condiciones provocaron que los presos se sublevaran, lo cual ocurrió el 22 de mayo de 1937. Y se hicieron con el fuerte. Luego huyeron por el campo. «Como no conocían el terreno, los cogieron como a conejos; a unos los mataron allí* donde los cogieron; a otros, como a mi tío, los fusilaron después de una pantomima de juicio; creo que algunos lograron escapar».

La carta de Pedro terminaba con algo que él consideraba particularmente importante. «Lo que quiero que quede bien claro», decía, «es que a los que mataron eran presos políticos y no maleantes, como decía la propaganda fascista de la época». Varios de nuestros comunicantes han subrayado esa misma reivindicación. Lo cual indica que a los sufrimientos derivados de la represión y del castigo que esas familias padecieron, se añadió también el del oprobio. Y durante décadas, tal vez sólo hasta ahora mismo, nadie les dio la oportunidad de limpiar públicamente el nombre de los suyos.

## Un recuerdo de todos los días

Este poema y la carta que lo acompañaba han presidido el salón de la familia Clemente durante décadas y siguen estando enmarcados en una de sus paredes. Así nos lo hizo saber la nieta del autor de esos textos cuando nos los mandó a la SER. «Mi padre —escribía Gemma Clemente— les echa de vez en cuando una mirada que es una mezcla de cariño, orgullo y tristeza».

Y es que el padre de nuestra remitente es el Alejandrito del poema. Su progenitor se lo escribió el día que cumplía siete años, allá por 1940. Cipriano Clemente estaba entonces encerrado en la cárcel de Ocaña.

«Felicidades» se titula el poema y así dicen sus versos:

*Alejandrito*
*En tus amores espero.*

*Yo descanso en tu cariño,*
*Porque al igual que los niños,*
*Es mi amor sincero.*
*Con el tiempo y la distancia,*
*Lo que yo sufro refleja,*
*Que aquí a través de una reja,*
*Es más pura la constancia.*
*Mi dolor es sólo mío,*
*Porque es más dulce mi pena*
*Que si estoy preso mi nene*
*Soy preso de tu albedrío.*
*No sufras tú, vida mía,*
*Tu sufrir es mi quebranto;*
*Goza el día de tu santo,*
*Que es posible que algún día*
*Lo celebremos sin llanto.*

*Tu padre*

*Y éste es el contenido de la carta que acompaña al poema:*

Estimada Lucía e hijos. Espero que os encontréis bien. Yo estoy bien. He recibido la muda, dos panes, una tortilla, sardinas, lentejas. También he recibido unos gramos de torta del sol. Ya no me mandes más lentejas que ahora no dejan pasar pucheros, así que ahora me mandas harina. Todavía no sabemos si van a poder pasar los chicos, pero tú ven. De lo que me dices que va a venir Lucio y demás familia, creo que es una tontería que vengan a hacer gastos. Yo lo agradezco mucho, pero se van a gastar un dinero que no tienen, así que con que venga la Isabel para que te ayude ya es bastante. Ahí te mando el cinto de Alejandrito y para ti un anillo de plata. Julianita, a ver si me cuentas muchas cosas cuando vengas. Lo mismo le digo a Alejandrito. Y a ver si pasáis buena feria y os divertís mucho.

*En su carta Gemma nos contaba que no conoció a su abuelo ni a su abuela, pues ambos, «gente modesta», dice, murieron antes de que ella naciera. Y añadía otro dato: su padre y su madre eran de ideologías totalmente distintas. «Quisiera que supierais», concluía su carta, «que con vuestro espacio de radio habéis hecho que nos interesemos más por ese pedazo de historia que tenemos en nuestras casas y a la que a veces no prestamos demasiada atención porque nos parece que eso ya está demasiado lejos».*

## «El apóstol de esa Sagrada Cena es un rojo»

*«Hay que perdonar, pero no olvidar». Así empezaba la carta que Juan Pedro Núñez nos mandó desde Premiá de Mar, cerca de Barcelona. «¿Cómo vamos a olvidar aquellos que somos miembros de una generación que está marcada por aquella injustificada guerra?», añadía nuestro remitente. «A medida que me voy haciendo mayor, y ya tengo 58 años, menos comprendo y más odio esa guerra que nos devolvió a la Edad Media. Me costó muchos, muchos años, quitarme la costra de patrioterismo y de religión que nos impusieron: yo hice el bachillerato en los Salesianos», aclaraba Juan Pedro, seguramente pensando que con ese dato nos bastaría para hacernos una idea de la formación que había recibido en una España que, en el tiempo, no está tan lejos de la nuestra. «Pero si nosotros fuimos víctimas subsidiarias de la guerra, ¿qué decir de nuestros padres a los que les robaron la juventud y destrozaron física y psíquicamente?».*

*Juan Pedro no quería olvidar nada de eso. Pero es que aunque hubiera querido, en su caso, el recuerdo de lo que le ocurrió a su padre no había muerto, sino que sigue vivo y a la vista de todo el mundo. Un día su hijo se topó con él. Y así nos relataba Pedro ese encuentro.*

Mi padre era de Utrera y tuvo el mismo oficio que mi abuelo. «Juan López. Pintor y decorador de carruajes», ponía en su tarjeta profesional. Como tantos otros utreranos, tuvo que emigrar y a principios de los años treinta se fue a Madrid con su mujer y sus dos hijas. La maldita guerra los cogió allí. Luego huyeron a Cataluña y les acogieron en una masía de Figueres. Pero aquello duró poco y la mía fue una más de las miles de familias que tuvieron que exiliarse a Francia, tras atravesar a pie los Pirineos. Debieron de pasarlo muy mal, entonces y después, pero a mí mis padres me contaron muy pocas cosas de aquella época. No querían hablar de eso, tal vez porque no querían sembrar el odio entre nosotros. Pero por los libros, la radio y la televisión, yo me he ido enterando. Y nunca perdonaré a los franceses ni a Franco por aquellos sufrimientos que hicieron padecer a los refugiados españoles.

Muchos de ellos se quedaron en Francia, otros se fueron a América y los más inocentes cayeron en la trampa de la amnistía general que Franco ofreció. Y regresaron a la patria. A medida que iban llegando, los iban juzgando. A mi padre, por haber sido carabinero republicano, lo encarcelaron. Primero en Ocaña y luego en Aranjuez, mientras a mi madre y a mis dos hermanas las metían en un tren y las mandaban a Utrera.

El lugar en donde encerraron a mi padre en Aranjuez no era una cárcel, sino el patio y las dependencias del convento de monjas de clausura de San Pascual, que había sido habilitado como tal. Un día las monjas se enteraron de que mi padre era pintor y lo llamaron para que les pintara la capilla. Y esa obra modesta pero de exquisito gusto que hizo un humilde pintor de Utrera encarcelado aún se conserva en buen estado. Yo, cada vez que desde Cataluña voy a mi pueblo, hago noche en Aranjuez y, ¿cómo no?, visito San Pascual. Y allí, delante de aquellas pinturas, casi siempre con lágrimas en los ojos, pienso en mi padre, derrotado y con su juventud destrozada por una absurda guerra entre hermanos, subido entre andamios, pintando santos con la mente puesta en Utrera y en sus niñas.

*A los pocos minutos de reseñar esta historia por la radio, recibimos la llamada telefónica de una mujer. Se identificó como Maria del Carmen Ramos. Y con voz emocionada nos dijo: «Necesito ponerme en contacto con ese señor del que han hablado ustedes. Es que mi padre, Zurbano, también estuvo en esa cárcel y conoció al suyo. Tanto que posó para él. Y su cara es la de uno de los apóstoles de la Sagrada Cena que hay en el convento. Nosotros somos de Aranjuez. Y vivimos delante de San Pascual». Carmen y Juan Pedro hablaron por teléfono. Y quedaron en que este verano, cuando él haga noche en Aranjuez camino de Utrera, irán juntos al convento.*

## MEMORIAS DE UN POLICÍA

*Ésta es la transcripción textual de las memorias que el comisario García Mozo empezó a escribir en su jubilación. Fue policía con la Monarquía, con la dictadura de Primo de Ri-*

vera, en la «dictablanda», durante la República y, desde 1937, también del régimen franquista a cuyas órdenes sirvió hasta mediados de los sesenta en Soria, ocupando durante muchos años la jefatura de la Brigada Social de esa ciudad. Sin embargo, sus escritos sólo cubren las etapas iniciales de su carrera. Su hija Ana María, que fue quien nos envió las memorias, nos explicó que ello se debe a que su padre era ya muy mayor cuando se puso a redactar los textos y que sufrió un accidente cardiovascular que le impidió seguir escribiendo. «Creo que de haber vivido más tiempo habría continuado con esta tarea», añadía la hija.

Ana María, que no comparte las ideas políticas de su padre, que tanto su trayectoria profesional como sus memorias dejan muy claras, también nos escribió lo siguiente: «Ya jubilado y vuelto a Soria, no tuvo más obsesión que la de visitar personalmente a cuantas personas creía haber perjudicado en el ejercicio de su profesión y pedirles que le perdonaran». Las últimas líneas textuales de sus memorias reflejan algo de esto: «Yo he obrado al dictado de mi conciencia, mi moral y mi ética profesional y no me siento arrepentido de haber cumplido en todo momento con mi deber, sin ejercitar revanchas hacia aquellas personas que a lo largo de mi vida me causaron males morales y físicos con sus conductas injustas. Defiendo a mis hermanos perseguidos y en primer lugar pongo en mi defensa la de aquellos que por falta de padrinos o valedores perdieron su vida o sus bienes en uno u otro campo. Pido a Dios por ellos, por sus familiares y por mí también».

Éste es el texto que nos envió Ana María:

Nací el 18 de febrero de 1906 en Torrijo de la Cañada, un pueblo de Zaragoza, en el partido de Ateca. Mi madre, Matilde Mozo de Rosales y Cabezudo, pertenecía a una ilustre familia llena de políticos y escritores: bisnieta de un ministro absolutista de Fernando VII, nieta de un ilustrado nacido en el exilio francés, hija de un periodista y terrateniente que había heredado de los suyos el título de marqués de Mataflorida, fue una mujer reservada que, conociendo el sufrimiento que la política había traído a los suyos y especialmente habiendo presenciado la persecución de los carlistas a su padre, nunca quiso manifestar tendencia alguna que denotase ser de unos o de otros.

Mi padre, Auxibio García Martínez, era palentino de origen, de Torquemada, y conoció muy joven a mi madre cuando él construía la carretera que vertebraba la provincia de Soria y la de Guadalajara a través de Berlanga de Duero, donde mi madre tenía su casa solariega. También conocía los sinsabores de la política pues su padre estuvo exiliado en Bayona hasta 1914 y tenía un primo carnal que fue senador del Reino por Palencia en 1928, llamado Lorenzo García Bravo.

Esta profesión de mi padre fue causa de que cada uno de los numerosos hijos naciéramos en diferentes puntos de la geografía española: Chiloeches, Pola de Lena, San Pedro de Romeral, Berlanga, Torrijo. Cuando yo nací, mi padre estaba acabando la carretera de Torlengua a Torrijo, pero muy pronto volveríamos a la casa de Berlanga para partir años después a Molinos de Duero. De ahí son mis primeros recuerdos.

De Molinos guardo también muy dolorosos recuerdos. Allí murió de tifus la mayor de mis hermanas estando mis padres ausentes en los baños de Alhama de Aragón. El poeta sacerdote Agapito Alpanseque le dedicó un poema que se publicó en el periódico soriano *El Avisador Numantino* describiendo la salida de nuestra familia rumbo a Soria en el momento en que la diligencia de don Felipe Ruiz se detiene ante el cementerio viejo de Molinos y se reza un responso ante la partida definitiva de mis padres.

Años después, siendo yo bachiller en el instituto de Soria y alumno de un jovencísimo Gerardo Diego, éste evocaría ese triste pasaje al leernos el poema «Elisa», dedicado también a su hermana muerta. Algunos años después, en 1927, el destino nos reuniría en Gijón. Yo con mi primer empleo, él trasladado al Instituto Jovellanos.

Acabado mi bachillerato en 1922, y como hijo de familia acomodada, me enviaron a Madrid, donde sin gran futuro inicié varias carreras. En el transcurso de una noche de gamberrismo y juerga di con mis huesos en comisaría y allí un paternal comisario me habló largamente de mi equivocada trayectoria, me ofreció su consejo y ayuda y fruto de ello fue que iniciara mi preparación para ingresar en el Cuerpo llamado entonces de Vigilancia e Investigación General. A él pertenecí desde mi ingreso en 1926 hasta mi jubilación en 1968 por tener la edad reglamentaria. Era yo entonces el más joven y uno de los pocos Comisarios Principales de España.

Tuve profesores de muy grata memoria. En medicina legal al Dr. Ortega y a Carlos Blanco Soler. Era éste gran amigo de Marañón y Ortega e hijo de Carlos Blanco, ministro con la monarquía. Revolucionario, indisciplinó a los alumnos contra la dirección de la Escuela. Tuve un buen maestro profesional, sin títulos, pero que nos enseñó a ser buenos policías: era Pedro Herráiz, que trabajaba en la Brigada Criminal. En la Brigada Social el número uno era sin duda su gran jefe Santiago Baquedano, a cuyas ordenes actuaría yo años más tarde en San Sebastián. Murió fusilado en la Cárcel Modelo.

El destino me llevó a desempeñar cargos de Orden Público en períodos nada fáciles de nuestra historia, cuando ya el régimen republicano, el monárquico o el de transición a la dictadura probaron mi fe y vocación viendo tambalearse todo a mi alrededor.

Cuando el policía sale de la Escuela es un joven lleno de ilusiones y falto de necesidades, pero conforme pasa el tiempo éstas aumentan por ley natural, mientras las ilusiones se van entumeciendo o se esfuman. El sueldo, modesto o escaso, era de 2.500 a 3.000 pesetas anuales cuando yo ingresé en 1927. La gestión profesional se desenvuelve en sectores donde el dinero bulle: prostitución, juego, cabarés, cafés cantantes, al margen de la ley. Se prueba a sobornar a la policía para que tolere y el funcionario se ve entre dos fuegos: el deber y la acuciante necesidad de vivir. Además tiene su vida íntima y ha de cuidar de dar buen ejemplo a sus conciudadanos que le confían misiones delicadas e importantes. Conocí en todas las categorías hombres dignos de figurar en el libro de la honradez, así como cuadros desesperados de miseria que procuré que se socorrieran para que se mantuviese la propia estima y el buen concepto público. Yo mismo acudí en su auxilio en alguna ocasión. A algunos pagué el traslado, libré del desahucio o atendí en necesidades perentorias.

La política también tenía parte en los vicios de nuestra organización policial. La recomendación del poderoso y el favor del correligionario, las camarillas, la búsqueda de un defensor, el pugilato de altos jefes para atraerse a los subordinados y captarse las simpatías del nuevo director, etcétera. De todo lo malo que en la Dirección General de Seguridad pude observar, esta guerra de intrigas fue lo que odié más.

Resumo en algunas pinceladas lo que me ocurrió en mi primer destino, Gijón.

*15 de septiembre de 1930.* Repercusión de los fusilamientos de Galán y García Hernández en Jaca. Incendio de la iglesia de los PP. Jesuitas de Gijón. Inhibición del Gobernador y de todas las autoridades. Actuación del somatén para resolver la situación. Muerte dentro del templo de un anarquista por disparo de un jesuita defendiendo el Sagrario. Era el padre Elorriaga, director de la residencia. Actuación del comité revolucionario, enardeciendo al pueblo con el himno de Riego.

*11 de febrero de 1931.* Incidente Barriola con el jefe de la patronal de Asturias Sr. Figaredo. Banquete conmemorativo de la Primera República asistiendo al mismo compañero Alfonso Martínez. Doy cuenta de este acto y se instruye información pero el comisario se niega a dar parte a Madrid. Denuncia de una casa de citas a la que acude y donde hay menores. Se da curso directo de estos hechos al Director General Sr. Mola. Rápidamente se instruyen diligencias. Este comisario Sr. Tapia llegaría a ser más tarde miembro de la escolta de Azaña.

*12 de abril de 1931.* Elecciones. Triunfa la candidatura republicana. Manifestaciones y banderas republicanas en la plaza del Carmen. Mi actuación más peligrosa es para pedir que se cumplan los deseos del gobernador Rosón hasta que Madrid confirme el triunfo republicano.

Me llaman al gobierno civil de Oviedo para amonestarme por no haber transigido e incumplido las órdenes de él emanadas con ocasión de un acto sindical del

Transporte Marítimo (Amador Fernández y otros dirigentes socialistas). Más tarde se me da todo género de satisfacciones y se me felicita por mis actuaciones.

Por mi actuación en el crimen de un ciego en la calle Alvar González soy felicitado por Mola y figura mi servicio en el Boletín Mensual.

En una labor de información para la Policía de Gijón detecto propaganda subversiva en un cuartel. Fui arrestado por el coronel Gutiérrez de León y quiso formarme consejo de disciplina pues era Doral el jefe del Servicio de Información Militar y se creyó que interfería su actuación. En este caso Grao Gabarri, teniente coronel de León, el alférez Pacheco y los tenientes Fernández Caso, Fernández Valverde y el Castañón fueron mis mejores valedores y no prevaleció el criterio del coronel ni el de Doral. Se intervino la propaganda en las oficinas de Correos.

Encuentro y agresión entre el jefe de la Patronal y el abogado Eduardo Barriobero. Me requieren éste y sus acompañantes para que detenga al agresor que iba con su esposa. Yo me limito a presentarlos en comisaría en calidad de testigo de los hechos.

*14 de abril de 1931.* La República viene con gran alegría y algarada. Imperan las canciones contra la iglesia de los jesuitas y contra el padre Elorriaga. Son puestos en libertad los hermanos Durruti detenidos por el asalto al Banco de Gijón.

Magistrados, jueces y policías están dominados y sometidos. La Guardia Civil actúa invadiendo terreno de la Policía Gubernativa. El general Zubillaga es temido por su actitud dictatorial. Los dirigentes de los cuadros sindicales buscan protección entregándose a la policía antes de ser detenidos por él.

Llega Mola a Gijón. Visita la comisaría y nos informa personalmente de las actuaciones de la Policía en otras capitales en las que se había ido presentando sin previo aviso. Actúa como ejemplo de firmeza y justicia pero desconfía del personal directivo, ya que muchos jefes obran con engaño y negligencia al ser colaboradores de los republicanos.

El 27 de mayo recibo orden urgente telegráfica de traslado forzoso a San Sebastián (traslado que tenía solicitado hacía tiempo y que fue mi primer propósito al salir de la Escuela sin poder lograrlo). Ese mismo día 27 con huelga general en Gijón se dispone que salga sin demora pues se ha declarado en Pasajes un movimiento de tipo revolucionario comunista.

San Sebastián era una ciudad muy querida por mí. Allí vivía buena parte de mi familia y por ese motivo la había frecuentado desde niño. En la calle San Martín vivía mi abuelo materno Emilio Mozo de Rosales, que llegó a nonagenario. Su hijo, funcionario en el Ayuntamiento, vivía en una villa en Hernani. Tenía éste tres hijos, mis primos. El mayor Fernando murió en accidente de automóvil cuando se trasladaba a Villalba donde cursaba peritaje agrícola. Fue un buen jugador de la Real y el Osasuna. Otro hijo era marino mercante y otros dos aún muy jóvenes convencidos monárquicos y asiduos al Club Náutico. También por vía materna vivía en San Sebastián mi primo el doctor Jesús Cabezudo, muy vinculado a Tafalla.

Por parte de mi padre estaban mis tíos los Balbás-García. Él era regente de las Escuelas de Ategorrieta y lo fue hasta la entrada de los nacionales, cuando las tuvo que entregar al ejército. Después estuvo depurado muchos años. Su hijo mayor, Gerardo, era jefe de la FUE y murió fusilado. Otra hija, Isabel, fue maestra primero en

Usurbil y luego en Mondragón. Muy nacionalista, casó con un correligionario y murió exiliada en Argentina. Por fin, la hija menor, Petra, fue miembro del Orfeón Donostiarra y con él actuó en Inglaterra. Mujer muy liberal, feminista avanzada, opositó a Hacienda en los mismos años que yo preparaba mi entrada en la Policía. Huyó a Francia al liberarse San Sebastián con su marido monárquico Ángel Castellana.

De una simple ojeada puede comprenderse la pluralidad de ideas y sentires en que me vi inmerso en mi vida privada donostiarra aunque siempre rodeado del mayor afecto y cordial acogida que lograban superar las naturales tensiones y confrontaciones que surgían del trato.

Recién llegado me asenté en una pensión de la calle Loyola. Cuando fui trasladado a San Sebastián fue designado el comisario Báguenas para resolver la situación de Pasajes como jefe de la Brigada Social. Se puso al frente de la comisaría y salimos para Pasajes. Nos enfrentamos en la plaza con una manifestación del puerto y soy yo el primero que se lanzó del coche para contener y disolver la manifestación.

Muerte violenta del señor Cayuela y atraco a la oficina del despacho de Renfe en la calle Hernani. Detención del autor, el anarquista «Pajarito» en el Barrio de Eguía.

Muerte en ajuste de cuentas entre comunistas. El señor de Miguel es hallado en una cueva junto a un descampado en el Barrio Antiguo.

Muerte de un taxista frente a Politarena por colaborar en la detención del atracador de los bancos de Pasajes y de Rentería.

Asesinato del dueño del hotel Carrión frente al María Cristina a las 2 de la tarde en la plaza Urquinaona, cerca de la estación del Norte.

Asesinato de Manuel Andrés Casaus, director de La Prensa, en la puerta de su domicilio, calle de Gros, 8, a las 8 de la noche. Había sido gobernador civil de Zaragoza y Director General de Seguridad. Le habían avisado de que lo matarían como represalia por el asesinato de Carrión. En esta ocasión vi cómo le daban una paliza a un compañero por haberle visto en el entierro de Andrés Casaus.

Asesinato del general Federico Berenguer a la salida del «Topo» cuando iba a entrar en su villa de Hernani. Se cree que fue porque había figurado como miembro del tribunal que juzgó a Galán y García Hernández o bien por su parecido con su padre Dámaso Berenguer, dictador de la «Dictablanda».

Colocación de una bomba en la fábrica de corcho de un señor de Sevilla que se había traído con él a uno de los dirigentes anarcosindicalistas.

Detención del policía Félix Rodríguez por su auxilio a G. Peña en su huida a Francia por la frontera de Hendaya.

Sufro el acoso y acorralamiento por parte de una manifestación comunista con bandera roja a las 10 de la noche cuando yo regresaba a mi domicilio después de haber detenido y salvado de un linchamiento a un joven monárquico, Baleztena, en la calle Fuenterrabía, donde residía.

Intento de asalto a la comisaría de San Sebastián por una gran manifestación de nacionalistas vascos con motivo de la desgraciada intervención de mi compañero José López de Maturana al herir mortalmente de un disparo a una muchacha afiliada nacionalista que pasaba por el puente de la calle Ferrocarril; cuando en el Barrio de Atocha estaba cacheando a un comunista, éste le tiró al suelo de una patada con tan mala fortuna que al caer se le disparó el arma y dio a la muchacha. En la manifestación que se organizó intervinieron destacadamente Aguirre y Monzón.

José López de Maturana, mi mejor amigo, acabó sus días vilmente asesinado años después en San Sebastián. Su hermano Mariano vivió la guerra civil entre San Sebastián y el Consulado de Pau a donde huyó y de donde escapó a la entrada de los alemanes.

Tristes movimientos nacionalistas y separatistas. ¿Es posible que quienes eran cristianos y hasta ex ministros de la Corona y dirigentes católicos hayan montado esa extraordinaria propaganda para imbuirla entre los caseros vascos y los afiliados separatistas? ¿No se vio a los Capuchinos predicar en vascuence en su convento a las puertas de la Guerra Civil entre 1931 y 1935?

Apariciones de la Virgen de Ezquioga.

12 de agosto de 1933. Sanjurjada. Actuación del gobernador civil José María Varela. Su tío Benigno fue detenido por haber participado en el reparto de propaganda durante la inauguración del hotel Alfonso XIII en Madrid y en el teatro Victoria Eugenia y se me ordenó que se localizara a los autores. Estaba yo con mi mujer como espectador en él y me llamó el acomodador para dar curso a este servicio.

El indulto a Sanjurjo fue dado a conocer en las carteleras del *Diario Vasco* en la calle Garibay y ocasionó fuertes manifestaciones antimonárquicas.

Huelga revolucionaria de la CNT. Ocupan el Boulevard.

Traslado de las armas del cuartel de Artillería al patio del Gobierno Civil por una denuncia al Gobernador Sr. Del Pozo (que fue posteriormente a Cádiz en la época de los sucesos de Casas Viejas). Fue el inspector Pedro Ayuso quien llevó un oficio ordenando la entrega al coronel del Parque de Artillería.

Carretero, uno de los funcionarios de la Brigada Social, estuvo a punto de suicidarse por haber sido convencido por el gobernador civil para que su mujer se prestara de enlace con los comunistas y acabó siendo captada por ellos, bordando la bandera del partido. Procedían de Ceuta y fueron rápidamente alejados de San Sebastián.

Homenaje al comisario Sr. Blanco de Zarauz por su feliz actuación policial. El Gobierno Civil lo impide y nombra a José María Ortiz Redondo para meter en cintura a la plantilla. Este señor acompañó al Presidente francés Herriot y fue galardonado por sus actuaciones. Se dedicó a ponernos 12 horas de servicio continuo sin descanso y con la obligación de dar cuenta cada media hora del lugar en que nos hallábamos fuera de las horas de servicio, sin que durante la noche pudiéramos pernoctar fuera de nuestros domicilios. Se nos prohibía la entrada en espectáculos públicos fuera de los casos de servicio y se nombró a un compañero de su agrado para que solicitara el carné a cuantos entraban. Con ocasión de una velada de boxeo de Paulino Uzcudun puso de pareja a los que peor se llevaban. Juan Herrera, que era entonces el comisario, resultó totalmente anulado como jefe.

Años después fue muy doloroso para ver como mi querida San Sebastián quedaba desolada y tristemente abatida con la masiva huida de su población tras el incendio de Irún. Las calles estaban desiertas, las gentes huían a Francia por el miedo que se les había inoculado en torno a la barbarie de las tropas nacionales.

## «Antes que otra guerra, prefiero el exilio»

*Paulino Masip fue periodista y escritor destacado e importante en la España republicana. Autor de teatro y novelista fue también el último director que tuvo el prestigioso diario* El Sol *antes del alzamiento militar de 1936. Al final de la guerra se exilió en México en donde murió en los primeros años sesenta. Proscrito e ignorado durante todo el franquismo, como ocurrió con casi todos los demás escritores y creadores exiliados, que seguramente constituyeron el colectivo más numeroso y fecundo que nuestro país ha tenido en mucho tiempo, la obra y la memoria de Masip tampoco han sido recuperadas por la España democrática y sólo alguno de sus libros ha sido publicado recientemente. Pero no el que contiene la carta que aquí reproducimos, que el autor concluyó justo a su llegada a México, en 1939, y que empezó a redactar en el barco en el que, junto a su mujer y sus dos hijas, navegaba hacia el exilio. Ese libro, en cambio, fue editado y reeditado en el país que lo acogió. Nos lo mandó su sobrina nieta, Pilar Saenz Masip, desde Logroño. Leímos algunos de sus pasajes en la radio y, desde Guanajuato, su hija Carmen nos autorizó a publicar entero uno de sus capítulos. Que es un compendio lúcido y sobrecogedor de los dolores y horrores que el exilio, confirmación cotidiana de la derrota, produjo para quienes lo sufrieron.*

La acción política desprendida de tu simple existencia se ejerce sobre dos zonas; una inmediata, directa, que te circunda, en la que estás sumido físicamente, es decir el país donde vives refugiado; otra lejana, lejanísima en el tiempo y en el espacio, pero más cercana a tu corazón: España, es decir la España y los españoles que están allí, al otro lado del mar. Hablemos de la segunda clara y crudamente.

Durante la guerra nunca he aceptado que existieran dos Españas en lucha, la de los rebeldes y la nuestra, la falsa y la verdadera. Hablar de la España franquista y la España republicana me parecía además de una equivocación, una injuria. Los términos exactos eran: España se bate contra unos grupos de facciosos doblemente traidores por rebeldes a un Gobierno legítimo y por vendidos a naciones extranjeras.

Hoy, victoriosa la sublevación, aposentados los rebeldes en todos los rincones del suelo español, y excluidos los republicanos porque unos muertos, otros en la cárcel, otros en el exilio, ¿han cambiado los términos o siguen siendo los mismos?

Para mí no hay duda. El Estado que impera sobre nuestro territorio nacional es un Estado faccioso compuesto por traidores, porque contra la opinión calderoniana, la victoria no borra las manchas de origen. Sin embargo la distinción evidente cuando pisábamos tierra española es ahora más sutil. La unidad que España y nosotros formábamos se ha roto. España ya no está en un solo lugar, está en dos. Allí y aquí, y el último adverbio tiene una significación muy dilatada. Aquí quiere decir en cualquier parte del planeta en donde haya un español republicano. ¿Qué es lo que ha quedado allá? ¿Qué es lo que ha venido con nosotros? Allí quedó el cuerpo físico de España; nosotros nos trajimos su alma, su espíritu. Un cuerpo sin alma es un cadáver y, sin embargo, España vive —dirás—, se mueve, anda, se agita, habla. No. En gran parte finge los gestos de la vida como un autómata. Vive aún en la vida que nosotros le dejamos, la vida que le dan los hombres que mueren todos los días por ella, de la vida que le dan los encarcelados, los perseguidos por su amor, de la vida que nosotros le seguimos dando. Y vivirá mientras nosotros se la demos, porque la solución de continuidad que se ha producido entre España y nosotros es absoluta en lo material, pero no en lo espiritual. Mil cordones umbilicales de esta índole nos unen todavía a ella y nos unirán mientras no los rompamos nosotros porque la iniciativa nos corresponde.

De nosotros depende, pues, amigo mío, que España viva o muera. Si renunciamos a ser su alma, muere; si lo somos, vive. Por los conductos incognoscibles de telecomunicación con sus cuerpos lejanos, nosotros podemos enviarle a España la savia que necesitan sus arterias exhaustas para vivir. Más grave aún. Podemos matarla por asfixia, como digo, pero podemos también asesinarla envenenándola si la savia que le enviamos está podrida de malas pasiones.

Si te recomendaba extrema vigilancia de tus actos más menudos cuando me refería únicamente a la influencia que tienen sobre el medio extranjero en que habitas ¡qué no te encareceré, ahora, que se trata, no de la estimación, no de la justipreciación que por ti de ella se tenga y se haga, sino de la vida misma de nuestra patria! Eleva cuanto te dije entonces a la centésima potencia y tendrás el valor aproximado de mi encarecimiento.

Pero vengamos a detalles más concretos. España y los españoles felones que la oprimen tienen la mirada vuelta hacia nosotros, emigrados. España nos mira amorosamente porque somos su alma; los felones nos miran recelosos, porque somos su conciencia. Acusadora será por la bondad de nuestras acciones; tranquilizadora por su maldad y, aún más, acaso por su estupidez. Estamos rodeados de infinitos resonadores potentísimos que tienen sus bocinas repartidas por el ámbito de España. Su micrófono nos registra, paso a paso, y palabra a palabra, y a todos por igual porque todos, bajo el denominador común de republicanos, contamos lo mismo. No vale la modestia de creerse persona insignificante, ni la petulancia de creerse tan grande que no se cabe en el registro. Después de la experiencia niveladora del exilio ¿para qué presumir, ni en más ni en menos?

Seguros de que el eco de nuestra acción política llega y ejerce influencia en España, ¿no será prudente, amigo mío, tomarla en nuestras manos, sopesarla y dirigirla? Como se trata de una acción individual, que llega a ser colectiva por la coincidencia, como las personas sueltas que concurren a un teatro llegan a ser público, es cosa que cada uno debe hacer por sí y ante sí. Antes de pensar cómo dirigir la acción política que inevitablemente desarrollamos ¿no será conveniente conocer de antemano adónde la queremos dirigir, qué meta perseguimos, qué fin pretendemos?

Tocamos aquí el meollo de nuestro ser de emigrados políticos y la respuesta salta como la campanada a la llamada del badajo.

Lo más hondo, sincero, radical que hay en ti, amigo mío, es tu deseo de volver a España. Agradeces la hospitalidad que te dan; piensas corresponder a ella gentilmente, entregándote entero al país que te acoge; te has habituado a la idea, y no te hace desgraciado, porque la compensación ofrecida es casi absoluta, de vivir muchos años fuera de tu patria; eres, como te definí, criatura recién nacida en tierras americanas, pero criatura que traes en las carnes la nostalgia heredada del otro mundo. Y ¿cómo no has de querer, si eres el alma de España, refundirte cuanto antes con su cuerpo para que España viva su vida plena, alta y libre?

Quieres volver a España, ganar a España otra vez. Pero ¿cómo? ¿por qué caminos? ¿por qué medios?

Desde hace unos años la ruta española tropieza constantemente con encrucijadas decisivas, de elección ardua. Estás en una, de apariencia menos dramática que la que te salió al paso, por ejemplo, el 19 de julio de 1936, o la que encontraste en los primeros días de abril del año pasado, pero, quizás, no menos importante. En las dos últimas tomaste, y yo contigo, el rumbo más áspero, difícil y glorioso. ¿Qué harás en la de ahora? La alternativa que se te impone dice así: ¿cómo quieres volver a España: violentamente, a sangre y fuego, engendrando si es preciso otra guerra civil, con todas las posibles consecuencias conocidas o en paz, a paso llano, como un río desemboca en el mar para fundirse en él tras el ligero temblor del encuentro de las aguas?

Necesitas hallar dentro de ti respuesta inmediata. La alternativa no acepta dilatación porque, como sigue el ritmo mismo de tu vida, posiblemente te encuentras ya metido en una de sus ramas. Bueno es que sepas, si estás, que estás en ella, la que fuere y dónde te conduce, entre otras razones para que puedas cambiar si has entrado inadvertido, que bien pudiera ser, por camino contrario a tu íntimo sentir.

Pero, acaso, te he presentado el dilema en forma excesivamente esquemática. Mira lo que para mí representa cada uno de sus dos términos, sobre todo el segundo, que es, sin duda, el más oscuro e incierto.

Por lo que fuere ha llegado la catástrofe y no podemos impedir que agote sus últimas terribles, tremendas consecuencias. Yo como tú seguramente, era partidario de la resistencia hasta el infinito por la ambición de evitar lo que está ocurriendo. Ya no hay nada que hacer y llora si te quedan lágrimas para llorar sobre tanta ruina y sobre tanto dolor.

Pero una vez los ojos secos hay que volverlos hacia el futuro, el de nuestra patria y el nuestro. Hay que pensar mucho y apasionadamente y elegir la línea de conducta que no puede ser, a mi juicio, sino una u otra de las dos que he señalado.

Yo —no quiero escamotearte tampoco aquí mi ejemplo— he elegido la segunda. Yo quiero volver a España en paz y sosiego. En otra carta te dije que si las circunstancias se repitieran estaría donde estuve y haría lo que hice aun conociendo el desenlace lastimoso. Mantengo esta opinión porque no es contradictoria de aquélla. La diferencia fundamental, que les permite ir del brazo, reside en que las circunstancias no se nos imponen como el 19 de julio, sino que las vamos a crear nosotros o por lo menos, de eso se trata, vamos a contribuir a crearlas. Yo quiero crear aquellas que me permitan llegar a España con los brazos abiertos y las palmas extendidas. Y este sentimiento informará toda la acción política que ejerza, que vengo ejerciendo.

«Pero esto —exclamas—¿cuándo será posible?». No sé, es decir, sí sé que el camino es largo y de lentísimo andar. No tengo prisa. Puedo esperar muchos años y puedo morirme en la espera. ¡Qué importa! Para mí todo antes que guerra civil, ¿lo oyes?, todo. Digo más: entre volver a España el año próximo con guerra civil triunfadora o el exilio eterno, prefiero el exilio. No vacilo en decírtelo, mejor, siento como una liberación dentro de mí diciéndotelo porque me cocía en el alma el deseo de gritarlo públicamente.

«Pero volver en paz —insistes— ¿con quién? ¿Con los salteadores que hacen hoy las veces de gobierno en nuestra patria? ¿Con los usurpadores, reos de todos los delitos? ¿Olvidas? ¿Perdonas?»

No olvido, ni perdono. Atiéndeme, amigo mío. Si esa gente decretara, mañana, una amnistía, por amplia y digna de crédito que fuera y aunque con ella se restituyera el bienestar de que disfrutaba antes de la guerra, yo no volvería a España. Mientras ellos estén yo no volveré jamás, sencillamente —¿para qué más razones?—, porque no quiero verlos. ¿Está claro? Pues bien, guerra civil ni contra ellos.

«Entonces ¿qué?», preguntas. He aquí mi respuesta: hay que dejarlos que se pudran. Éste es el sentido que nuestra acción política ha de tener: ayudar a que los facciosos se pudran.

Te sonríes porque esto te parecen palabras. Con palabras se hizo el mundo, amigo mío, y con palabras se ha reformado siempre que hubo ocasión y voluntad de hacerlo. Excuso tu sonrisa y te pregunto: ¿aceptas como bueno que el fin de nuestra política de españoles emigrados sea, exclusivamente, el de contribuir a que los facciosos se pudran? ¿Sí? Pues en otra carta hablaremos de los medios adecuados.

# LA POSGUERRA

En más de uno de los textos que se incluyen en este capítulo se dice que este periodo fue aún peor que la guerra misma. Porque muchos de los horrores que en ella hubo, desde la represión al hambre, se siguieron dando en la posguerra y porque a ellos se añadió otro peor: el de no saber cuándo iba a acabar, que la guerra algún día tenía que hacerlo. Si en las anteriores partes del libro se recrea la historia a partir de las experiencias de sus protagonistas anónimos, en ésta ese tipo de recreación adquiere un valor especial. Primero, porque se hacen muchas aportaciones inéditas, desde el relato de la postergación y discriminación de los perdedores, hasta la descripción de las míseras condiciones en que vivía buena parte de la población. Segundo, porque casi todos los protagonistas de las historias que aquí se recogen aún viven, son parte de la España de nuestros días que, aunque sólo sea por eso, no es tan ajena a la que, con toda suerte de detalles, aquí se describe.

## LLANTO POR UNA HOGAZA DE PAN

*Antonia Ramos nos mandó esta carta desde Madrid. Pero ella nació y creció en una aldea de Sanabria, una comarca de la provincia de Zamora. «Es un sitio precioso para pasar el verano, aunque en invierno hace mucho frío. Por eso el campo era muy pobre y por eso emigramos todos. Allí ahora quedan muy pocos vecinos, pero están muy bien: tienen luz, agua corriente, y en todas las calles hay alcantarillado y están alumbradas. Me alegro por ellos, porque cuando yo era niña aquella aldea era tercermundista». El de Antonia es el testimonio de un hecho puntual que revela algo importante: que el recuerdo del hambre permanece de modo indeleble en la memoria. Y más cuando se es niño y esa hambre duró años. Éste es su relato:*

En el año 1941 yo tenía 10 años y era la cuarta de siete hermanos. Mi padre acababa de morir, con lo que nuestros problemas eran mayores que los que tenía casi toda la gente por culpa de la guerra y del hambre.

Aquel día yo bajaba de la escuela muy contenta porque sabía que teníamos pan para comer. Pero unos cincuenta metros antes de llegar a mi casa me crucé con un hermano de mi madre y vi que bajo el brazo llevaba un paquete envuelto en un paño blanco.

Me dio un vuelco el corazón porque me dije que ahí mi tío llevaba el pan que teníamos para comer. Y eché a correr y no paré hasta que abrí la alacena en donde tenía que estar la hogaza. Como temía, allí no había nada. Y me eché a llorar.

Entonces llegó mi madre y yo le pregunté: «¿Pero qué ha hecho usted? ¿Por qué le ha dado nuestro pan al tío?».

«Hija mía, se lo he dado porque hoy a él le hacía más falta que a nosotros», me contestó ella. Pero yo era muy pequeña para entender eso y fue tanta la pena y el dolor que la falta de aquel pan me causó que aún hoy, sesenta años después, tengo el recuerdo de aquel sufrimiento como si hubiera ocurrido ayer.

*La carta de Antonia terminaba así:*

Por la letra con la que escribo comprobarán ustedes los pocos estudios que tengo. Y es que a la escuela no pudimos ir mucho, porque los niños teníamos que ir a buscar agua y también leña para calentarnos. Cuando veo a los niños del Perú rebuscando en las basuras me veo reflejada en ellos cuando yo tenía su edad.

## «Aunque tengas las tripas fuera, no se llora»

*«Por desgracia yo no tengo ninguna carta del pasado, sólo puedo contarles mis recuerdos», nos decía Rosa María Benavente. Otros oyentes nos dijeron lo mismo, y con similar pena por no conservar la palabra escrita de sus antepasados. «Mis hermanos tiraron las cartas que escribió mi padre desde la cárcel. No querían que aquel recuerdo perdurase», nos informó uno de ellos. El temor a que aquellos textos que hablaban de situaciones difíciles pudieran complicar la vida a la familia, «porque nunca se sabía a qué podía agarrarse la represión del régimen», fue el motivo de otras desapariciones intencionadas. O, tal vez, era sólo el deseo de borrar un pasado de horror. También más de un oyente nos dijo que no tenía testimonios escritos porque sus antepasados eran analfabetos.*

*Para recrear, en la medida de lo posible, una época no sirve lo mismo una carta escrita en ese momento histórico, que el recuerdo del mismo, tamizado por los sentimientos. Sobre todo si quien lo reelabora no es el protagonista de la pe-*

*ripecia, sino uno de sus descendientes. Éste es el caso de Rosa María, que nos habla de su abuela. Sin embargo, y aparte de que aportan datos y reflexiones de interés, éste y otros relatos como éste, tienen un valor distinto: demuestran que mucha gente no ha olvidado el dolor que sufrieron los suyos, en contra de lo que pregona el discurso oficial. Esto es lo que cuenta Rosa María:*

Mi abuela materna fue un personaje muy importante para mí y la recuerdo desde siempre viviendo con nosotros. Se llamaba Marciana, nació en 1905, murió en 1983, y era hija de un molinero. Nació en Plasencia, Cáceres, pero luego vivió en Navahermosa, Toledo. Se casó con Dionisio y tuvo tres hijos: uno varón, que murió a los 14 años, y dos hembras.

A mi abuelo lo fusilaron en agosto de 1940 por «rojo». Cuando él murió, mi abuela tenía 35 años y a su cargo quedaron los tres hijos, su madre y su suegra. Ni se puede uno imaginar lo que tuvo que pasar para sacar adelante a esa familia, y más en un pueblo en el que estaba marcada por ser la mujer de un rojo. La encarcelaron por ese motivo, le registraron la casa y se llevaron las pocas cosas de valor que en ella había. Y lo hicieron más de una vez.

Trabajó en todo lo imaginable: de jornalera en el campo, de peón caminero, de lavandera, de criada. Vio morir a su hijo de pulmonía porque no tenía dinero para comprar las medicinas que necesitaba, pasó hambre y miseria y vio como sus hijas tuvieron que trabajar desde niñas para poder malcomer.

Por esas y otras cosas más, la vida la hizo dura, muy dura, para con ella y para con los demás. Cuando yo era pequeña y lloraba por cualquier tontería, me decía: «Niña, aunque te veas con las tripas fuera, no se llora. Se mete uno las tripas adentro, se pone las manos encima y a seguir andando, sin que nadie te vea llorar nunca».

Cuando ya era mayor para trabajar, tuvo que depender de mis padres y de mis tíos, ya que, a pesar de haber trabajado toda su vida, no tenía derecho a pensión. Hasta que se pudo demostrar que mi abuelo fue víctima de la guerra y le concedieron una pensión de viudedad. Para ella eso fue muy importante, ya que no tuvo que depender tanto de sus hijas.

## DURA VIDA LA DEL ARRIERO

*Pedro Muelas Rodríguez redactó el texto que aquí extractamos hace un par de años, cuando se estaba recuperando de una operación quirúrgica que palió los efectos del mal de Parkinson que padece, una enfermedad que, sin embargo, no ha afectado ni a su extraordinaria memoria ni a su gran sensibilidad. Sus recuerdos, los de un hombre que fue cabrero, arriero y luego taxista, son la crónica histórica del devenir de la Andalucía rural, pobre y campesina. Desde los tiempos de la República, cuando su gente explotada conoció, por poco tiempo, la libertad y con ella dio rienda suelta a su imaginación y creatividad, hasta los de la interminable posguerra que siguió a su derrota. Pedro no hace teorías. Con dos o tres frases lapidarias y cabales define sus pensamientos sobre la política o sobre la sociedad. Sobre todo cuenta. Proporciona toda suerte de detalles precisos que describen mejor que cualquier tratado sociológico la realidad y la evolución de esa España de la que casi nadie sabe la verdad. Salvo sus protagonistas. Pero muy pocos de ellos escriben. Y menos, tan acertadamente como Pedro.*

Nací en 1921 en el callejón de la Iglesia, como mis cinco hermanos: Pepe, Antonia, María Luisa, Luis y Ascensión. Todos nos llevamos dos años entre nosotros. La casa del callejón era de toda la familia, pues la hicieron para los cuatro hermanos, que eran: mi tío Bartolo, alias «el Moro»; José María, que le decían «el Girrao»; Pedro, el «Cabo» y mi madre. Se llamaba Ana Teresa y se quedó huérfana en edad muy corta, casi una niña, y tuvo que pasar muchas fatigas para sacar adelante a sus hermanos y la casa. Además, mi madre heredó 50 olivos que estaban junto al cementerio. Luego sus hermanos se fueron casando y fueron ocupando sus respectivas partes de la vivienda que, por cierto, eran pequeñas.

Cuando nos bautizaron a los cinco hermanos ya estábamos creciditos. Eso del bautizo era entonces algo especial, y cuando ocurría a cada olivo se le echaba una carga de estiércol. Una noche, echando la «postura» en el cuartelillo de la Losa, los amigos de mi padre, que eran arrieros igual que él, sacaron el asunto de que los seis hermanos estábamos sin bautizar. Y eso era porque mi padre no era de esas ideas. Total, que le convencieron y el patrón ofreció un buen borrego si nos bautizaban la señora Ascensión y él, pues los dos eran muy católicos, y estaban muy ligados a la Iglesia. Los compañeros se ofrecieron a poner el vino.

No habíamos pisado la iglesia y no sabíamos rezar, pues en aquellos tiempos no iban a la iglesia nada más que las cuatro beatas que tenían los reclinatorios que eran de su propiedad y unos cuantos ricos que había en el pueblo. La señora Ascensión, que era muy católica, se alegró mucho y se ofreció a enseñarnos a rezar y prepararnos para el bautizo.

Por aquellos tiempos, sobre el año 1930, hubo unas revueltas y vinieron los guardias de asalto. Hubo intercambio de disparos, pero no hubo ni muertos ni heridos. Pero también hubo un día de luto. Un dueño tenía la finca de Riego en arrendamiento y contrató a una cuadrilla de segadores forasteros. Pronto se enteraron los segadores de Vilches y fueron al cortijo sin malas intenciones, pero el señor Mira los recibió desde el balcón del cortijo con una pistola. Disparó y mató a uno de los obreros.

Aquello enfureció a todos, que, llenos de rabia y rencor, sólo pensaron en la venganza, y quiso el destino que llegara un hijo de Mira con una galera cargada de haces de trigo y que ignoraba lo que había pasado. Todos se abalanzaron sobre él y pagó el delito de su padre.

El primer trabajo que hice fue con el chacho Gallo para coger aceituna. Ganaba ocho reales, que eran dos pesetas. Después me fui a vender churros por las calles, que los hacía la Gabriela y su hija la Chelito. Tenía que madrugar mucho para coger una cesta buena y también para salir a la calle de los primeros. La gente tenía que irse al campo, unos a coger la aceituna, los muleros a labrar las olivas, otros a cortar, los arrieros a acarrear y los pobres a coger sus barrancos, que es a lo que más podían aspirar, si no se lo quitaban los de las tiendas. Los más necesitados compraban de fiado cuando estaban parados por causa de los temporales o porque no tenían trabajo y no podían pagar en la tienda. Y había tenderos sin conciencia que se quedaban con las cuatro olivas que con miles de fatigas la gente había comprado. Así juntaban capital. Otras veces, si caía enfermo el que traía el sueldo a casa, y el médico, que entonces no teníamos Seguridad Social, hacía una receta, como no había dinero, había que ir al ayuntamiento a ver si el señor alcalde la quería firmar para que en la farmacia te la dieran por la Beneficencia. No a todos les firmaba el señor alcalde, tenían que ser de sus ideas y de las de los suyos (que por aquellos tiempos lo más normal es que fuesen de derechas), o más bien de las de un cacique del pueblo. Y ellos sabían del pie que cojeaban todos, y si no, allí estaba la Guardia Civil para informarles.

La venta de los churros se terminaba a mediodía y por la tarde, si era verano, me iba a espigar o vendía tortas. También me gustaba jugar algunas tardes. Me juntaba con los amigos y nos íbamos a la era. Allí jugamos a todos los juegos que entonces se practicaban, como la piola, la virra, la tabla, hiloverdea, la pita y el palo, la rayuela y las chapas, y con eso pasábamos la tarde.

Después yo hacía los «mandaos». Cuando no llevaba dineros (que era casi siempre), Pilar, que era la que despachaba —yo no llevaba libreta— apuntaba en una vara de adelfa, hacía unas muescas en la corteza. Por la tarde, si la tenía libre, me iba a las clases que daba el Tortero. Aquel hombre no tenía estudios ni nada que pudiera enseñarnos, pero como no fui a las escuelas del Estado, era casi un analfabeto con ansias de saber algo. Por eso, cuando fui a la mili, lo primero que hice fue apuntarme a la escuela de analfabetos.

También me salió un trabajo en la agricultura. El trabajo era cavar habas, que eran del amo Pedro Prieto, y el salario era de cinco pesetas y un pan, trabajando de sol a sol, igual que todos los trabajadores.

Otro día nos buscamos otro amo, pero esta vez eran olivas. Esta vez era de mi familia, de mi chacho Antonio Trapero, y el salario era diferente, pues nos daba un cuarto de litro de aceite y medio kilo de harina de maíz a cada uno, que éramos cinco. Cuando llegaba el mediodía hacíamos las migas de maíz, a la que para que aumentara le echábamos hinojos. Establecíamos un turno de comer. Primero empezaba uno por la izquierda y cuando sacaba la cuchara empezaba el siguiente.

Los carnavales se celebraban en las cuevas del Zahorí. Había una higuera allí y las señoras acudían todas las tardes y unas a otras se pasaban la peinilla para descansar, aunque por poco tiempo, de aquellos molestos piojos, que en aquellos tiempos había en cantidad, pues no había ni permanentes, ni detergentes ni agua para ducharse. No había peluquerías y para los días de fiesta las mujeres tenían unas tenacillas. Las metían entre las ascuas de la lumbre y con eso se rizaban el pelo. Después se lavaban con agua y jabón y un chorretón de aceite de oliva, y salían tan guapas.

La gente joven también se divertía echando chorros todos juntos, hombres y mujeres, así como jugando a otros juegos, como el «métete la illa» y, sobre todo, poniéndose todo tipo de disfraces. Todo el mundo se divertía, cada uno a su manera y como le daba la gana. No había censura, la gente se disfrazaba como quería, y con las coplas pasaba lo mismo. Los tres días allí se juntaba todo el pueblo a divertirse.

Hicimos la Casa del Pueblo, en la que participamos todos los hijos de los socialistas, unos con espuertillas y otros con carrillos tirando tierras, pues hubo que hacer mucho desmonte. No había maquinaria, pero sí había una voluntad y una fe muy grande por tener una casa común de todos los trabajadores. Se hizo rápidamente, pues por los albañiles y materiales no había pegas, ya que la mano de obra y el transporte eran totalmente voluntarios. Cuando la casa ya estaba enrasada había que traer las tejas desde Arquillos el Viejo. Inmediatamente los arrieros se ofrecieron y pusieron todos los borricos, y al otro día salieron y por la tarde subían por la cuesta de camineros cargados con las tejas. Aquello fue emocionante, parecía una romería.

Como en las casas no había cuartos de aseo, la gente no tenía dónde cagar, por lo que tenía que hacer sus necesidades fuera del pueblo. Los que vivían por el Portillejo lo hacían en el transformador o el cerrillo y los que vivían por el centro lo hacían detrás de las tapias del cementerio viejo.

Voy a tener un recuerdo para el día 1 de Mayo, que aquí en Vilches lo celebrábamos a lo grande. La banda de música, por la mañana, recorría las calles con alegres pasodobles, incluida la Internacional socialista. Después marchaban al túnel de la línea de Madrid y de Zaragoza y Alicante, y allí se celebraba todo el día. Y toda la gente, principalmente gente obrera, familias enteras, disfrutaba de un día de campo.

Cada uno escogía la encina que más le gustaba para poner el hato y colgar la bandera roja. Venían también algunos de derechas mandados por los señoritos para que metieran la pata. Pero allí estaban las Juventudes Socialistas para velar por los que habíamos ido para pasar un buen día. Uno de los lacayos, que montaba una yegua y su misión era sembrar pánico en las familias, tuvo la mala suerte de llegar a nuestra encina, en donde estaban los amigos de mi padre, todos muy unidos. Y venía al galope con la yegua cuando mi tío Francisco Fajillas le salió al encuentro y agarrándose a las bridas de la jaca pegó un salto y le pegó un puñetazo en las mandíbulas. El otro cayó como fulminado. Pero no había llegado al suelo cuando le cayó encima una nube de palos de los que ya venían siguiéndole, que eran todos de las Juventudes Socialistas Unificadas. Le dieron buena paliza y lo montaron, advirtiéndole que se fuera para el pueblo y que no se le ocurriera volver.

La noche del levantamiento había un mitin en la Casa del Pueblo, pues habían venido unos diputados socialistas para dar unas charlas sobre la marcha del partido y había ido casi todo el pueblo. Yo también iba con mi padre, pero cuando pasábamos por la puerta de Andrés «Siete Reales», que puso un bar en la calle San Marcos, llamaron a mi padre, y le dijeron que en Madrid habían dado un golpe de Estado y que habían asaltado el cuartel de la Montaña. Entonces mi padre me llevó a mi casa y él se fue otra vez, pues había el rumor de que algunos fascistas pensaban tirar unas bombas a la Casa del Pueblo, que estaba llena a rebosar de militantes socialistas. Por eso, rápidamente, se organizaron unos grupos armados para vigilar que no pasara nada.

Nosotros tuvimos la suerte de estar en la zona roja hasta que se terminó la guerra. Cuando empezó la guerra estaban dando películas de cine en el corralón de las arenas. La máquina del cine, así como todos los accesorios, la habían incautado las Juventudes Socialistas y la encerraron en la casa donde tenían la tienda los Bailenes, que estaba requisada para las juventudes que allí se instalaron. Pero luego se los fueron llevando a los frentes, donde murieron casi todos. Y aquí fuimos quedando los niños y cuatro inútiles.

El último parte de guerra lo dieron el 1 de abril de 1939. Éste fue el principio del calvario para media España.

Cuando estaba amaneciendo nos encontramos con muchos que venían de los frentes y todos nos decían lo mismo, que iban para sus casas, que ya se había terminado la guerra. Todos iban demacrados, pero contentos, porque iban a ver a sus familiares. Los que volvían de los frentes tiraban las armas.

A los presos los encerraron donde después se instaló Correos y Telégrafos. Y no cesaban de detener, porque aquí los falangistas formaron un consejo, podríamos decir de guerra, y eran ellos mismos los que informaban. Por eso no cesaban de ingresar en los calabozos, que se tuvieron que ampliar, y metieron a la gente también en unas escuelas que había en la central de teléfonos. Allí seguían las palizas y los malos tratos.

Pegaron palizas a muchos mayores. También a muchas mujeres las pelaron y les dieron aceite de ricino y una escoba para barrer las calles. El único delito que ellas habían cometido había sido ser de izquierdas, y algunas ni eso, como le pasó a Gabriela, la que hacía los churros. La gente que pasaba por la calle oía los gritos de dolor cuando les pegaban.

A mi tío Francisco le pegaron más que a ninguno. Pero no se acabaron ahí sus desgracias, pues tenía un hijo que se llamaba Pepe, que se juntó con dos amigos, y tenían tanta hambre que fueron donde estaban los pastores y robaron un borrego para repartírselo y llevárselo cada uno a su casa para comer. Pero tuvieron tan mala suerte que los cogieron y los metieron en la cárcel, y después de pegarles muchas palizas los llevaron a juicio y los condenaron a treinta años cada uno.

Mi hermano Pepe, que se fue a la mili con su quinta, la del 41, estuvo en el frente sur, y cuando se terminó la guerra lo llevaron al campo de Viator. Para sacarlo del campo de concentración necesitaba llevar un aval que tenían que darme firmado por un componente del consejo, que estaba formado por gente de derecha pura y dura. Me costó trabajo y humillaciones, pero no se me olvidaba que mi hermano estaba sufriendo hambre y malos tratos y miseria, pues aquello era un infierno, y si alguno intentaba evadirse, los centinelas le disparaban a sangre fría.

En la capital de Almería tuve la gran suerte de encontrarme con mi chacho Andrés Trapero, que también había ido allí a sacar a su hijo. Teníamos que ir a la comandancia militar para que nos sellaran los avales. Tuvimos que ponernos en la cola. Mientras me tocaba entré en la sala del tribunal donde estaban juzgando a reos políticos, y me salí en cuanto me di cuenta de que todos los que salían eran condenados a pena de muerte.

El presidente leía la causa y el fiscal pedía la pena máxima, y el capellán, que era un cura fascista igual que todos los del tribunal, le daba su bendición y se los llevaban y traían a otro. Había que ver la cara de tristeza con que salían.

Cuando terminamos nos fuimos para Viator, y como hay bastante distancia se nos hizo muy tarde y pedimos en una casilla de peones camineros que nos dejaran pasar la noche. Al otro día continuamos la marcha.

Pronto llegamos al campo de concentración y lo que allí vimos no se puede relatar. Aquello era horrible, los supervivientes eran como cadáveres y sus rostros demacrados por el hambre. Encontré a mi hermano. Nos fundimos en un abrazo y los dos rompimos a llorar como dos chiquillos.

Pasó un poco de tiempo y lo llamaron a filas por su quinta, y en vez de ir al ejército lo mandaron a un batallón de trabajadores a hacer carreteras, pues iba recomendado por el consejo que había en el pueblo. [...]

El tren no costaba nada, pues eran mercancías que no llevaban nada más que vagones y garitas, que es donde iban los empleados de Renfe, que les llamaban guardafrenos. En las garitas había unos frenos que se ponían en marcha dándole a una rueda. Los usaban para las cuestas abajo. Cuando el tren iba embalado, el maquinista hacía sonar el silbato tres veces y ésa era la consigna para que los guardafrenos apretaran los frenos.

También me acuerdo de que hicimos otro viaje a Sevilla después, ya con la guerra terminada. Habían ido otros allí, no había que llevar aceite, nada más que dineros. Nada más llegar y asomarnos a las puertas de la estación vimos a un tío con un caballo y un serón vendiendo pan. No nos podíamos creer lo que estábamos viendo. Nos parecía que estábamos en otro planeta; como cada uno íbamos provistos de nuestro saco, le dijimos: «Eche pan hasta llenarlos», y como no había tren hasta la noche, nos metimos en un cine y nos subimos al gallinero solos y con el pan caliente. Empezamos a comer pan a secas, y nos comeríamos cuatro panes cada uno. Nos entró tal sueño que nos quedamos fritos hasta que el empleado nos despertó.

Mi padre murió en el año 1947, cuando yo estaba trabajando en la carretera de La Carolina. Se llevó un mal trago al otro mundo, pues cuando estaba agonizando pasaba por la puerta una pareja de la Guardia Civil que llevaban esposado a mi tío Francisco, porque había tenido un altercado con un guardia por motivos de caza y éste lo denunció en el cuartel. Al pasar por mi puerta mi tío les pidió a los guardias que le dejaran entrar a despedirse de su hermano, que estaba agonizando. Le dejaron entrar y le quitaron las esposas y los civiles se quedaron en la puerta. Él entró y se abrazaron por última vez: uno a la cárcel y el otro al cementerio. […]

Fueron tres años y medio los que tuvimos que estar en la mili. Se nos fue lo mejor de nuestra juventud. Fuimos a Úbeda, que es donde estaba la caja de reclutas, y allí nos dieron un chusco y parte del menaje: una cuchara que parecía de plomo, y el plato, que era igual. Al día siguiente nos presentamos y fuimos a la estación de Linares-Baeza.

Llegamos a Cádiz cuando ya era de noche y nos metieron en un cuartel de transeúntes. Aquello estaba casi a oscuras y en el suelo había paja. Ésa era la cama que nos esperaba. Allí nos tuvieron cuatro o cinco días, hasta que llegó el barco que nos tenía que llevar a Canarias, que se llamaba *Romeo y Julieta*.

Por la tarde nos embarcaron y empezó nuestro calvario. A los que estaban arriba, como todos iban mareados, les daba angustia y devolvían. Lo suyo caía encima de los que subían detrás y cuando salían daba lástima verlos.

Se nos quitó el mareo cuando, por fin, atracamos en puerto. Lo que vimos me recordaba esas películas que cuando llega un barco salen los indígenas hambrientos. Allí era a vendernos tabaco o plátanos y muchas cosas que allí estaban más baratas.

Nos dijeron que nos quitáramos toda la ropa y que hiciéramos un paquete para meterla en las calderas, pues era la época del piojo verde, y por eso tenían que desinfectarla.

En aquel cuartel nos juntamos con las quintas del 36, 37, 38, 39, 40 y 41, y la nuestra, la del 42. Aquello era un ejército muy raro, con tíos veteranos curtidos en la guerra que parecía que fuésemos sus hijos. Y nos dieron las novatadas, que nos las hicieron de todas y variadas. Venían vestidos de médicos y nos ponían gomas y nos hacían toser y muchas perrerías más.

¿Cómo se quedó mi casa? Pues en unas condiciones de mucha amargura económica. Mi padre, que estaba delicado de salud, tuvo que dedicarse a sacar astillas de los troncos de los olivos, y para eso tenía un hacha y al *Rayao*, nuestro borrico. Luego estaban mis tres hermanas y mi madre. Así que ¿con qué moral podíamos estar en aquel ejército de salvapatrias, que peor no se podía hacer, pues a todos los que estábamos nos parecía el ejército de Pancho Villa, sin calzado ni ropa?

Como el agua escaseaba, por la mañana venía una cuba y la vaciaba en un aljibe y ya no volvía hasta el día siguiente. Teníamos que lavarnos en un plato. Respecto a la comida, todos los días el mismo rancho: lentejas con boniatos y por la tarde, pescado cocido del peor. Siempre teníamos hambre. Tanta que una tarde hicimos huelga. No fuimos a la cena y eso en aquella dictadura era un delito que no perdonaban. Como un reguero de pólvora la noticia llegó a la comandancia militar de Las Palmas y rápidamente se presentó en el cuartel toda la cúpula militar. Nos formaron a todos, un jefe nos dijo que habíamos cometido un acto de rebelión y que nos iban a castigar si no confesábamos quiénes eran los cabecillas. Como nadie decía nada nos mandaron a hacer paso ligero y nos tuvieron corriendo hasta altas horas de la noche.

Mi amigo Luis y yo teníamos las mejores camas, pues como se marcharon los veteranos nos dieron dos banquillos y tres tablas, y una colchoneta de paja, todo muy sucio, así como dos sábanas y una almohada, también rellena de paja, y una manta, que allí no hacía falta, pues todo el año hacía un clima tropical. También nos dieron un par de botas y una camisa. Pero habíamos pasado dos años de mili sin que nos dieran nada de eso.

Conocí a una chica guapa y simpática. Nos hicimos buenos amigos y me contó que era de un pueblo qe se llamaba Telde. Me invitó para que fuese a su casa. Yo tenía un amigo que era de Jabalquinto, y era el único soldado que tenía reloj de pulsera. Pues bien, me lo dio para que ese día supiera la hora. Me lo puse y salí para mi viaje. Iba loco de contento, fui a su casa y me presentó a su familia. Salimos de paseo y yo en cuanto tenía ocasión presumía de mi reloj y toda la tarde me la pasé dando relojazos.

Pero cuando fui a entregárselo a su dueño, al quitármelo me dijo: «No lo habrás llevado en el brazo derecho, ¿verdad?». A mí se me cayó el mundo encima de la vergüenza que me dio pensar que había hecho el ridículo delante de aquella buena gente. Tanto me afectó que no fui más a ver a Carmela, y la pobre me escribió preguntándome por qué y no contesté.

Durante el tiempo de la mili, que duró tres años y medio, vine dos veces de permiso de quince días, y como en la casa económicamente estábamos muy mal, me los pasé trabajando para ayudar a la familia y para pagarme el barco, pues el Estado no nos pagaba más que una tercera parte. Cuando llegué me estaban esperando para ir a segar cebada, y como no era alta pasé unos días con unos dolores de riñones que no podía ni moverme, por la falta de costumbre. Pasé una buena calentura y todo por un salario de miseria que, no me acuerdo bien, pero me parece que era de 15 pesetas.

Vine de la mili en el 45. Compramos unas pocas cabras y yo era el cabrero. Al poco tiempo me enteré de que hacía falta gente para trabajar en un desvío que iban a hacer desde el puente de La Carolina hasta el cortijo de Matagitanos, para empalmar con la carretera vieja. Esto fue en el año 46, que era el año del hambre. El salario fue de ocho pesetas por ocho horas, y no teníamos descanso los domingos ni las fiestas, y yo menos, pues por la mañana, cuando salía para el trabajo, me iba con la hoz y dos sacos, porque cuando volvía por la tarde tenía que segar hierba para los borricos. Mi hermano trabajaba con ellos trayendo piedras para empedrar las calles.

Cuando nos poníamos a comer hacíamos un círculo sentados cada uno en un haz de trigo y cuando terminábamos los garbanzos nos bebíamos el gazpacho. Teníamos el gazpacho en un lebrillo. Era el plato que más nos apetecía para combatir el calor. El gazpacho estaba compuesto de agua, sal, pan y tomates. Pero esto era lo que menos tenía y por eso todos íbamos a la caza del tomate con las cucharas y el caldo giraba a buena velocidad, siempre hacia la derecha. Pero entre nosotros había uno, Zocate, que cogía todos los tomates.

Cuando teníamos trabajo para los borricos mi padre hablaba con un panadero amigo suyo y le decía: «Pedro, que tengo mucha leña y buena». Y Pepe y yo cogíamos los borricos e íbamos a Las Cabrerizas en mitad de la siesta. Aprovechábamos que el guarda estaba durmiendo, y enseguida ya teníamos cuatro cargas de leña y salíamos pitando para el horno. Cogíamos el pan, y ya teníamos para comer unos días. Mi padre nos lo repartía. Cogía una onza de chocolate y nos la repartía entre los cinco. Si había aceite cogía la botella y la ponía boca abajo y nos echaba un sello.

Transcurría el año 1947, el año en que murió mi padre y en el que me casé con mi señora, Dolores. Nuestros padres no querían que nos pusiéramos de novios porque éramos jóvenes. Cuando me puse de novio teníamos que evitar que nos viesen sus hermanos, que después se chivaban a sus padres. Al que más temíamos era al Jaro. Después la cosa se normalizó del todo, me fui a la mili y cuando fui a despedirme de Dolores, que ya era mi novia, tuve que hacerlo por una ventana con rejas que daba a la calle y en la que nos las vimos negros para darnos un beso.

Desde tiempos muy lejanos casi todos los matrimonios han sido por interés y pocos por amor. Desde que tenía uso de razón, cuando una mujer se ponía de novia la familia entraba en pleitos y en averiguar de qué familia venía, en qué situación económica se encontraban y qué ideología tenían. Había unas barreras que eran insalvables. Hasta nuestros días, que parece que ya están cambiando las costumbres.

Para mi boda teníamos que pensar en ir preparando ropas y muebles, para lo cual mi padre me dejó dos borricos para irme a barcinar al cortijo de la Martina. A los pocos días nos salió un trabajo en el cortijo de las Cabrerizas donde iban a hacer una alberca muy grande. Fuimos mi hermano y yo con los cuatro borricos a cargar la arena. Además de cobrar lo que habíamos acordado, nos echaban cebada para los borricos.

Total, que entre los dineros que gané en la barcina y los que ahorramos en las Cabrerizas me compré los muebles y ropa. Y me casé el día 4 de octubre. La señora Dolores iba embarazada. Los muebles de nuestra casa eran: la cama, una mesita de noche, un armario para la ropa, un mueble para la palangana y para la toalla y dos sillas.

Alquilé la casa por 17 pesetas. Teníamos una habitación y una cámara, una especie de buhardilla, y no había cuarto de aseo.

En la boda no tuvimos más que un invitado, que fue Melitón el de Juan Nillón, que era primo de Dolores, amigo nuestro y arriero como nosotros. La luna de miel fue ir a trabajar al día siguiente a las Cabrerizas.

Cuando terminamos en las Cabrerizas, emprendimos otro trabajo: llevar piedras para hacer una pared. En este trabajo un día empezó a dolerme una muela y cogí un borrico y me vine a que don Nicolás, que era el único médico que teníamos en el pueblo, me sacara la muela. Como no tenía anestesia te sentaba en una silla y llamaba a Tomasa, que no sabíamos si eran amigos o era su querida, pero ellos vivían en la misma casa; ella le ayudaba a sacar muelas. Tomasa era una gran mujer, guapa, bien formada y además tenía unos pechos que eran la anestesia. Te sentabas en la silla y echabas la cabeza para atrás y la nuca descansaba en la canaleja de los pechos, y ya no sentías dolor mientras te sacaba la muela.

Cuando llegaba la fiesta de la Virgen se hacía la venta y daba alegría ver las dos aceras llenas de artículos tan variados: melones, sandías, uvas, pescado y chumbos. Con los chumbos, unos de Linares hacían un número. Uno se colocaba a unos 50 metros de donde estaba el que los pelaba. Éste se los tiraba y el otro tenía que esperarlo para cogerlo con la boca antes de que se cayera al suelo. Daba escalofrío cada vez que el chumbo llegaba a la boca y se estrellaba en los dientes.

Para las fiestas también venían muchos maletillas a torear en la plaza de Charco Verde y, mientras unos toreaban, los compañeros pedían al público que echaran según su voluntad dinero al capote que llevaban mientras daban la vuelta al ruedo.

Después de casarme seguí yendo con mi hermano a trabajar con los cuatro borricos que eran de mi madre. Ella nos echaba la merienda y me estaba criando un marrano para venderlo cuando fuera grande a ver si con eso y otras cosas podía comprar un borrico. Para eso también empecé a rebuscar aceituna. Terminó la rebusca y con los dineros y con la venta del marrano juntamos para comprar un borrico. Era un borrico viejo y malo, se caía con frecuencia, y me costó seis mil reales.

También iba a la siega. Formamos una buena cuadrilla y ajustamos el salario que teníamos que ganar: 28 pesetas y tres comidas. A mí me venía bien para bajar a los mesones con mi señora, que hacía meses que nos habíamos casado. Al día siguiente íbamos a segar antes de que saliera el sol, y sobre las diez venían las migas de cebada que nos sabían a gloria, pues era el año del hambre. Nos comíamos las migas con una sopa de bacalao o una sardina que cada uno traía de su casa. A las dos de la tarde, cuando más calor hacía, cada uno cogía un haz de cebada para sentarnos a comernos las habas con bigote. No podíamos comer a la sombra de un chaparro porque éramos muchos y no cogíamos, y con el calor que hacía y las habas del potaje que estaban duras no sé cómo no nos daba algo.

Vendí los borricos y como tenía que dedicarme a algo le compré el carro y el mulo a Vinagre. Había otro que tenía un carro y un borrico y nos juntábamos para echar la postura en el bar de Adelaido casi todas las noches. Acordamos formar una empresa que se llamó Transportes Combinados Perico y Perete, y duró casi diez años hasta que nos separamos cuando yo compré una «decauve».

A esa sociedad le saqué una copla:

> *Los transportes combinados*
> *que son Perico y Perete,*
> *nuestros nombres son famosos.*

*Valemos lo menos siete,*
*nuestra única ilusión*
*es vender nuestros cacharros*
*y comprar un camión*
*para hacer viajes largos.*

[…] Me saqué el carné de primera para poder llevar viajeros a Linares, a La Carolina, a Barcelona, a Tarragona y a Valencia. Entonces era cuando la gente emigraba para trabajar fuera de aquí.

También quiero recordar a las autoridades que mandaban en el pueblo después de la guerra y que con sus mentes retorcidas nos hacían cumplir sus leyes, o multa al canto o a picar el corralón, que después se llamó plaza de Abastos. Estaba prohibido ir en mangas de camisa a la plaza y si la cruzabas, como en la fachada de la iglesia pusieron la Cruz de los Caídos, tenías que hacer el saludo como cuando tocaban *Cara al sol.* Si alguno pasaba y no lo hacía porque no quería, porque tenía otras ideas o porque no le salía de los…, entonces le hacían volver y tenía que levantar la mano haciendo el giro como cuando juras bandera. En la piscina estaba prohibido que los hombres se bañaran antes de que las mujeres se marcharan. Y en la escuela la orden era ésta: « La letra con sangre entra», aunque eso valía para los hijos de los pobres, que a los de los ricos hasta les hacían regalos.

En eso tengo un recuerdo que no se me olvidará mientras viva. Cuando mi hijo Pedro iba al colegio, el profesor, don Manuel, que tenía muy mala leche, le hizo una pregunta y como el chico no la contestó bien le pegó una bofetada que le dejó «cao» o por lo menos mareado. A mí me dieron ganas de ir en su busca y pegarle una paliza, pero no podías denunciarlo ni menos pegarle. Quien fue a verle fue la señora Dolores, que se quedó a gusto diciéndole unas cuantas cosas.

He sido arriero, también carrero, taxista y, por último, me coloqué en Correos de auxiliar de clasificación y reparto, cartero urbano fijo y con ese oficio me jubilé a los 65 años.

## LA HUIDA

*Aquel verano del 36 José Giralt Rodés tenía 13 años cumplidos y él y su familia de campesinos ilerdenses estaban metidos de lleno en la campaña de la trilla cerca de su pueblo natal de Balaguer. No solían trabajar los domingos, pero su padre consideró que aquel 19 de julio habían de hacerlo porque iban retrasados en la faena. Labraban unas tierras cuya propiedad les había sido concedida hacía poco por el gobierno republicano. Esa mañana, alguien que pasaba cerca de ellos les hizo saber que los militares se habían sublevado en África. Con ese pasaje empiezan las memorias que José ha escrito sobre aquellos años y que tienen el interés de que cuentan, de manera inteligente y detallada, cómo transcurrió la guerra y los cambios que con ella vinieron en una zona alejada, aunque no mucho, de los frentes, y controlada por una izquierda que creyó que había llegado el momento de cambiar la sociedad. Tras eso, vino la huida a Francia, la derrota inapelable y la vuelta a casa en condiciones dramáticamente peores que las que existían diez años antes, cuando las gentes como José empezaron a rebelarse. De ese largo e interesantísimo texto, escrito con vocación literaria, extractamos dos momentos: el primero se refiere a los trabajos que él y sus hermanos hubieron de aceptar a finales de 1939, cuando la familia volvió de Francia, en donde su padre siguió encerrado un año en un campo de con-*

*centración, mientras su madre moría por la desolación que le produjo que les hubieran quitado hasta la casa. El segundo cuenta la experiencia de José en el servicio militar al que fue llamado en 1944.*

El trabajo abundaba porque todo estaba por reconstruir, pero el sueldo no alcanzaba para cubrir las necesidades básicas. Los alimentos escaseaban y las raciones que se obtenían por medio de las cartillas de racionamiento apenas cubrían una pequeña parte de nuestras necesidades; la diferencia había que comprarla en el mercado negro a precios prohibitivos.

La gente se había vuelto insolidaria, porque un miedo profundo se había apoderado de lo que quedaba de aquella sociedad, que unos años antes estaba dispuesta a dar lo mejor de sí misma en aras de los demás. En Balaguer habían habilitado la gran iglesia de Santa María para cárcel de presos «rojos» y en ella estaba detenido un número incalculable de vecinos de la ciudad y comarca.

En un intento por normalizar nuestra vida laboral y económica solicitamos que se nos volvieran a arrendar las tierras que la familia había cultivado desde los tiempos de los abuelos, lo que nos fue negado por ser opositores al régimen.

En el invierno de 1941-42, estando de vuelta a casa el hermano mayor, la situación alimenticia se tornó tan crítica que gastando en alimentos todo el dinero que ganábamos no alcanzaba para asegurarnos un nivel mínimo de calorías para subsistir, por lo que, para solventar aquel problema, mi hermano Jaime y yo decidimos ingresar a trabajar como «mozos de mulas» al servicio de dos familias de labradores del lugar, lo que suponía regresar a una forma de vida casi feudal, comenzando con un contrato verbal con duración de un año, cuyas condiciones estaban establecidas por las costumbres que venían del medioevo. El trabajador adquiría el compromiso de estar disponible las 24 horas del día para trabajar al servicio del empleador; había de dormir en el establo junto a los animales de labranza, para atenderlos de noche y de día; trabajar como mínimo de sol a sol todos los días de la semana, excepto el domingo que se trabajaba media jornada. A cambio, el empleador se comprometía a darnos de comer, un lugar para dormir en el establo y un sueldo que rondaba las 2.500 pesetas al año. Mis hermanas María y Francisca también se colocaron a trabajar en servicio doméstico familiar, a tiempo parcial, lo que les aseguraba la comida en casa ajena, al tiempo que les concedía un grado de libertad mayor que el nuestro, y de aquella manera podían cuidar a los dos hermanos menores.

Junto con el hambre, pasamos muchas otras penalidades y con frecuencia me sentí marginado, menospreciado y humillado gratuitamente por personas de mi entorno, que en forma insidiosa me recordaban que por ser partidarios de una causa perdida, habíamos perdido trágicamente a la madre, todos los bienes familiares y el padre se encontraba en el exilio. [...]

Aquel segundo domingo del mes de abril de 1944, al salir nuevamente de Balaguer, para hacer el servicio militar obligatorio, sentía un sabor agridulce, por tener que ausentarme nuevamente de mi entorno, donde había pasado casi toda mi vida. Los últimos cinco años habían sido malos, muy malos; habíamos vivido separados del padre, perdido el ser que nos dio la vida, todos los bienes familiares, la libertad como ciudadanos, pasado hambre y otras vicisitudes, trabajando de sol a sol y, encima, todavía algunas personas me habían humillado gratuitamente; aunque todo aquel dolor acumulado no me hacía olvidar lo inmensamente feliz que había sido en el mismo lugar, durante los primeros años de mi vida. Y además, aún quedaba allí lo que yo más quería: familia, buenas amistades y mi primer amor.

Nunca antes había andado solo por el mundo, aquello era nuevo para mí; dije adiós, acompañado de un «hasta pronto», a las personas queridas. En incontables oportunidades había escuchado decir a algunas personas mayores que el servicio militar era recomendable para los jóvenes, porque con ello se defendían los valores de la patria, al tiempo que ayudaba a formar la personalidad de cada uno. A los pocos días de estadía en el cuartel, en la ciudad de Gerona, sometido a la tiranía del ejército, ya era consciente de que aquella opinión era una falacia, y lo confirmaba la sola lectura de un cartel colgando de una pared, que decía: «Aquí no valen razones, lo que valen son galones». La única razón que había para soportar aquella tiranía era la esperanza de que duraría poco tiempo y que volvería a la vida civil. La vida en el cuartel resultaba a todas luces pesada y aburrida.

Con todo aquel trajín y lejos de la familia y mi entorno natural, sentí crecer mi actitud contestataria y la repulsión a la dictadura que nos oprimía, al tiempo que me juntaba con varios amigos que no simpatizábamos con aquel régimen. En nuestras continuas reuniones, frecuentemente tratábamos los temas de la guerra mundial que estaba en pleno apogeo y el futuro de España, cuyo destino lo creíamos ligado a la suerte de las potencias aliadas, defensoras de las democracias, en quienes habíamos depositado todas nuestras esperanzas, porque suponíamos que con su triunfo se conseguiría la terminación del régimen franquista. Entre todos mis amigos, el más íntimo era José Jové, vecino de catre en el dormitorio, y también vecino del pueblo de Liñola. Con él, por las noches, solíamos prolongar nuestras charlas y confidencias, por lo que pronto supe que la guardia civil le había detenido injustamente el año 1940, como sospechoso de ser autor de unas pintadas que habían aparecido una madrugada en una pared de su pueblo natal, en contra del régimen franquista, por lo que había sido condenado a 16 meses de carcel, y que quizá por el castigo sufrido, le profesaba un odio cerval al régimen franquista.

Con el paso del tiempo, Jové consiguió un permiso de fin de semana y, a la vuelta, me contó que al pasar por Barcelona había contactado con un antiguo compañero suyo, que estaba reclutando jóvenes antifascistas con la finalidad de formar un grupo de resistencia, para estar preparados en cuanto comenzara la liberación de España, propiciada por el gobierno republicano en el exilio, con el apoyo de los países aliados.

Durante el mes de junio las tropas aliadas desembarcaron en Francia, haciéndonos soñar despiertos a muchos españoles que el fin de la dictadura estaba cercano, mientras que, a medida que los alemanes iban perdiendo la guerra, en las calles y plazas de Gerona aparecían panfletos llamando al pueblo a rebelarse contra el franquismo, al mismo tiempo que en los mandos del regimiento se notaba un fuerte estado de tensión, endureciendo la disciplina. Comenzaron los registros rigurosos de nuestras pertenencias en el cuartel, cosa que nunca antes se había realizado.

Los panfletos en contra del régimen estaban a la orden del día en las calles de Gerona. El regimiento redoblaba las patrullas nocturnas alrededor del cuartel y destinaba una parte de sus efectivos a la zona fronteriza, al tiempo que el servicio de información del ejército buscaba por todas partes a posibles saboteadores. Aquellos eran tiempos turbulentos, bien lo sabía mi amigo Julián, quien, de tanto en tanto, todavía tenía algún acceso de náuseas desde aquella madrugada en que el teniente Aranda se presentó a su batería de madrugada, eligió al azar a los componentes de una patrulla, les ordenó que se pertrecharan con cartucheras, munición y el fusil, les dio de beber una ración de coñac, los llevó al cementerio de Salt en las afueras de Gerona, y allí, custodiados por una patrulla de la Guardia Civil, a las primeras horas del amanecer, en el más absoluto silencio, formó el piquete para fusilar a un hombre, que unos momentos antes ni siquiera tenían idea de que existiera.

Unos días después, el domingo 4 de octubre, estando de descanso en la batería, un compañero me comunicó que el servicio de inteligencia había detenido a mi amigo Jové por pelearse con un soldado de infantería. Aquello me causó un ligero escalofrío porque Jové era el enlace del grupo «Juventudes Combatientes» que se había formado en el cuartel. Apenas dos horas más tarde se confirmaban mis sospechas, al presentarse en la batería el cabo de guardia acompañado de dos soldados, procediendo a mi detención y encerrándome en una celda, comunicando al centinela de guardia que no permitiera acercarse a nadie a la puerta del calabozo y menos hablarme, porque estaba incomunicado. Desde el primer momento, sospeché que el asunto se presentaba color de hormiga.

Aquellas largas horas se convirtieron en una noche negra de pesadillas, que dio paso a otro día de incertidumbre, más otro y otro más, sin que nadie me aclarara cuál era mi situación; mientras tanto, la angustia y la tensión depresiva subía y subía, hasta que, con la ayuda de duros ejercicios físicos, encontré el suficiente sosiego para una leve estabilidad emocional.

Por fin, el día 11 de octubre fui sometido por primera vez a interrogatorio, por un teniente coronel, en función de juez especial, enviado por Capitanía General de la IV Región Militar, para establecer si los detenidos éramos sometidos a consejo de guerra de carácter urgente y sumarísimo, lo que en aquellos tiempos equivalía a una probable pena de muerte y la ejecución inmediata. Felizmente aquel militar desechó tal eventualidad. Aquel día me enteré por el teniente coronel que, aparte de Jové y yo, habían sido detenidos Rosendo Prats y Óscar Oliva, ambos asistentes del capitán González; los cuatro, acusados de pertenecer a una asociación clandestina.

Los siguientes interrogatorios fueron realizados por el juez militar de plaza, comandante Daniel Campinys Morey, de modales cínicos y despóticos, que con aire socarrón presumía de haber sentenciado a muerte a muchos «rojos», asegurando con voz siniestra y amenazante que yo podría ser el próximo en su lista si me negaba a informarle de quiénes eran mis contactos con el grupo clandestino.

Con el paso de los días, se fueron sucediendo los interrogatorios. La tensión llegó al límite el día que, como un zorro viejo, me tuvo varias horas de espera en la antesala de interrogatorios. Al pasar por fin a su presencia, me acusó de haber sacado armas del cuartel y llevarlas a un escondite fuera de la ciudad. Ante mi reiterada negativa, ordenó la comparecencia de un antiguo compañero de batería, quien afirmó que me había visto salir del cuartel por la puerta trasera portando una maleta cuyo contenido eran armas. Al rechazar una vez más la acusación, el juez, enfurecido, fue subiendo gradualmente el tono de voz, hasta terminar gritando, calificándome de ruin, traidor a la patria, mentiroso, y amenazándome con que, si seguía sin reconocer aquellos hechos me haría fusilar como había hecho con tantos otros y además haría detener a toda mi familia por rojos, porque ya tenía antecedentes de todos ellos.

Por fin cometió el error de decirme «esta vez te salvas, porque todavía no existe una máquina que pueda leer el pensamiento». Aquellas palabras quedaron grabadas en mi mente y en adelante me servirían de guía siempre que me encontré ante un careo delicado.

Un buen día terminaron los interrogatorios y la única prueba con la que consiguieron acusarme fue la de que, teniendo conocimiento de la existencia de folletos clandestinos por las calles de Gerona, no lo había comunicado a mi superior inmediato y, por ello, seguiría detenido a la espera de un consejo de guerra.

Finalmente y después de 72 interminables días de estar en solitario, el juez instructor ordenó el levantamiento de la incomunicación, al mismo tiempo que lo hacía con los tres compañeros antes citados, más otro de nombre Miguel Ortiz, que había sido detenido por el solo hecho de encontrarlo hablando a través de la mirilla de la puerta de la celda con Rosendo Prats.

El levantamiento de la incomunicación, después de tanto tiempo de vivir en solitario, fue como un bálsamo, porque a los cinco soldados nos destinaron a una misma celda, por lo que por fin pudimos hablar en grupo y contarnos nuestras penas y alegrías. Entonces pudimos enterarnos de que la detención se había producido por la infiltración en el grupo del cabo primero Quincoces, miembro secreto del servicio de información del ejército, quien se había convertido en hombre de confianza de Jové y, conocedor de los planes de la organización, esperó a que llegara un mensajero con información de los compañeros de Barcelona y, cuando el contacto le estaba entregando una misiva, Quincoces, acompañado por una pareja de la policía militar, procedió a la detención de Jové y del mensajero, junto con el mensaje que llevaba. Lo que llevó a la consiguiente detención de los cuatro compañeros del regimiento, más dos soldados del regimiento de Infantería nº 33, otro soldado del regimiento de Zapadores nº 4 y diez civiles, entre ellos cuatro mujeres, que vivían en distintas partes de Cataluña, y a quienes nunca llegamos a conocer.

Pasados ocho meses de encierro, concedieron la libertad a Miguel Ortiz, sin darle ninguna clase de explicación. Seis meses después dejaron en libertad a Óscar Oliva, por la feliz intervención de su familia, que tenía buenos contactos con altas autoridades eclesiásticas.

Aconsejado por el secretario del juez Campinys, comencé a solicitar mi libertad provisional. El día 16 de febrero de 1946, o sea, después de un año y medio de encierro, estaba partiendo leña en solitario, en el patio, cuando se acercó un alférez de Milicias Universitarias, que estaba de guardia. Después del saludo de rigor, en forma risueña me felicitó, al tiempo que me entregaba un documento que anunciaba mi libertad provisional a partir de aquel momento, debiendo reintegrarme a mi batería a la espera del consejo de guerra.

Después de pasar un largo tiempo solo con mis pensamientos, pedí al cabo de guardia la entrada al calabozo, para despedirme de mis compañeros y retirar mi petate, para luego presentarme al sargento de semana de mi batería. A continuación me reintegré a la batería, en calidad de procesado. Aquella tarde, al salir de paseo por la ciudad de Gerona, caminaba contento como un chiquillo, riéndome sin sentido. Pero aquella alegría se fue difuminando poco a poco, y cuando los soldados de mi reemplazo fueron licenciados, comencé a sentirme doblemente mal y fuera de lugar, por quedar retenido en el cuartel, a la espera del consejo de guerra, con fecha imprecisa.

En un momento en que las tres cuartas partes de los efectivos del regimiento estaban destinados a la frontera con Francia, y todos los soldados que quedaban en el cuartel rotaban sin cesar para cubrir los servicios de armas, yo era como un objeto que no encajaba en la batería, puesto que las ordenanzas militares establecían que no debía ser destinado a ningún servicio de armas, en tanto no fuera juzgado. En aquellas condiciones, el brigada de la batería no sabía qué hacer conmigo, y coincidiendo con que el sargento de cocina le pedía que cubriera un puesto de cocinero, allá me destinó, por lo que pasé a ser cocinero de tropa, puesto en el que, por primera vez desde que ingresé en el ejército, dejé de pasar hambre.

El 8 de octubre de 1946, el juez militar que llevaba la causa del enjuiciamiento me citó a su despacho para que firmara unos documentos, anunciándome que pronto se celebraría el consejo de guerra, en el que finalmente figurábamos 13 encartados, acusados del delito de asociación ilícita, del que yo —según me comentó— podía salir bien librado, con dos años en un batallón de castigo en las colonias de África.

De retorno al cuartel, me senté en un banco del paseo y allí, con amargura, evalué de nuevo la situación en la que me encontraba. Desde que me habían detenido, en muchas oportunidades había evaluado la alternativa de escapar a Francia; ya conocía el país vecino, donde había sido muy bien tratado, y además la frontera estaba cerca y, con suerte, la fuga supondría el final del cautiverio, pero siempre lo había desechado porque seguía sintiendo un gran amor por mi familia y no quería separarme de ellos. Pero dos años más de mi vida bajo el yugo de aquellos secuaces serían muy duros de aguantar. Sentado en aquel banco, en solitario, repasé los eventos más determinantes de mi existencia: desde que tenía uso de razón hasta que perdimos la guerra, había sentido que la vida me había sonreído con aires de triunfador; a partir de la derrota del año 1939 las cosas empezaron a salir mal, terminando por sentirme un perdedor, y ahora, si no decidía actuar, corría el riesgo de terminar siendo un perdedor patológico y aquello ya no iba conmigo. Aquellos 72 días de confinamiento en solitario, más los 14 meses restantes que había estado encarcelado, habían templado mi carácter y me había convertido en un «tipo duro», según comentaban algunos de mis amigos. Lo cierto era que ya no estaba dispuesto a tolerar que otros manipularan mi vida. Además, mis hermanos pequeños ya no necesitaban de mi ayuda, porque el padre había conseguido un trabajo de técnico en el cultivo de cáñamo y lino en el delta del río Ebro, llevando a vivir con él a Jaime, el mayor, y a los menores, Rosa y Juan. Mis hermanas María y Francisca se habían casado y vivían con sus respectivos esposos en Balaguer, con lo que aquella piña familiar que habíamos formado para mejor resistir la dureza de la posguerra ya se había disuelto; además, aquella chica que tanto quise y no podía olvidar, se había casado, por lo que mi retorno al pueblo no valía el sacrificio de pasar dos años de castigo en África. Al llegar a semejante conclusión, tomé la decisión de escapar del regimiento e irme a Francia, donde me esperaba la libertad, cambiando el destino de mi vida. Si la fuga salía mal, mala suerte, estaba dispuesto a pagar el precio que fuera, y si salía bien, volvería a ser un hombre libre y ya regresaría a España cuando retornara la democracia.

Al día siguiente fui a la librería Dalmau y compré el mapa de la zona pirenaica más detallado que encontré; también compré en una tienda de ultramarinos varias tabletas de chocolate, cacahuetes, almendras tostadas, fósforos y un botellín de coñac, elementos que creí necesarios para enfrentarme con el paso de la cordillera.

A las seis de la mañana, vestido de militar, saltaba la pared del cuartel a la altura de la cocina, sin que nadie se enterara. Saqué billete para Figueras tomando el tren que venía de Barcelona.

Cuando llegué a la estación de Figueras y descendí del tren, todavía llovía y escuché a un desconocido que decía que en la cordillera estaba nevando, lo que me hizo reflexionar por un momento si debía suspender la huida y retornar al cuartel.

De allí en adelante caminé campo a través evitando acercarme a los lugares poblados. A media tarde me escondí debajo de un pequeño puente en un cruce de caminos, a la espera de que oscureciera, porque divisaba a lo lejos lo que suponía que era un puesto de control de la Guardia Civil. Cuando estaba por reanudar el camino oí voces que se acercaban, y adivinando en la oscuridad, y por la forma de expresarse que se trataba de una pareja de guardias civiles, quedé quieto en el lugar; cuando llegaron al puente se detuvieron, charlando de los problemas de sus hijos, que por lo visto estaban en edad escolar. Estuvimos cerca de una hora, ellos encima del puente charlando tranquilos sin sospechar que debajo había un fugitivo, y yo debajo, con un miedo de mil diablos metido en el cuerpo. Entrada la noche, seguí andando por un camino de mula. Al pasar cerca de una masía los perros ladraron a rabiar. Aquello me alarmó, por lo que di un rodeo; lo que fue un acierto, puesto que inmediatamente escuché una voz de alto, seguida de varios disparos de fusil que pasaron silbando por encima de mi cabeza.

Con el miedo metido en el cuerpo, corrí ligero como un galgo entre los matorrales, mientras las balas seguían silbando a mi alrededor, refugiándome detrás de una enorme roca al amparo de la oscuridad que ofrecía la peña, con la intención de despistar a mis perseguidores. Éstos pasaron corriendo fusil en mano, a menos de cinco metros de donde me escondía. Transcurrido un largo rato, oí pasos y voces que descendían del monte, y vi aparecer a continuación la silueta de los cinco soldados que habían salido en mi persecución; uno de ellos comentaba con voz chillona que eran tres los maquis que había visto correr entre los matorrales.

Después de varias horas de andar y molido de cansancio, hallé una pequeña cabaña de piedra, me refugié en ella, cerré la puerta y me acurruqué en un rincón, cubriéndome con una pila de pasto seco que había en el lugar. [...]

Delante mío se presentaba un morro de montaña con una pendiente terriblemente inclinada, donde el espesor de nieve cada metro que avanzaba era más alto.

Bregando como un condenado, seguí avanzando los últimos metros de pendiente, hasta que, alrededor del mediodía, el sol me alcanzó de lleno al llegar a la cima.

Comí unas almendras con chocolate, tomé un sorbo de coñac y emprendí la marcha siguiendo la cresta de la montaña, marchando a paso ligero, aprovechando que estaba limpia de vegetación y que el viento habia barrido la nieve; además veía que tenía enfrente, a lo lejos, otra montaña que tenía que cruzar por un puerto entre dos altos picos, asumiendo que tenia que pasar antes del anochecer, porque si quedaba atrapado durante la noche en aquel lugar, las probabilidades de sobrevivir serían escasas.

Crucé aquella montaña a través de una garganta, cuyas paredes canalizaban el viento con furia casi huracanada.

Desde lo alto, desde donde se divisaba toda la hondonada, tuve la sensación de que ya estaba pisando tierra francesa. Corrí como un caballo desbocado cuesta abajo, resbalando y dando tumbos con la bota en la mano, sintiendo con gran alivio que, a medida que descendía, el viento y la temperatura se iban suavizando.

Caminé sin descanso el resto de la noche y toda la mañana, y antes del mediodía, sin mayor contratiempo, llegué agotado por el cansancio a un puesto de control de la gendarmería francesa.

Los jóvenes gendarmes que custodiaban el lugar me atendieron con amabilidad, porque, según me dijeron, cuando la ocupación de su país por los alemanes habían formado parte del maquis que ayudó a su liberación y por ello entendían lo que era combatir a una dictadura.

Siempre atentos, me trasladaron a Perpiñán, subidos en un *jeep* de aquellos que hasta aquel momento sólo había visto en las películas norteamericanas. Al llegar a Perpiñán, me dejaron bajo el control de las autoridades de un centro de acogida para exiliados españoles, ubicado en los suburbios de la ciudad. Me empadronaron, y a partir de aquel momento nunca más he vuelto a perder mi libertad.

A partir del momento que salí de España, viví una larga y próspera vida de emigrante forzado, siendo muy bien considerado por donde pasaba. Formé una nueva familia, con la que vivo feliz. Con trabajo y dedicación, me convertí en un respetable profesional de la industria textil, gracias a la buena acogida que me dispensaron en cada uno de los países donde tuve la oportunidad de desempeñar mis funciones. Finalmente retorné a España gozando de la libertad que nos concede el sistema democrático y lo único que siento es que mis compatriotas tuvieran que esperar tantos años para gozar de unos derechos tan sagrados.

## UNA MUJER DE SU TIEMPO

*Hace unos años, María Eugenia Lobete decidió escribir sus memorias. Lo hizo para que sus nietos conocieran las peripecias que habían jalonado su vida y a nadie las dio a leer más que a ellos. Hasta que un día, escuchando nuestro espacio en la SER, se animó a mandarnos las fotocopias de algunas de las hojas de su cuaderno de pastas duras en el que a mano había resumido sus casi 80 años de existencia. Tras hacer mención de alguno de sus pasajes en la radio, le pedimos que nos mandara el texto completo. Y no nos decepcionó. Porque la trayectoria vital de María Eugenia, que ella, sin pretensiones literarias, describe con sensibilidad e inteligencia, es casi la parábola de la historia de una cierta España. María Eugenia, perdedora y víctima de la guerra, encontró en Cataluña, lejos del pueblo de su Cantabria natal, en donde dice que odiaban a los vencidos, la posibilidad de salir adelante. Y bien. Sólo un hecho dramático, la muerte de su única hija, la madre de esos nietos para los que escribió su diario, impide que el título de este extracto de sus memorias sea: «Un final feliz».*

Vine al mundo el 22 de julio de 1922 en el valle de Buelna, provincia de Santander. A los tres años empecé a ir al colegio. Era de monjas y estaba cerca de casa. En el colegio, el más agitado era el mes de mayo, porque era el que se dedicaba a la Virgen, y también porque teníamos que ensayar canciones y misas para el gran día en que las niñas hacían la comunión. Yo pertenecía a la coral del colegio y por eso tenía más trabajo. Ese día la iglesia se llenaba de amigos y familiares, y para el pueblo era un acontecimiento. Yo sólo sé que fui muy feliz ese día.

Fue precisamente el año que yo hice la primera comunión cuando sufrí mi primera pena. Mi abuelo materno Agustín, al que yo quería mucho, había muerto quince días antes. Para colmo, poco después empecé a sentir dolores en una ingle, y el médico me diagnosticó hernia, por lo que aconsejó operar cuanto antes. Me llevaron a Santander al Hospital de Valdecilla, uno de los mejores, y debo confesar que me sentí importante delante de mis amigas del colegio.

Mi padre fue un hombre dedicado a sus hijos. Él era un hombre culto. Estudió en un seminario, pero lo dejó porque, según decía, le gustaban las chicas. Posteriormente fue secretario de un conde de Bilbao. En época de invierno, cuando las noches son largas, acostumbraba a leernos algún capítulo de libros que él escogía para nosotros, sobre todo de historia.

A mis abuelos paternos no los conocí. Los maternos vivían cerca de mi casa. En la suya merendábamos el pan con el chocolate de rigor y unos buenos tazones de leche de casa, ya que mi abuelo mantenía una vaca para el gasto de leche de toda la familia.

Para hacer felices a los nietos, el abuelo compró un burrito de pelo gris y esponjoso, que años más tarde me recordaría a Platero.

Una de las cosas que me apasionaban era hacer mantequilla. La sensación era extraordinaria, al ver que mis manos habían hecho posible tal metamorfosis. Además ¡era tan rica luego, cuando se comía!

La carne y el pescado eran de primera calidad y abundantes y en las fiestas pasaban mujeres vendiendo mariscos en unas hermosas cestas. Éramos aficionados a ellos, sobre todo a los percebes, caracoles y quisquillas, que mi padre nos enseñaba a comer. Lo que era un verdadero acontecimiento era saber que la vaca iba a parir.

Cuando volvía del colegio a mediodía, mi madre me mandaba al gallinero, para ver si había algún huevo en el ponedero, cosa que hacía con mucho gusto, por el placer que sentía de verlos en el cajón. Según la época, a veces encontraba seis o siete; otras, uno o dos.

Mis padres eran socios del casino del pueblo, en el que se hacía verdadera vida social. Cada sábado a la noche se proyectaban películas para niños y mayores, Charlot, el Gordo y el Flaco, y tantas otras. Las noches que mis padres salían eran para nosotros una alegría porque nos dejaban a dormir en casa de los abuelos. La juerga con los primos era estupenda.

A veces venían a casa los amigos de mis padres a celebrar algo, y la fiesta consistía primero en bien comer y luego beber, charlar y pasarlo bien. Mis padres acababan cantando, solos o a dúo, ya que ambos tenían una hermosa voz y un buen repertorio. Yo recuerdo que no me quedaba a escucharlos, porque la emoción me oprimía la garganta y me hacía llorar. Por eso salía al jardín, y así, a lo lejos, se me hacía más soportable. Verdaderamente cantaban muy bien, y, sobre todo mi madre, tenía una voz potente y preciosa.

Otros amigos muy queridos en casa eran ingleses, mayores y encantadores. Don Juan y doña Sara me invitaban alguna vez a tomar el té, cosa que a mí me gustaba por los riquísimos pastelitos con que lo acompañaban.

En casa acostumbrábamos a charlar de nuestros proyectos para cuando fuéramos mayores. Alfonso quería ser maquinista en la empresa del pueblo, que empleaba a casi tres mil personas. Jaime quería ser delineante. En cuanto a mí, deseaba ser secretaria, pensando en la posibilidad de colocarme cerca de mi padre, y por eso me preparaba en el colegio, haciendo taquimecanografía en horas extras.

Sabía que en abril del 31 se había proclamado la República en España, y que mi padre la había recibido con alegría, porque decía que sería un bien para el pueblo. Así fue en muchos aspectos, sobre todo en la enseñanza, pues se hicieron colegios estatales por todos los rincones del país, y otras mejoras que la monarquía tenía olvidadas.

Recuerdo que mi padre sentía admiración por los catalanes, porque, según él, siempre estaban en la cresta de la ola, en cuanto a la lucha por las reivindicaciones para los obreros y el bienestar social.

Algunos veranos, a mi padre le hacía ilusión que fuéramos a un pueblecito de Palencia, que era su tierra y donde vivía un hermano suyo. Alquilábamos un pisito y allí pasábamos las vacaciones.

Otros años nos conformábamos con ir algún día a Santander.

Pero llegó la fecha fatídica del 18 de julio del 36, cuatro días antes de que yo cumpliera 14 años. Fue entonces cuando comencé a crecer moralmente deprisa puesto que nada entendía de lo que pasaba y más aún cuando oía a mi padre que lo que estaba sucediendo era una barbaridad, y que así no ganaríamos la guerra.

Y es que los obreros que se decían comunistas se incautaron de las bonitas mansiones de los dueños de la empresa, de sus coches y pertenencias, se apostaron en ellas y allí instalaron sus locales, según ellos para el pueblo, y haciendo ostentación eran felices a su manera.

Metieron en la cárcel a mucha gente buena del pueblo, por el simple hecho de que eran de derechas. Aquello era el caos, pero más tarde lo pagaríamos. Pronto los franquistas empezaron la ofensiva para ganar el norte, y a los pocos meses ya comenzamos a sentir los bombardeos en Santander y en el pueblo, en donde querían hacer blanco en las fábricas que trabajaban para material de guerra y motores de aviación. Fue un largo año de penalidades y angustias. En cualquier momento, incluso durante las noches, las sirenas nos advertían de que había que ir al refugio, que teníamos cerca, porque venían los aviones. Cuando no teníamos tiempo de llegar, porque ya los teníamos encima, nos estirábamos en el suelo junto a la más sólida pared de la casa. Después veíamos con horror los destrozos, aunque pocas veces hubo víctimas.

Por días se notaba que el frente se acercaba cada vez más. Se oía ya a lo lejos el ruido de las ametralladoras y cañones y los aviones iban y venían sin parar, dejando su mortífera carga. Así la gente comenzó a huir, lógicamente los no franquistas.

Un día, mi padre comentó con mi madre que el último tren hacia Santander salía a la mañana siguiente muy temprano, y supongo que después de discutir los pros y los contras, decidieron que nuestra familia tenía que coger ese tren.

Mi madre confeccionó unas bolsas de tela fuerte para cada uno de nosotros, para llevar la ropa necesaria e imprescindible y los pocos alimentos en lata que teníamos. Tampoco olvidó las fotografías de la familia y todas las labores que yo había hecho en el colegio. Esto sucedía el 5 de agosto del 37.

Llegamos a Santander con un calor tremendo, escuchando cañonazos y bombas a lo lejos. Seguimos adelante hasta llegar al muelle, en el que todo eran gritos y apretones para subir a los barcos. Por fin, mi padre encontró uno que le pareció que no iba tan cargado. Se vigilaba que sólo subieran mujeres y niños, pero esto no se cumplió, ya que, fuera del puerto empezaron a subir hombres que se habían escondido en el interior.

El barco era una simple draga, cuyo servicio es limpiar el puerto. Mi padre nos miraba desde tierra y nos consolaba, diciendo que se alojaría en algún refugio hasta que todo hubiera pasado, para volver a casa, donde nos esperaría. Que nosotros iríamos a Francia, y seguramente en cuestión de días volveríamos a casa. Esperó a que saliera el barco. Lloraba como nosotros, aunque queriéndonos contener.

Pasaron muchas horas en alta mar, algunos se marearon. En mi soledad pensaba y quería entender lo que pasaba pero, si era difícil para mi madre, más lo era para mí. Nos apretábamos a ella que era fuerte y no desmayaba, cuidándonos y buscando la manera de alentarnos. Y ella tenía razón, se aguanta lo que sea, porque el instinto de supervivencia es natural en el ser humano. Nos decía que lo principal era que estábamos juntos y que pronto acabaría todo para poder ir a casa con papá. [...]

De pronto sentimos como un gran golpe, al que siguieron otros de menos potencia, que nos empujaron de un lado a otro. Era de madrugada y poco a poco empezó a salir el sol y nos dimos cuenta de lo que había sucedido. El barco había embarrancado en una inmensa playa. No sabíamos dónde estábamos y era muy difícil bajar del barco por la altura. Por fin empezamos a ver gente a lo lejos, por la playa. Eran hombres, mujeres y niños que nos ayudaron a bajar y que nos esperaban con toda clase de alimentos y líquidos para beber y el rico pan francés.

Nos enteramos de que venían de un pueblecito llamado Lacanan, que estaba cerca de Burdeos. Nos prepararon un tren que nos llevó a Burdeos. Otra vez los franceses nos esperaban en la estación con más comida para el viaje. Pasamos toda la noche en el tren, hasta llegar a la frontera de Puigcerdá, en que hicimos otra parada larga, ya sabiendo que estábamos en Cataluña.

Emprendimos el último viaje, que duró unas dos horas, hasta llegar al pueblo de Torello. Nos llevaron a un gran parque particular en el que habían convocado a todos los vecinos para que acogieran en sus casas a los refugiados que acabábamos de llegar.

Yo me coloqué con unos conocidos que tenían niños pequeños, para cuidarme de ellos, y mi madre comenzó a hacer gestiones para saber de mi padre. Se enteró de que inmediatamente después de que las tropas entraran en Santander, alguien que lo conocía, y que nunca supimos quién fue, cuando le vio por la calle le denunció a unos militares, diciéndoles que era un rojo, por lo que al instante le metieron en la cárcel.

Posteriormente y, debido a su salud, y más aún a su sufrimiento y depresión, le ingresaron en un hospital de monjas, donde estuvo bien cuidado y atendido, hasta que nosotros, al volver acabada la guerra, hicimos las gestiones para su libertad. Entonces nos enteramos de que no le habían puesto ninguna denuncia, por lo que rápidamente lo pusieron en la calle. [...]

Pasó año y medio hasta que el frente llegó a Cataluña, y entonces en lo único en que se pensaba era en salir por la frontera francesa. Aquello fue espantoso.

Nosotros nos quedamos, deseando que acabara todo de una vez, con la rabia contenida, viendo la alegría de los vencedores por las calles, cantando y gritando viva Franco, lo que a nosotros nos asustaba. Pronto nos hicieron saber que a los refugiados nos enviarían a nuestros sitios de origen.

Nos metieron en unos camiones con bancos y llegamos a Santander. Nada sabíamos de lo que nos esperaba, pero creíamos que regresábamos a casa, y que lo peor ya había pasado. Gran error, por lo que se avecinaba.

Ya en el tren hacia nuestro pueblo nos vio mi primo Manolo. «¿Qué hacéis aquí?», preguntó. A lo que mi madre, con naturalidad, respondió: «Pues vamos a casa». «¿A casa?», dijo, «pero si ya no tenéis casa, fue saqueada totalmente por la gente del pueblo, y en ella vive otra familia. Además el tío está en la cárcel. Así que, cuando llegue el tren a la estación no salgáis por el andén, sino por el otro lado, y corred sin parar hasta la casa de los abuelos».

Aquella misma noche vinieron a abuchearnos a la puerta de casa, llamándonos «rojos comunistas». A los pocos días, mi madre recibió un aviso para que se presentara en Falange a la noche siguiente. Nos esperaban en la entrada tres conocidos que a mí me retuvieron, e hicieron entrar en las dependencias a mi madre.

Comenzaron por decirme que algo habríamos hecho si nos marchamos cuando entraban ellos, que eran los que iban a salvar a la patria del comunismo.

No sé el tiempo que pasó, pero para mí fue muy largo, sin saber de mi madre. Hasta que por fin la vi salir desencajada y asustada. Comprendí que posiblemente la habían maltratado físicamente, aunque nunca me lo confirmó. Aun así, exigieron que se presentara en Falange a los dos días, que celebraban la victoria de la guerra, con una manifestación en la que pretendían que ella participara.

Cuando me enteré de eso, una vez que la dejé en casa y sin que nadie pudiera impedírmelo, me fui al cuartel de la Guardia Civil, donde pedí ver al superior. Tuve suerte y fui recibida por el oficial que mandaba el puesto. Me preguntó qué pasaba y comencé por explicarle quiénes éramos, que nos habían despojado de todo lo que teníamos en casa, que mi padre estaba en la cárcel sin una denuncia. Que la mayoría del pueblo sabía que éramos buena gente, pero que en aquellos momentos nadie se atrevía a hablar con nosotros. Que los llamados rojos también habían matado a dos primos hermanos de mi madre, en represalia por el primer bombardeo que se hizo en Santander.

Finalmente, y señalando un crucifijo que había en la pared, le pregunté si el crucificado aprobaría lo que estaban haciendo con nosotros. No sé el tiempo que duró mi explicación de los hechos. Lo cierto es que me dejó hablar sin interrumpirme, lo cual le agradecí. Entonces callé, y me pareció increíble oírle decir que tenía razón. Que se cometían muchas barbaridades y represalias sin explicación y que lo que sucedía se escapaba a su autoridad, añadiendo que me fuera con mi madre y que de ninguna manera se moviera de casa. Que si se atrevían a ir a buscarla, cosa que no harían, le avisáramos en el cuartel. […]

Yo había escrito a nuestros amigos de Torelló, explicándoles nuestra situación extrema. Al cabo de pocos días recibimos contestación y nos decían que ya que lo habíamos perdido todo, ellos nos ayudarían en lo que pudieran.

Salí hacia Palencia, para despedirme de mi padre, que hacía pocas semanas estaba en libertad, desde allí fui a Barcelona y luego a Torelló, donde me esperaban.

Se movilizaron para encontrar la manera de alojar a mis padres y hermanos para que también ellos pudieran venir. Y finalmente mis padres y hermanos llegaron a esta tierra catalana que tanto nos ayudaba. No es de extrañar que mi familia la amara tanto, ya que nos abrió los brazos en aquellos momentos en que los de nuestra tierra nos odiaban, por el simple hecho de que tuviéramos otras ideas políticas, sin tener en cuenta nuestar calidad como personas y nuestro comportamiento.

Un día de principios de otoño empezó a llover torrencialmente por toda la comarca, y los dos ríos que se juntan al lado del pueblo, el Ter y el Ges, empezaron a subir de nivel de manera alarmante, hasta que al fin se produjo la tragedia.

A los dos días, llegaron muchos presos políticos y voluntarios de la cárcel de Barcelona para ayudar en las tareas de reparación. Los alojaron en el teatro y allí, por una ventanita que daba al café bar, conocí al que después sería mi marido, junto con otros tres amigos suyos que eran muy agradables. Como tenían libres algunas horas para pasear por el pueblo, hicimos amistad, e incluso les llevé a mi casa. [...]

Empecé a moverme entre mis amistades para conseguir un trabajo en Barcelona, pues lo que yo quería era visitar a Salvador en la cárcel. Por fin encontré trabajo en casa de un matrimonio con dos hijos de 12 y 14 años. Cuando iba a la cárcel, para poderse entender se tenía casi que gritar, pues eran muchas visitas a la vez. Yo casi siempre acababa llorando, en medio de tanta crudeza.

Como éramos los vencidos nos apaleaban por todas partes.

Al cabo de un tiempo le dieron la libertad condicional. Nada menos que desterrado a Madrid, y a vivir por su cuenta sin conocer a nadie allí. Pasaron varios meses y por fin llegó la libertad deseada.

Yo seguía buscando un trabajo más propio para mí. Así pasó un tiempo, hasta que conocí a una gran modista de Barcelona. Al cabo de pocos meses me escribió para darme la dirección de una peletería muy conocida de la Diagonal, en la que buscaban una señorita para lucir los abrigos y estolas.

Me presenté y gusté, con lo que enseguida empecé a trabajar en algo que me había de llevar a aprender una profesión muy bonita.

Busqué pensión en un colegio de monjas. La comida seguía siendo escasa o cara, y casi nada me gustaba en el colegio. De manera que adelgacé aún más, hasta coger una anemia.

Fueron los primeros años del Salón de la Moda en Barcelona.

Y así, sin más, y para ahorrarse contratar a otra maniquí, la casa me comunicó que yo presentaría los modelos los tres días que durara la exhibición.

Recuerdo el impacto y el temor, a la vez que la emoción, que me produjo sentir sobre mí tantas miradas. Pero me concentré en lo que hacía y paseé con serenidad y tranquilidad. Me dijeron que lo había hecho muy bien y a los pocos días salió mi primera foto en la revista *Alta Costura.*

Con ese pequeño antecedente no me fue difícil encontrar otro trabajo, ya como maniquí, en una casa que, aunque de segunda categoría, me sirvió de puente para aprender a hacer el pase por los salones y a ir perdiendo temor y a tener más seguridad.

Al cabo de dos años y buscando siempre mejorar, entré en una casa italiana, cuya dueña había vestido a la que fue reina de España, Victoria Eugenia.

Salvador me venía a buscar por las tardes. Ya nos queríamos casar, pero no encontrábamos casa. Unos amigos llamaron a Salvador para decirle que en Montcada, un pueblecito que está cerca de Barcelona, se alquilaba una casita con jardín.

El 7 de junio del 47, nos casamos en la Sagrada Familia, que era nuestra parroquia, acompañados solamente por la familia. La comida tuvo lugar en casa de los padres de Salvador y fue muy discreta, pues los alimentos estaban racionados. La casa en la que yo trabajaba me regaló un par de vestidos.

Como al casarnos no pudimos hacer viaje de novios, lo hicimos al año siguiente. Primero a Madrid. Después a mi tierra, a Corrales.

La casa en que trabajaba pensaba cerrar, así que advertida de ello, procuré encontrar otra y no me fue difícil. El modisto era Pedro Rodríguez, conocido fuera de España. Allí conocí a algunas artistas del cine americano, aparte de la gente de alta sociedad del país que eran sus clientas. Fueron años espléndidos por la categoría de la casa y la cantidad de salidas extras que hacíamos para cenas de la alta sociedad, en las que las maniquíes éramos parte principal.

Yo aparecía en fotos, en la revista de *Alta Costura*, e incluso en un documental. El trabajo era intenso pero muy gratificante y feliz y empezó a resarcirme y hacer que olvidara las penas y las tantas lágrimas vertidas en soledad.

Pasaron tres años, cuando estando en Blanes, en la Costa Brava, adonde íbamos a pasar las vacaciones, noté unos mareos a los que no di importancia. Pero al volver un amigo que era médico me diagnosticó un embarazo.

A los cinco meses me llamaron con urgencia de P. Rodríguez porque una de las maniquíes se había puesto enferma. La temporada siguiente continué trabajando todo el día, pero lo hice con mucho sacrificio.

Hacía tiempo que buscábamos piso en Barcelona, y por fin lo encontramos. Poco a poco, y ya trabajando por su cuenta, Salvador había conseguido tener mucho trabajo con sus muestrarios para fabricantes de pinturas.

La casa de Montcada se convirtió en taller. Para entonces ya teníamos coche, y a Salvador le servía para traer el trabajo desde el taller.

También hicimos salidas a Andalucía, Madrid, Norte y Aragón, algunas con nuestra hija. Por el traslado a Barcelona dejé de trabajar algún tiempo. Luego contratamos a una chica que vivió con nosotros para los trabajos de casa. Le enseñamos a leer y escribir, que no sabía. Esto me permitió volver a trabajar. Esta vez en otra casa importante y con mejores condiciones, que yo conseguía gracias a mi activo historial.

Algunas veces a esa nueva casa venía la mujer de Franco, y entonces la entrada se llenaba de gente. Alguna de nosotras se ponía nerviosa, pero yo he de confesar que sentía una especie de indiferencia por aquella mujer que se sabía era orgullosa y que se aprovechaba de todos para conseguir todo lo que le apetecía y, sobre todo, joyas.

El tiempo pasaba, trabajando y disfrutando de lo que en aquella época teníamos a nuestro alcance. Las salidas con los amigos también eran frecuentes para ir a cenar o para ir a fiestas. Las charlas siempre acababan hablando en contra del régimen tirano que teníamos, aunque en los primeros años lo hacíamos con cuidado.

Por entonces, una modista de Vigo me pidió que fuera a su casa a pasarle su colección. Cogí por vez primera un avión que me trasladó a Santiago. Me alojaron en el mejor hotel de Vigo. También hice algún viaje a Valencia y siempre en espléndidos hoteles y muy bien atendida.

Ahorramos un tiempo para poder ir a Canarias, en donde teníamos unos primos. A finales de marzo del 54 embarcamos en el *Villa de Madrid*, que hacía el viaje cada semana. Nos reunimos con los muchos amigos que ellos tenían, bastantes de ellos catalanes que trabajaban allí y con los que celebramos fiestas e incluso bailamos la sardana.

Seguíamos disfrutando las vacaciones de verano en Blanes, pero los turistas ya empezaban a invadirnos, sobre todo las playas, y empezamos a pensar en cambiar de sitio. Como teníamos coche, ya era el momento de empezar a conocer el país, así que decidimos irnos a explorarlo. Yo empecé a descubrir plantas, hojas y flores cuyas formas delicadas me atraían y que arrancaba con cuidado para, posteriormente, una vez aplanadas y secas, crear pequeñas composiciones que después hacía enmarcar.

Con el tiempo fui mejorando, y algunas me quedaron bastante atractivas, hasta el punto de que vendí todas las de los tres o cuatro años que duró mi creación, salvo las que me quedé como recuerdo de aquella etapa, o las que regalé.

Pasado algún tiempo, y por varios motivos, dejé de estar fija en la casa que trabajaba para hacerlo por libre. Pasaba colecciones contratadas porque se pagaban muy bien y porque disponía de más tiempo libre. La música me gustaba mucho, así que decidí tomar clases de guitarra.

Cada persona es única y compleja en su manera de ser y comportarse, y a veces sufre porque no consigue ser de otra manera. Hay mucho que aprender para entender y comprender las distintas opiniones de los demás, que también son válidas y quizás más acertadas.

Muchos sábados por la noche, íbamos a cenar a Mataró y seguidamente a una tertulia, que un amigo había iniciado, y por la que pasaron intelectuales, artistas políticos y otras personalidades que daban la charla, a la que seguía un coloquio siempre interesante, que a veces se alargaba hasta muy de madrugada. En el local siempre teníamos una persona que mandaba la policía, para oír lo que allí se comentaba. Eso ocurría en todas las reuniones, pues para que las autorizaran había que solicitarlas por escrito, indicando también el tema que se iba a tratar.

Algún tiempo después fui a trabajar, por las tardes, a la tienda de modas que tenían dos hermanas amigas. Mientras, continuaba pasando mis colecciones de temporada en la casa en la que trabajé hasta cerca de cumplir 45 años.

En junio del 72, celebramos las bodas de plata en la Sagrada Familia. Primero hubo misa, acompañada por los cánticos espirituales que nuestra hija y su grupo nos ofrecieron. Por entonces ella ya pensaba casarse y lo hizo al año siguiente, también en junio.

Como de la casa me ocupaba menos, pensé que sería bueno encontrar otro empleo, aunque a mis años eso fuera difícil. Fue la hija de una amiga, que era abogada, quien me presentó a un compañero que necesitaba una secretaria para su despacho. Fue una experiencia extraordinaria. A los tres meses ya estaba al corriente y funcionaba bien.

Empecé a aprender de cuestiones judiciales, demandas de separación, y un sinfín de cosas que yo asimilaba, por la gran curiosidad que tenía en un campo tan nuevo para mí. Para entonces el régimen se moría con Franco, y tuve la suerte de que mi jefe pensara políticamente como yo y que me contara cosas que sucedían entre bastidores, como suele decirse.

Por fin murió el dictador justo tres días después de nacer mi primer nieto. Era el tiempo en que el país despertaba de su letargo político, cada día había noticias interesantes de qué hablar, y allí empecé a interesarme y estar al corriente de muchas cosas que ocurrían y se planteaban con un sentido democrático y de izquierdas que me fascinaba.

Un 23 de febrero, y estando el congreso de los diputados lleno, sucedió algo imprevisto. Se nos encogió el corazón y tuvimos miedo por lo que pudiera pasar. Fueron muchas horas de angustia. El Rey salió en la tele para pedir tranquilidad y asegurar que el proceso democrático no cambiaría, y que él ya había dado las órdenes oportunas.

La lectura ha sido un gran medio para aprender, para hacerme pensar y disfrutar. He descubierto la literatura catalana de autores que me fascinan.

Ya hacía nueve años que trabajaba en el despacho, cuando un día el jefe me llamó para charlar. Yo me senté tranquila frente a él, y cuál no fue mi sorpresa cuando me comunicó que el despacho comenzaba a fallar por falta de clientela y que él había aceptado trabajar para dos empresas que le habían ofrecido que se ocupara en exclusiva. Que por tanto tendría que prescindir de mí. Me quedé sin habla por la sorpresa y el disgusto. Ya estaba decidido que me marcharía, y que después del paro pediría mi jubilación anticipada, que entonces era a los 60 años.

Pasé varios meses con dificultades para amoldarme a mi nueva situación. Busqué otras actividades en centros sociales para estudiar catalán o inglés. Este último idioma lo dejé a los pocos meses porque me era difícil. Me hice socia de un Club de Natación al que iba a menudo, contacté con gente nueva para hacer salidas culturales por la ciudad, y también para ir al teatro o al cine, y me matriculé en la Universidad para oír charlas de diversos temas y muy interesantes para personas ya jubiladas.

Poco a poco fui adaptándome a mi nueva forma de vivir, asistiendo a conciertos cada semana. Así que me llenó de satisfacción que mi hija me presentara a la profesora de música que dirigía una coral. Entré en ella y la mejor experiencia fue la de poder cantar, dos veces, en el Palau de la Música.

## El balón del hijo del señorito

*Manuel Jimena nos mandó esta carta desde Córdoba. En ella, y sin mencionar la adscripción política de los que aparecen en su historia, cuenta algo que a él le ocurrió en la posguerra.*

Este hecho sucedió el día de Reyes del año 1949, cuando me faltaba un mes para cumplir 9 años. Sólo quienes han vivido en aquellos años pueden comprender la emoción que unos niños llegaron a sentir al ver por primera vez en su vida un balón de reglamento.

Yo vivía cerca de un barrio de gente bien. Mis amigos y yo éramos hijos de gente obrera, más pobres que las ratas. Nos juntábamos a la recacha de una casa solitaria que estaba cerca del llano en donde jugábamos a la pelota. Íbamos llegando de uno en uno, todos iguales, tiritando de frío, con las manos en los bolsillos y las caras mohínas. Todos preguntábamos: «¿Qué te han echado los Reyes?». Y todas las respuestas eran iguales: «Na', ni un triste caramelo». El de Reyes era para nosotros el día más triste del año.

Cuando ya estábamos todos para jugar el partido con nuestra pelota de trapo, tuvimos una aparición que para nosotros fue más que divina. Se trataba de un niño con un equipo completo de fútbol, con sus botas de reglamento con tacos de espay y, debajo del brazo, un balón que nosotros sólo habíamos visto en los cromos, en los que aparecían los porteros agachados, con su gorra y sus guantes apoyados en él.

Todos, al mismo tiempo, nos fuimos hacia el niño, diciendo: «¡Vamos a jugar!». Pero su respuesta fue un «no» tajante. Así que empezamos a hacerle la pelota. Pero nada, que no había manera. Pero para nosotros estaba claro que teníamos que jugar con aquel balón. Así que me acerqué al niño por detrás, le di con mi puño al balón y éste saltó.

Creo que no llegó a tocar el suelo, pues antes ya estábamos dándole patadas. Enseguida formamos dos equipos. El niño se fue llorando y nosotros estuvimos jugando toda la mañana. Hasta que el niño llegó acompañado de su padre. Allí se quedaron los tres: el niño, su padre y el balón. Nosotros desaparecimos. Ése fue el mejor día de Reyes de nuestras vidas.

A mí, al poco, aquello se me olvidó. Pero unos cuantos días después mis padres recibieron una carta del Tribunal Tutelar de Menores en la que se les decía que uno de ellos había de presentarse allí conmigo. «¿Se puede saber que has hecho para tener que ir a un sitio así?», me preguntaba mi madre. Yo no era consciente de haber hecho nada malo. Pero cuando llegamos al Tribunal y vi que allí estaba el padre con el niño ya supe de qué iba la cosa.

Primero entramos nosotros. Yo iba temblando. El juez me tranquilizó y me dijo: «Cuéntamelo todo tal y como sucedió». Cuando lo hice, el juez añadió: «Tiene que haber algo más. Porque este hombre te acusa de haber amenazado de muerte a su hijo para quitarle el balón, ¿eso es verdad?». «Lo que pasó ya se lo he contado», le contesté yo. Entonces el juez se quedó un momento callado, mirándome, y luego se dirigió a mi madre, diciéndole: «Señora, llévese de aquí a este niño». Nunca volví a tener noticias de aquello. Pero el miedo que pasé se me quedó grabado para siempre. Y si hoy escribo esto es en homenaje a un juez justo y humano que tuve la suerte de encontrar en mi vida. Porque yo el único crimen que cometí fue el de tener la osadía, y más en aquellos años, de quitarle por un rato el balón al hijo de un señorito.

## SE QUEMÓ LA CHOZA

*Este relato también habla de lo dura que para muchos fue la posguerra. Nos lo mandó Manuel Malaver, que vive en La Rinconada (Sevilla) y que era un niño cuando le ocurrió lo que cuenta:*

En la primavera de 1946 vivíamos en una choza en lo alto de una montaña. Mi padre era cabrero y, por causas de la guerra, cada quince días tenía que presentarse en el cuartel de la Guardia Civil de Villanueva de San Juan. Por eso aquella noche las cabras las tuvo que cuidar mi madre, acompañada de mi hermana mayor que tenía 12 años. Y en la choza nos quedamos los tres hermanos, que éramos muy pequeños, junto a mis abuelos maternos, que eran muy mayores.

Mi madre se dejó encendido un candil cerca de la máquina y la ropa que había al lado prendió fuego. El abuelo se despertó y empezó a levantarnos a todos, pero la puerta estaba cerrada por fuera con una cuerda. A base de tirones mi abuelo consiguió abrirla y salimos de la choza. Pero faltaba el más pequeño de mis hermanos, que tenía sólo meses: o mis abuelos no se acordaron de él o lo dieron por perdido.

Pero mi madre vio las llamas desde lejos. Acudió corriendo y sacó a mi hermano de entre las llamas. Nos quedamos con lo puesto, o sea, con los calzoncillos blancos, y nos refugiamos debajo de una encina.

Al día siguiente, cuando mi padre regresó y vio el panorama, pensó que nos habíamos quemado todos. Y se volvió loco removiendo las cenizas. Pero nos habíamos salvado.

### «¡Qué hermosa es la ignorancia!»

*Esta carta, que nos fue enviada por María Jesús Maestre Campillo, es otra reivindicación del pasado por la vía de un homenaje a la figura de uno de sus mayores. En este caso a la de su abuelo, un hombre de izquierdas que perdió la guerra y por ello fue represaliado. Pero este testimonio tiene un interés adicional al del relato mismo. Y es que María Jesús, que tiene 43 años, nos contaba las grandes dificultades que encontró para reconstruir lo que les pasó a sus mayores durante la guerra y la posguerra. Con gran eficacia expresiva nos cuenta cómo sus padres, sus amigos y hasta sus vecinos, todos ellos perdedores de aquella guerra, erigieron un muro de silencio en torno a su desgracia, a fin de que sus hijos no supieran lo que les había ocurrido. Y no porque estuvieran arrepentidos o avergonzados de lo que habían hecho, sino porque creían que, imponiéndoles esa ignorancia, los estaban protegiendo. Muchas otras familias españolas hicieron lo mismo.*

Mi abuelo fue militante del PSOE y de la UGT. Lo primero lo llevó a ser concejal de Cultura en el Ayuntamiento de mi pueblo, Elda, en Alicante, en los años de la guerra, y por lo segundo se le ofreció un cargo de responsabilidad en Madrid que él no aceptó.

Lo cierto es que estuvo presente en el último Consejo de Ministros de la II República que se celebró en la Casa Roja, cerca de la estación de Elda-Petrel, un edificio que aún hoy existe.

Terminó la guerra y llegó lo peor. Juntaron en una calle del pueblo a todos los que perdieron y allí mismo algunos fueron ejecutados. Los que quedaron con vida, entre los que se encontraba mi abuelo, fueron llevados, atados de pies y manos con cadenas, al seminario de Orihuela, convertido entonces en prisión. Mi tía Elpidia se agarró a los pies de su padre, llorando y rogando, pero, por supuesto, eso no sirvió de nada y, por lo que contaba mi madre, la mujer enfermó a partir de ahí. Mi padre, que estaba en Alicante estudiando en un internado, que había sufrido más de un bombardeo, tuvo que dejar de estudiar y volver a casa.

Solos y sin que nadie les diera trabajo, mi abuela tuvo que venderlo todo, «hasta los colchones», decía, y bien que se lo compraron por cuatro cuartos. Pero ningún médico quiso recibir en su consulta a mi tía, que murió sin ser asistida. A mi abuelo no le permitieron acudir ni a su entierro ni a su funeral y mi abuela juró que a ella nunca la vería un médico, lo cual cumplió, pues años después murió tras una dolorosa agonía sin que llamara a ninguno.

Pasaron mucha hambre y mi padre aún recuerda como algo exquisito las mondas de patatas que cogían de las basuras y las hierbas «camarrojas» y «luisones» que mi abuela recogía en el campo. En la época del campo de concentración de Albatera, mi abuelo sólo comía cuando mi padre le llevaba algún alimento.

Pasó el tiempo, a mi padre le dieron trabajo y fueron subsistiendo hasta que siete años después de terminada la guerra soltaron a mi abuelo.

Mi abuelo trabajó de zapatero, hacía zapatos a medida por encargo, y estaba muy orgulloso de su trabajo. Yo le acompañaba muchas veces a la fábrica cuando iba a entregar los encargos. Iba vestido con traje, bastón, sombrero flexible y zapatos que crujían al andar.

Me enseñó muchas cosas. Tenía una linterna mágica, muchos libros con grabados, discos de zarzuela, cromos, estampas y monedas.

Cuando murió mi abuelo, mi padre se deshizo de todos sus libros como si fueran la peste. Yo sólo logré salvar algunos tomos de la Enciclopedia Ilustrada Francesa. ¡Qué descanso sintió mi padre cuando todo desapareció!

Cuando murió mi abuela, mi madre, revisando cajones y armarios, se encontró, para su estupor, con un pañuelo rojo con la hoz y el martillo. Sería a mitad de los sesenta. Mi madre, asustada, corrió al lavadero a meter el pañuelo en lejía, pero seguía teniendo un color rosa, más apagado. Yo tuve aquel pañuelo en mis manos. Intenté quedármelo, pero no pude. Era demasiado pequeña.

Mi padre casi no me contó nada de aquellos años de la guerra y de la posguerra y lo que sé fue por mi madre, que siempre añadía un «shhht» cada vez que me contaba algo, para que no hablara con nadie de ello. Nunca he oído contar nada de aquello ni a mi familia ni a mis vecinos. Sólo silencio. Una vecina siempre aleccionaba a su hija diciéndole: «Si alguien te pregunta sobre esto o sobre lo otro tú di siempre: no sé nada». Y mis tías se miraban mientras yo jugaba y se decían: «¡Qué bonita es la ignorancia!».

## Reencuentro en Austerlitz

*Aunque la remitente de este texto, hermana del autor del mismo, nos facilitó todos sus datos identificatorios, también nos pidió que no publicáramos los verdaderos nombres de los protagonistas de esta historia. Por tanto el Ignacio de estos folios se llama de otra manera. Todo el resto es una narración fiel de un hecho extraordinario: la del reencuentro de una madre con su hijo, exiliado republicano en Francia, 16 años después de que se vieran por última vez. Pero a través del vibrante relato de ese momento, y de la hora que lo precede, discurre también la crónica del drama de la separación y del alejamiento y algunas otras cosas más.*

Para ir de la estación Saint-Lazare hasta la de Austerlitz había que coger el metro.

Ignacio, que acababa de llegar de Oissel, donde vivía, estaba en Saint-Lazare delante de uno de esos planos luminosos del metro parisino, que accionando la tecla de la estación de destino indican el itinerario que debe seguir uno. Era un itinerario que ya había efectuado muchas veces, pero, por si acaso, quería asegurarse de que no se equivocaba. Eran las 7 y 40 minutos y el tren procedente de España no llegaba a Austerlitz hasta las 8 y 40. Pero pasara lo que pasara, Ignacio tenía que estar en el andén cuando el tren de Hendaya entrara en la estación. Porque Ignacio estaba esperando ese momento desde hacía dieciséis años.

Hacía ya varios años que habían proyectado el viaje de su madre. Cuando Ignacio se casó ya habían hablado de ello, pero había bastantes dificultades y se apartó la idea de que viniera a la boda; sin embargo, la mujer de Ignacio y él insistieron en que se preparara para venir el verano siguiente. De nuevo no pudo ser, porque tuvo muchas dificultades para obtener el pasaporte. No obstante, a Ignacio le pareció observar algunas reticencias en su madre, algo así como si temiera descubrir algo que ella prefería no saber… pero no era más que una idea que él se había hecho a través de las cartas y las conversaciones con las personas que habían ido a España y la habían visitado de parte de Ignacio. El caso era que hacía dos años que se había casado y ahora sí, su madre estaba a punto de llegar a la estación de Austerlitz.

Lo que más le intrigaba es que no sabía si iba a reconocer a su madre. ¡Era tan distraído y tan mal fisonomista! ¿Y si por casualidad no la veía?, se decía, y él mismo se contestaba: «Pero si reconociste a tu primo Antonio hace dos años, ¿cómo no vas a reconocer a tu madre?». De todas formas él sabía que su madre sí que iba a reconocerle, que una madre reconoce siempre a su hijo. Pero es que la última vez que le vio tenía 15 años, un niño, y ahora tenía 31 y era padre.

Se alejó del plano, camino de la taquilla. La taquillera era una señora que quizá tuviera la edad de su madre, pero no se las podía comparar, porque esta señora llevaba un vestido estampado de color vivo y tenía una cara alegre y sonriente. Su madre también tenía una cara sonriente pero no era la misma sonrisa, y además él no podía imaginarla más que vestida de luto u oscuro como la había visto siempre desde la muerte de su padre en 1931.

Cogió el billete y sin querer se puso casi a correr hacia el andén. Cuando se dio cuenta quiso reducir la marcha pero no pudo. No sabía la hora que era y en los pasillos en los que estaba no había ningún reloj. Él no tenía reloj, todavía no se había podido comprar uno. El único que había tenido en su vida se vio obligado a vendérselo a los americanos para poder alimentarse y fumar cuando éstos le metieron en un campo de prisioneros alemanes tras la liberación. En el andén sí que había reloj. Cuando llegó y vio que eran las 8 menos 10 se calmó un poco. Si por lo menos su mujer hubiese estado con él no habría tenido ningún problema para reconocer a su madre porque ella era muy buena fisonomista y con un par de fotos que había visto le era suficiente. ¡Qué largo era el tiempo! Volvió a mirar el reloj y sólo había pasado un minuto.

Su cerebro estaba en ebullición, no paraba un segundo. ¿Y si en la estación no encontraba a su madre? ¿Y si se hubiera confundido de horario? ¿O de tren? Son cosas que pueden ocurrir. ¿No? Su madre en una ciudad como París, sola y sin saber decir ni «oui». Y cada vez que pensaba cosas así se le hacía un nudo en el estómago y el pecho se le comprimía impidiéndole respirar normalmente. Y seguramente su madre estaría en el mismo estado que él, con el mismo nudo en el estómago y la misma opresión. Si por lo menos pudiera tranquilizarla.

En realidad su madre había tomado sus precauciones. No por desconfianza, sino porque verdaderamente podía ocurrir algún percance. Unos amigos de Valladolid que tenían familia en el cinturón parisino le habían preparado un papelito, que ella guardaba con mucho cuidado, en el cual habían apuntado muy claramente las señas de sus familiares. Cualquier taxista a quien se las hubiera enseñado la habría llevado hasta allí, para lo cual también llevaba un poco de dinero francés. Pero Ignacio supo todo eso después, cuando se lo contó ella. Y en ese momento en su cabeza seguían trotando estas palabras: ¡Sola! ¡Desamparada! ¡Perdida!

Lo que también complicaba la situación es que Ignacio llevaba el brazo derecho en cabestrillo. Un forúnculo que le había salido en el pliegue interior del codo. Hacía ya ocho días que se lo habían sajado, una verdadera operación sin anestesia. ¡Y precisamente en estos momentos! Desde el día que le operaron estaba de baja. Durante varios días no pudo mover el brazo; ahora ya podía hacerlo un poco, pero le dolía mucho.

En la parada de Opera el chorro de gente que se apeaba casi le arrastró hacia el andén, pero se agarró con la mano izquierda a las barras verticales y pudo resistir. ¡Había que llegar hasta Austerlitz!

Trataba de convencerse a sí mismo de que sí, de que la iba a encontrar fácilmente. Cada minuto que pasaba le acercaba más a ella. A estas horas ya habría pasado por Orleans. A lo mejor se ha acordado de que Ignacio estuvo viviendo allí, pero como el tren no pasa por Orleans mismo...

De pronto a Ignacio le vino a la memoria que por carta habían preparado minuciosamente el viaje. Hasta la frontera la acompañaría su yerno, es decir el cuñado de Ignacio, y él la pondría en el tren que la llevaría hasta París. Para la llegada ella le había dicho que se pondría en una ventanilla y que hasta que no le viera no se movería. En caso de que no se reconocieran por la ventanilla, Ignacio subiría al tren por una punta y recorrería todos los pasillos y departamentos hasta que la encontrara. ¡Uf! Dio un suspiro de alivio y hasta sonrió un poco. La gente que estaba alrededor de él se dio cuenta y le miraron con curiosidad.

En caso de no verla, «recorrer el tren», «recorrer el tren». Y por los pasillos del metro iba oyendo como un eco repetido al infinito por los miles de mosaicos que recubren las paredes: «recorrer el tren». Por primera vez se fijó en los carteles de publicidad: «Blancheur Persil», «Dubo-dubon-Dubonnet».

Viendo la publicidad del aperitivo se dio cuenta de que desde las 12 y media que había comido en Oissel no había vuelto a comer ni beber nada y ni siquiera había notado hambre ni sed. Y el caso es que tampoco había previsto nada para cuando llegara su madre. Pero eso ya lo decidirían juntos cuando llegara.

Enlazando con la idea de la comida pensó en la noche. ¿Dónde iban a dormir? Tenían que hacerlo en París, porque que no había ningún tren para regresar a Oissel hasta la mañana siguiente a las 7 y 25. A pesar de ello no había cogido ni siquiera un pijama, pero más bien por no llevar estorbo, por conservar la libertad del único brazo válido que le quedaba. Pero había pensado en el sitio. Alrededor de la estación Saint-Lazare no faltaban los hoteles, y así estarían cerca para coger el primer tren. Precisamente por allí fue donde estuvo hospedado su primo Antonio cuando vino hace dos años a ver el partido de fútbol Francia-España. Por detrás de la estación, en la calle Moscú.

¡El primo Antonio! Había sido la primera persona de su familia que Ignacio había visto desde que se separaron en el año 35. Vino al partido de fútbol, pero estuvo varios días en París. Ignacio fue a verle un día a París y el primo Antonio fue un día de París a Oissel. Pero sólo estuvo tres horas. No podía restar tiempo a sus distracciones parisinas.

El día que Ignacio pasó con él y sus amigos en París fue de novela. Porque su primo Antonio era un hombre de negocios, precisamente todo lo contrario de Ignacio. Se pasaron el día en comercios, tiendas, garajes, almacenes, representantes de comercio, etcétera. No visitaron ni un solo monumento, ni lugar histórico o cultural, ni de recreo. Sólo lugares de negocio. Quizá lo hicieron porque del grupo que le acompañaba ni uno sabía una palabra de francés y quisieron aprovechar la presencia fortuita de un intérprete. Así es que aquel día Ignacio se lo pasó traduciendo del español al francés y del francés al español. Si hubiese sido traducir conversaciones de la vida corriente, familiares, culturales o algo interesante podía haber pasado. Pero tener que regatear, hacer un encargo para modificarlo un minuto después, pedir aclaraciones sobre los artículos, volver a regatear, decir que en España no era así, que a ver si tenían algo mejor o más barato, que por qué esto, que por qué lo otro. Con lo tímido y vergonzosillo que era Ignacio, aquello fue un infierno para él. Y eso que algunas cosas no las traducía como se lo decían ellos. Siempre había cinco o seis hablándole al mismo tiempo. Cosas que nunca hacía o decía para él mismo las tuvo que hacer ese día. Ya ir de compras no le entusiasmaba mucho, pero quizá a partir de ese día lo aborreció completamente.

Al ver «Gare d'Austerlitz» en el muro de la estación en la que entraba el metro se le aceleró de nuevo el pulso, se sobresaltó y, como si el asiento hubiera tenido resorte, saltó de él y se plantó delante de la puerta a la espera de que se abriera. Cuando se encontró en el andén buscó enseguida el reloj con la mirada. Eran las 8 y 20. Se calmó de nuevo y entonces se dio cuenta de que estaba sudado y de que no era sólo a causa de la temperatura.

Una vez en la sala se orientó un poco y pensó que para los veinte minutos que le quedaban, lo mejor era esperar en el andén y echó a andar hacia él. Y otra vez las ideas volvieron a la cabeza… ¿Qué pensaría su madre de él? No se trataba de poner en duda el cariño, el amor materno que ella le tenía. Eso estaba archidemostrado. El caso es que Ignacio se había hecho adulto, y después hombre, fuera del ámbito familiar, en condiciones políticas, sociales y filosóficas completamente diferentes o, mejor dicho, contrarias a las que habían rodeado a sus otros hermanos. Su madre no ignoraba la influencia que esto había tenido en la formación ideológica de su hijo. El negarse a volver a España al finalizar la guerra era la prueba flagrante, pero ¿no se lo imaginaría ella con un cuchillo entre los dientes, como la imagen del bolchevique que difundía la propaganda franquista? No, Ignacio no lo creía, ni podría tolerar que así fuera. Él sabía que su madre, quizá a causa de las penas, de las amarguras, angustias e incertidumbres, del miedo de no volver a verle, se había refugiado en una devoción religiosa, en nada comparable a la práctica religiosa muy moderada que él había conocido de niño en su hogar. Y en él se había producido precisamente la evolución contraria y había abandonado completamente la fe en la religión. Ella se había amparado en el misticismo religioso y él había adoptado el materialismo ateo. Una de las cosas que más habían contrariado a su madre fue el que no se casaran por la iglesia.

Pero todos estos hechos estaban más o menos bien establecidos, sabidos y, en consecuencia, si no aceptados, por lo menos tolerados por ambas partes. No, lo que Ignacio ignoraba y al mismo tiempo le intrigaba, era lo que su madre pensaba de él en lo que se refiere a la moral, a la ética. ¿Habrían desaparecido los temores que ella tenía cuando le decía en una carta que no se dejara llevar por malos caminos? De todas formas, si había aceptado venir es porque no tendría grandes temores.

En el andén había gente que esperaba como él. Y ahora era cuando empezaba a plantearse el problema principal. ¿Dónde ponerse para observar lo mejor posible el paso del tren? Lo mejor era a la mitad, porque los primeros coches pasarían ya bastante despacio y se podría distinguir a los viajeros y tras ellos no quedaría más que la otra mitad. También tenía que ponerse bien a la vista para que ella lo viera. ¿Estará en la ventanilla? Lo mejor será ponerse detrás de la gente que está en medio, aislarse, procurar que no haya gente alrededor. Y al pensar esto también se le ocurrió que en las llegadas nunca hay pañuelos, eso está más bien reservado para las despedidas. Pues bien, él, aunque lo tomaran por loco, agitaría un pañuelo para llamar la atención y así su madre lo vería desde la ventanilla. Si hubiese tenido tiempo de escribirle diciéndole que llevaba el brazo en cabestrillo, habría sido una indicación estupenda para ella. Y así lo que podía ocurrir era lo contrario, que viendo un hombre con el brazo en cabestrillo sin estar advertida, creyera que no era él aunque lo encontrara parecido.

Por el fondo, por donde tenía que llegar el tren, empezó a notarse movimiento. Miró hacia allí y vio dos faros que se acercaban. A él le pareció que lo hacían muy lentamente, pero es que estaban todavía bastante lejos. ¡El pañuelo! ¿Dónde está el pañuelo? Se tanteó los bolsillos. Sí, estaba en el bolsillo de atrás del pantalón, pero ¡con este maldito brazo en cabestrillo! Lo sacó con la mano izquierda y lo guardó en la otra para tenerlo preparado. Los faros ya estaban bastante cerca. ¡Sí! ¡Era el tren! ¡Su madre llegaba!

Cuando la locomotora pasó delante de él empezó a temblar y ya no se acordaba de si tenía que ponerse delante o detrás, en medio o de lado, el caso es que se encontró mezclado con toda la gente. Cuando el primer coche empezó a pasar se puso de puntillas, pero aquel maldito temblor le impedía mantenerse así y ahora le empezaban a rechinar los dientes, en pleno verano, como cuando la operación del Segre. Y la gente de alrededor lo miraba con compasión. ¿Cómo iban a saber ellos que para él era uno de los momentos más emocionantes de su vida?

En uno de los coches vio una señora que por la silueta podría haber sido su madre. Instintivamente se fue hacia ella, iba a levantar la mano izquierda con el pañuelo cuando se dio cuenta de que ése era un coche de primera. ¡No! ¡Su madre no podía llegar en un primera! Retrocedió. Ya no podía estarse quieto. Tenía el pañuelo en la mano pero no sabía qué hacer con él. Los coches pasaban ya muy lentamente, echó a andar hacia la cola, pero junto al tren, es decir, a hacer lo contrario de lo que había decidido unos minutos antes. De todo el plan que había preparado, lo único que quedaba era el pañuelo en la mano izquierda, pero no lo utilizaba. Como seguía andando, el temblor y la emoción se veían menos.

El tren se paró, pero apenas la mitad de él había pasado delante de Ignacio. Le quedaba por recorrer la otra mitad hacia la cola. Apretó el paso. De pronto se quedó mirando a una de las ventanillas que estaban todavía muy lejos de él. No sabía por qué, pero se quedó mirándola aunque en ella no se apercibían más que sombras. Se fue separando del tren para ganar visibilidad. Pero seguía mirando esa ventanilla sin ocuparse de las otras. A medida que se acercaba las siluetas se precisaban, también en las otras ventanillas, pero él no miraba más que a ésa. ¿Y si su madre estuviera en otra? No, no podía ser. Algo le decía que era ésa. Ya casi corría, ya veía bien la silueta. Sí, por lo menos era una señora de la edad de su madre. Echó a correr del todo y cuando estaba a unos metros vio que la señora se asomaba a la ventanilla y miraba hacia él. Entonces Ignacio levantó el brazo izquierdo con el pañuelo. La señora respondió inmediatamente agitando los suyos. ¡Sí, era ella! ¡Era su madre! ¡Y le había reconocido enseguida!

Él habría querido saltar directamente del andén a la ventanilla. Se acercó a ella, alargó el brazo izquierdo, pero no pudo más que tocar un poco la mano que su madre le tendía. Las lágrimas se aglutinaron en los ojos y las palabras se ahogaron en el fondo de sus gargantas.

Y de golpe perdió el control de sí mismo, se puso como ciego. ¡Había que subir en el acto! Salió disparado hacia la puerta del coche más próxima, atropelló a dos o tres personas, saltó por encima de las maletas, apartó brutalmente a los que se ponían delante de él. La gente se paraba asustada, lo insultaron, le trataron de loco, él no oía nada. ¿Pero cómo? ¿Es que esa gente no comprendía que su madre estaba arriba esperándole?

Era imposible explicarles nada, ni pedir permiso para subir. Además no tenía tiempo para ello, ni para buscar las palabras que hacían falta para convencer. Entonces cerró los ojos y arremetió. Con la mano izquierda se agarró fuertemente a la barandilla, con un gran esfuerzo logró poner el pie en el estribo de abajo, siguió dando empujones. «¿Pero no sabe usted que hace dieciséis años que espero este momento? ¡Mi madre! Sí, mi madre me espera allá arriba». No sabe cómo ocurrió, si pasó por entre las piernas o por entre los brazos, si por debajo o por encima de los viajeros, si agachado o empinado, pero el caso es que en pocos segundos, sin casi tocar con los pies en el suelo, se encontró en la plataforma del coche, a la puerta del pasillo. Todavía le quedaban unos metros que atravesar. Le parecía que hacía un siglo que había visto a su madre por la ventanilla. «Pero dense prisa, señores, que me espera mi madre». Como una anguila empezó a deslizarse a contracorriente entre los viajeros que no comprendían por qué le tenían que dejar pasar. Levantó la cabeza y la vio, ella también lo miraba y esperaba. «Por favor, ahí, a cuatro metros, sí, mi madre, que hace dieciséis años que no la he visto». ¡Mamá! ¡Hijo mío! Un esfuerzo más de su parte y el empujón que ella dio a los que la estorbaban los unió. Ignacio, agotado, cayó casi inerte en los brazos de su madre en un enlace interminable. El sudor del esfuerzo y las lágrimas se mezclaron en un derroche de felicidad. La vida se paró.

Los viajeros más cercanos también se detuvieron a contemplar la escena, y los que hacía poco le habían maldecido e insultado cuando los empujaba, comprendieron por qué unos momentos antes debían haberle dejado pasar.

## ¿De quién era la niña?

*Desde Ávila Marisol García Serapio nos mandó este texto que, aun concebido inicialmente como la somera semblanza de su abuela, es también la crónica de la vida y de los hechos de una familia de la España popular a lo largo de los cuarenta, pero, sobre todo, de los cincuenta y los sesenta. Marisol nos aseguraba al final de su carta que, leyendo lo que había escrito, no le resultaba fácil aceptar que desde aquellos tiempos hubieran podido pasar tan sólo unas pocas décadas. «Esta sociedad ha cambiado tanto que parece que lo expuesto forma parte de la España carpetovetónica», nos decía. Éste es, extractado, el relato:*

Mi abuela se llamaba Tomasa, pero los nietos la llamábamos Lala. Había sido hija única, o mejor, había tenido un hermano que murió de niño. Ella, en cambio, parió doce hijos (y creo que en esa época esa expresión, parir, se ajustaba mejor que cualquier otra a esa realidad). Y puede que lo hiciera para conseguir una vivienda gratuita, ya que durante el franquismo, para alentar a la gente a tener hijos, esa cifra era la mínima requerida para que te regalaran una casa. Sin embargo, las circunstancias de la vida hicieron que dos de esos hijos murieran, con lo cual esa esperanza quedó ahogada y no tuvo más remedio que conformarse. No obstante, tuvo siempre mucho recelo de aquella vecina suya que, habiendo parido dieciocho hijos, logró que le sobrevivieran catorce, con lo que logró una casa, y de dos pisos y con patio.

Fue mi abuela la que apechugó para sacar a la familia adelante. Amamantó a más hijos de los que tuvo, recogió carbonilla y era ella quien sabía dónde estaba el refugio al que llevaba a sus pequeños cuando las bombas hacían acto de presencia. Mi abuelo cargaba con el título de padre, aunque adoraba a sus nietos. Él, con el fútbol, los toros, la taberna, su posible lío amoroso y que le tuvieran la comida a su tiempo y la ropa limpia y planchada, tenía bastante. El segundo domingo de mayo salía luciendo su medalla de la cofradía de Nuestra Señora de las Vacas luciendo al cuello.

Uno de los hijos obtuvo una beca para estudiar en Gijón. Pero aquello no era lo suyo y no aprovechó la oportunidad que le brindó el régimen. Una de las hijas pasó dos años en un internado conocido en Ávila como el Colegio de Huérfanos de Ferroviarios.

Con el paso de los años unos se fueron casando y otros no, algunas chicas emigraron a Madrid para trabajar como empleadas de hogar y algún chico se fue a Barcelona cuando crearon la Seat.

También ocurrieron otro tipo de acontecimientos: uno de los hijos y su mujer terminaron en la cárcel debido a lo que hoy se llamaría un rápido enriquecimiento personal. No sería para tanto pero en aquella época ¡qué vergüenza para la familia! Y lo peor de todo es que el asunto salió publicado en *El Caso*, que parece que entonces lo leía el mundo entero, porque pronto corrió la noticia por el barrio. «No, si ya el chico apuntaba maneras», dirían unos. «¿Recuerdas cuando se enfrentó a la Guardia Civil?», comentarían otros.

Otro asunto se me quedó grabado a esa edad en la que parece que no te enteras de nada y, sin embargo, retienes todo y sólo el tiempo hace que lo comprendas. Y es que una de las hijas de mi abuela, que había ido a Madrid a trabajar de empleada de hogar, adquirió el título de madre soltera. Otra vez el deshonor en la familia, los dimes y diretes.

Y lo más divertido del asunto es que, cuando pasado el tiempo, volvió al hogar de forma ocasional, comentó que la niña que la acompañaba era la hija de sus señores, a pesar de que era el vivo retrato de su madre.

Mi abuela murió en 2001, a la edad de 93 años. Y en sus últimas horas, entre momentos de lucidez y vuelta a épocas del pasado, se le escapaban frases como ésta: «Mirad esas patatas, que se van a agarrar».

## LA CASA DE MI ABUELA

*«Escribí esto con la esperanza de que mis hijos conocieran algo de aquel lugar que formó parte de la época feliz de mi niñez», nos decía Isabel Magan como introducción al relato que nos mandó a la radio. Isabel nació en los primeros cincuenta en Recas, el pueblo de la provincia de Toledo en el que sigue residiendo. «Pertenezco a una generación que no vivió la guerra ni las privaciones posteriores. Vivimos entre paréntesis, en una especie de limbo de transición entre la posguerra y la sociedad actual. No tenemos batallas que contar, ni grandes privaciones de las que presumir, aunque sí algunas, pero vivimos nuestro momento como pudimos». Una definición sucinta, pero que mueve a varias reflexiones sobre los cambios profundos que, por la acción misma del tiempo, la sociedad y la gente sufrieron durante esa larguísima etapa histórica que cubrió el*

*franquismo. El relato de Isabel está dedicado a la casa de su*
*abuela en Recas. Y dice así:*

Recuerdo la casa de la abuela como si la hubiera visitado ayer, aunque hace más de veinticinco años que se derribó. Estaba situada en la calle Carretas, cerca de la plaza. Hace más de cuarenta años mi abuela hospedaba a los músicos que tocaban en las fiestas del pueblo. La casa no tenía muchos metros, pero mi abuela se las ingeniaba para ocupar cada rincón: el patio pequeño lleno de tiestos, macetas hechas con cualquier utensilio de cocina con desperfectos, el pozo donde se introducían las bebidas con una soga para que estuvieran frescas en la comida, una enorme higuera con higos negros por cuyo tronco desfilaban numerosas hormigas. Una hiedra pegada a la pared de la calle, que no se sabía si la pared sujetaba a la hiedra o viceversa.

Dentro de la casa, el portal, lugar donde se comía o cenaba cuando estábamos todos en el pueblo. Tenía baldosas rojas y amarillas. En en el portal, un hueco en la pared hacía de puerta de acceso al cuarto donde el abuelo Mariano arreglaba zapatos y afinaba instrumentos musicales a pesar de ser algo sordo. Murió antes de que yo naciera y la abuela, con seis hijos, tuvo que trabajar duro y alquilar habitaciones para poder vivir en una época de grandes necesidades. En el portal había también dos puertas, una vidriera que daba a la cocina, un lugar calentito con placa de quemar carbón; la otra puerta daba al comedor, el lugar más serio de la casa, que tenía una mesa grande cuadrada, sillas con respaldos circulares y una lámpara sobre la mesa. Esta habitación no se utilizaba nunca, sólo como paso al dormitorio de la abuela. Al lado contrario había otro dormitorio y a través de él se llegaba a la última habitación de la casa, la más humeda, fría y oscura, y en la que las cucarachas campaban por sus respetos porque sólo se utilizaba esporádicamente.

El dormitorio de la abuela era el único que tenía llave por dentro y en él había una cama presidida por un cuadro de la Santa Cena y una ventana que daba al patio de la vecina, donde una yegua atada se pasaba los días pateando la pared y dándome grandes sustos porque pensaba que la tiraría y entraría en la habitación. El otro dormitorio, cruzando el salón, estuvo alquilado durante años a un señor que vino de fuera a trabajar en la oficina de una empresa del pueblo.

Sobre la casa se encontraba la cámara o desván en el que se acumulaban cientos de cosas de lo más variopintas entre polvos y telarañas y también alguna comunidad de ratones y algún que otro gato cazador. También independiente de la casa, junto a la cámara, había otro dormitorio al que se accedía desde una estrecha escalera que arrancaba del patio. En él había una cama con colchón de hojas de maíz: a mí me gustaba lanzarme sobre ella porque casi desaparecía sepultada en el hueco y porque me encantaba el ruido que las hojas hacían al moverme. Pero me estaba prohibido acercarme a esa cama cuando algún huesped la utilizaba. Entonces mi abuela mullía cada día ese colchón.

El corral con el retrete, el pajar, las conejeras y el gallinero eran los restantes lugares de la casa. El retrete tenía cuatro paredes poco más altas que yo y un asiento bajo el cual había una lata cuadrada que la abuela vaciaba todos los días lejos del pueblo.

Cuando nacían los conejos yo me empeñaba en verlos y mi padre, tras introducir su mano en las cuevas y sacar una cosa diminuta y pelosa, me lo enseñaba unos segundos y lo devolvía, porque decía que si la madre notaba nuestro olor en él lo rechazaría y el conejito moriría.

Por último, estaba el pajar, lugar preferido por mis primos y por mí para jugar al escondite y del que siempre salía llena de restos de paja.

A primeros de diciembre, un nuevo inquilino, un pavo, venía a convivir con nosotros. Le tomábamos cariño y lo tratábamos como el rey de la casa, dándole de comer de todo. Invariablemente este inquilino desaparecía misteriosamente la víspera de Navidad y tardé años en enterarme de que formaba parte de nuestra suculenta cena de aquella noche.

## «Mi niña del alma se me casa»

*No se ha definido con precisión el arco de tiempo que cubre lo que se conoce como la posguerra española. En todo caso, fue muy larga. Los historiadores de la economía cierran ese periodo a finales de los cincuenta, cuando se inician los procesos que, aceleradamente, cambiarán la realidad económica y social del país en la década siguiente. En ese tiempo, que oficialmente se conoció como el del «desarrollo», también se modificaron algunos de los comportamientos políticos del régimen. En particular, la represión contra la oposición política y, aún entonces, contra los perdedores de la guerra, se hizo más selectiva, sin dejar de ser intensa. El relato que viene a continuación expresa también el cambio de ambiente que esa nueva época trajo consigo. A partir de los sesenta, España empezó a normalizarse y, a pesar de que la dictadura siguió siendo implacable con quien se le ponía delante, también a parecerse, poco a poco, a los países de su entorno. Sobre todo en la clase media, que es a la que pertenecen los protagonistas de esta narración. Es una «carta a mi nieto» que una mujer escribió hace poco y que nos fue enviada por su hija, Maria Eugenia Cedrón Peláez. En el relato, escrito por alguien que sabe hacerlo, aparecen, trufadas entre la memoria precisa y a veces emocionante de los sentimientos, no pocos de los hábitos, y también de las connotaciones vitales e ideológicas, que en el tiempo al que se refiere la narración distinguían a esa clase.*

Tu madre se pasaba el día diciendo: «me casaré pronto y tendré nietos. Quiero ser ama de casa». «Cállate, Cristina, y sigue comiendo, que perderás el coche del colegio», le decía yo con el miedo en el cuerpo, preguntándome si lo diría en serio. Dado su carácter y personalidad, todo podía ser. Era decidida, rebelde, reivindicativa. De los cuatro hermanos era la más voluntariosa. La enviaban por delante cuando querían algo que les parecía difícil de conseguir.

Siempre tuvo una generosidad especial para con los demás y sus amores eran los niños y los ancianos, por quienes sentía especial devoción. Hasta que apareció tu padre, claro. Entonces fue cuando su discurso empezó a tener visos de realidad. «Me caso ya», nos dijo a todos. En un año. Poco tiempo para hacerme a la idea.

Conoció a tu padre en unas vacaciones en la casa de mi madre, «mami» para mis hijos, en Ponferrada. Él tenía allí una óptica en la que proyectaban trabajar juntos. Era un chico encantador, todos lo conocíamos.

Yo había vivido en esa ciudad en mi infancia y juventud, hasta que me casé y nos instalamos en Valladolid. Los viajes a casa de mi madre eran frecuentes, todos cabíamos allí.

Empezamos los preparativos de la boda. El eje Valladolid-Ponferrada estaba en frenética actividad. El traje de la novia, los del resto de la familia, las pruebas, los invitados y mil cosas más. Pero yo, a pesar de ese trasiego, estaba instalada en mis ensoñaciones. Atrás quedaban muchas cosas. Se acabaron los largos veraneos al sol, en la playa, en Sangenjo. Se acabaron los disfraces, las guitarras sonando en la noche con los amigos, las peleas de hermanos, las primeras escapadas nocturnas de tu tío, de las que tu madre y tus tías eran cómplices para que yo no me enterase.

No más cursos de vela en el puerto, con la regata final, que a tu madre le gustaba tanto. Adiós a las comidas en la playa, que en aquellos años se quedaba vacía a esas horas. El entusiasmo de todos cuando veíamos a Pastora, aquella joven gallega que nos tenía la casa preparada cuando llegábamos y a la que tanto quisimos, que venía con una cesta llena de cosas. Emparedados, tortillas, bollitos, chocolate. Y al acabar la comida, todos corríamos hacia la orilla para zambullirnos en las aguas azules como el cielo. Era un placer. Saltábamos, reíamos, nos creíamos solos en el mundo. Éramos los reyes. Éramos felices.

Pero mis hijos ya no eran niños. Se escurrían de mi vida como la arena de la playa entre los dedos. Y yo a remolque del tiempo que volaba.

Pasamos unos días en la playa. Pocos por mi trabajo y los últimos todos juntos. Faltaban dos semanas para la boda de tu madre y tu padre vino a buscarla. Y cuando se iban, justo en ese momento, al verles atravesar el jardín hacia el coche, cogidos de la mano, felices ante su aventura personal que empezaba, el corazón se me partió en pedazos. Sentí un desgarro indescriptible. Algo de mí se iba tras ella. Mi hija, mi sol, mi luna.

Yo, que siempre decía que había que vivir con alegría, sin dejarnos ahogar por nuestras emociones, estaba a punto de sucumbir ante la vista de mi hija alejándose de mi lado para iniciar su propia vida. Ese instante no lo olvidaré jamás. Con su vestido de algodón blanco, ligero, estampado de mariposas de colores, con sus andares resueltos, esbelta, joven. Era mi niña que se alejaba.

Y de pronto se para, vuelve la cabeza, me mira y en la chispa de sus ojos, y en el beso volandero que me lanzó, sentí que nos queríamos y que nada cambiaría esa realidad.

Y llegó el día de la boda. Fue preciosa. Se celebró en una basílica muy antigua. Al salir, en el atrio cantaba la tuna de Ponferrada y los tunos extendieron sus capas para que las pisaran los novios.

Este libro se terminó de imprimir
en los talleres gráficos de Fernández Ciudad, S. A.
(Madrid) el mes de diciembre de 2002